MW00565720

Sickler

Sickler

abrother

INTELIGENCIA EMOCIONAL

EN PRÁCTICA

Manual
para el éxito personal
y organizacional

Daniel Gil´Adí

Revisión Técnica
Adolfo Orozco
Psicólogo - Psicoterapeuta

CARACAS • BUENOS AIRES • GUATEMALA • LISBOA • MADRID • MÉXICO • NUEVA YORK
PANAMÁ • SAN JUAN • SANTAFÉ DE BOGOTÁ • SANTIAGO DE CHILE • SÃO PAULO
AUCKLAND • HAMBURGO • LONDRES • MILÁN • MONTREAL • NUEVA DELHI
PARÍS • SAN FRANCISCO • SIDNEY • SINGAPUR • ST. LOUIS • TOKIO • TORONTO

McGraw-Hill Interamericana ✗
Una subsidiaria de **The McGraw-Hill** *Companies*

INTELIGENCIA EMOCIONAL EN PRÁCTICA
Manual para el éxito personal y organizacional

DERECHOS RESERVADOS © 2000, por:
McGRAW-HILL INTERAMERICANA DE VENEZUELA, S. A.
Av. Francisco Solano entre Los Jabillos y San Jerónimo, Torre Solano, mezzanina 1, Sabana Grande, Caracas, Venezuela.

Copyright © MM por McGraw-Hill Interamericana de Venezuela, S. A.

Hecho el depósito de ley
Depósito legal: lf 4662000150751

ISBN 13: 978-980-373-029-1
ISBN 10: 980-373-029-0

Editor: Alejandro Rétali
Diseño, diagramación y montaje electrónico: Miguel Bustillo

Impreso en Colombia - Printed in Colombia

Impreso por Nomos Impresores

A Patricia, por enseñarme el verdadero

significado de la incondicionalidad.

A Maia y Yael, por enseñarme humildad.

A Evelyn y José, por aceptarme como soy, a pesar de todo.

A Steffi, quien, a pesar de sus heridas,

siguió preguntando: ¿te lastimaste hijo?

Contenido

Prólogo

Nosotros no vemos las cosas como son,
vemos las cosas como somos nosotros.

Anais Nin

Si asumimos la verdad de esta premisa, Daniel Gil'Adí visualiza el futuro teñido por los colores de la esperanza y el optimismo. Es una persona comprometida con el desarrollo de comunidades que pueden ser construidas siempre y cuando los individuos que las conformen estén involucrados en procesos de aprendizaje, adaptación y aplicación de las herramientas y técnicas inherentes a la inteligencia emocional, término teórico bajo el cual se han agrupado todos estos conocimientos. El concepto *inteligencia emocional* abarca en primer lugar el enfocarnos en nosotros mismos y la adquisición de independencia (inteligencia intrapersonal), y en segundo lugar el enfocarnos en la interacción social y en el manejo de conflictos (inteligencia interpersonal) a fin de que toda persona pueda llenar su necesidad de validación e interdependencia.

Daniel reconoce que el estar a solas en la torre de marfil de nuestro conocimiento académico, no puede darnos soluciones para problemas como la pobreza, la carencia de vivienda y la ausencia de servicios médicos tan evidentes en su tierra natal. En vez de ello, él está comprometido a recabar la data de investigación necesaria y proveer una visión sistémica de las ideas, destrezas y técnicas que podrían ser adoptadas por sus coterráneos para mejorar las vidas de todos. Por ello, la "energía interna" que lo mueve es sobre todo la persistencia.

Daniel sabe que el 70% de lo que modela tiene chance de ser aprendido y aplicado, mientras que sólo el 30% de lo que dice es internalizado y utilizado. Así que no importa si está trabajando con adolescentes, oficiales de policía o educadores, su propósito es enseñar las destrezas de autoconciencia, autorregulación y servicio. Adicionalmente su vida personal es preciosa para él, y esto es evidente en su interacción con su esposa e hijas. La ternura que demuestra hacia su familia es prueba fehaciente de lo que es poner en práctica el axioma "piensa globalmente, actúa localmente".

Daniel se ha dado cuenta de que la combinación de EQ (inteligencia emocional) con IQ (coeficiente intelectual) crea la sinergia necesaria para crecer y cambiar, y de que el ser un "inteligente emocional" no significa ser un tipo "buena gente". Antes bien, Daniel puede ser inocentemente duro y directo, de "alto impacto", proporcionando una crítica constructiva en momentos estratégicos. Yo he sido la afortunada recipiente de tan productivo *feedback*. Tal vez la analogía que se me viene a la mente para describirlo es que Daniel se ha enseñado a sí mismo a escalar montañas y acantilados con una sola mano, y está dispuesto y deseoso de enseñar a otros a escalar estas montañas metafóricas de la adversidad, la desesperación y la alienación, con las poderosas herramientas disponibles dentro del ámbito de las inteligencias intrapersonal e interpersonal.

El cerebro es, en mi opinión, nuestra posesión más distintiva, extraordinaria y excitante. En nuestros intentos por desentrañar su funcionamiento, encontramos misterios a cada momento. Pero el entendimiento llegará a través de la intersección del fenómeno de la inteligencia emocional con las habilidades cognitivas. Daniel está decidido a entender y utilizar ambas, debido a que en él confluyen el "mundo científico" y el "mundo de la calle". Sus sugerencias e ideas están plantadas en la realidad pero alimentadas por una visión.

Daniel ve que EQ (la inteligencia emocional) puede hacer que las personas cambien y se desarrollen, no es una condición inamovible, o una característica inmutable del ser humano. Él reconoce que el "temperamento no tiene que ser terminal" y que las personas, familias, comunidades y naciones pueden transformarse a sí mismas. Está consciente de que mientras la mayoría de los países reportan un incremento en el promedio de los resultados de los tests de IQ debido a una mejor nutrición, más niños que terminan el sistema escolar, mejores juguetes y familias más pequeñas (Goleman 1998), desafortunadamente la violencia y los costos que la acompañan también están en aumento (Niehof 1999).

Daniel desea acabar con esta espiral descendente de desesperanza y depresión. Él, como yo, cree que es a través de la fusión de las inteligencias, académica y emocional, que problemas como la pobreza, la falta de vivienda, el

Agradecimiento

Hay muchos individuos que me han ayudado a llevar este proyecto a su culminación. Nunca podré expresar adecuadamente mi gratitud. Sin embargo, quizás por medio de una mención podrán saber que su apoyo y ayuda han sido apreciadas.

Primero, a mis estudiantes de los diferentes seminarios y del IESA, que me han enseñado, a través de interacciones, conflictos y diálogos sobre inteligencia emocional, tanto o más que lo que yo quise trasmitirles. A los instructores de *Proyectos Lead*, que me estimularon, apoyaron y provocaron en mí la necesidad de mejorar la calidad de mi enseñanza y mis competencias, para poder mantener su ritmo. A Blanca Mendoza, quien pudo soportar la presión de entender los jeroglíficos que yo escribía, convertirlos en algo legible y cumplir con los tiempos de entrega de las transcripciones, mi aprecio y gratitud. Obviamente, a Laura María Celis, que con su capacidad de análisis, su incansable empuje y sus comentarios, aun cuando creó más trabajo del previsto inicialmente, fue una importante guía; su compromiso con los conceptos y la forma en la cual los ha incorporado como facilitadora de seminarios es loable. A Luciana Parzialle, quien, con sus dibujos y gráficos, ayudó a aclarar diversos conceptos; pero, sobre todo, por saber que, por su lealtad incondicional, refrescante y tranquilizadora, se tenía a alguien siempre disponible.

Cada vez me doy más cuenta de lo que Steffi quiso trasmitir a través de su espíritu y su risa; estará siempre en mi memoria.

A José y Evelyn gracias por abrirme la puerta para regresar a casa.

Este libro es mejor de lo que pudo haber sido gracias a la ayuda de todos ellos.

Quizás lo más importante, a mi familia. No solamente por respetar mi necesidad y tiempo para escribir el libro, sino también por ser la fuente de inspiración de mi vida. A Patricia, Maia y Yael, a quienes, aun cuando saben que las quiero profundamente, no les digo suficientemente cuánto contribuyen en mi trabajo y productividad. Quiero que sepan que son un factor de suma importancia en mi vida; por ustedes he aprendido a hacer un mayor esfuerzo para ser mejor persona y practicar la inteligencia emocional.

Notas del autor

Este libro surge de mi constante diálogo con mis estudiantes, con los instructores de *Proyectos Lead*, con los participantes en seminarios y conferencias, con amigos, con familiares, quienes hablan a menudo sobre la necesidad del cambio y su difícil manejo, de la relación con nosotros mismos a través del manejo de las emociones, automotivación y, en general, de las relaciones interpersonales en cualquiera de los contextos sociales donde nos vemos involucrados. Cuando comencé a escuchar más de cerca, me di cuenta de que también yo estaba involucrado en las mismas necesidades y expectativas. En mis seminarios, siempre menciono que, a pesar de haber leído mucho sobre el tema y haber tenido una vasta experiencia en proveer servicios de psicoterapia a individuos, parejas y familias, manejar mis propias emociones y relaciones interpersonales es una experiencia de humildad. Por tanto, también quise satisfacer mis necesidades al escribir este libro. Me di cuenta de que este libro representa para mí un sinnúmero de horas de aprendizaje sobre un tema que es vital en mi vida, mis relaciones interpersonales y mi organismo.

Estamos en una etapa que creemos que es el comienzo de una revolución conceptual en las organizaciones educativas y empresariales. Durante décadas hemos admirado a aquellos que consideramos brillantes intelectualmente, que pueden resolver problemas matemáticos complicados, con gran capacidad de abstracción racional. Nuestra admiración está dirigida a las capacidades cognitivas del cerebro. En definitiva, hemos admirado a los individuos con grandes "capacidades técnicas". Las habilidades "blandas", no racionales, eran atribuidas a los poetas. Sin embargo, los académicos con sus teorías cognitivas no podían explicar por qué existía tan poca relación entre buenas notas y el éxito en la vida, por qué el más "inteligente" de la clase no era, años después, el sobresaliente en su profesión, o cuáles son las cualidades que determinan el éxito.

Con el concepto de inteligencia emocional tenemos la posibilidad de explicar el porqué personas que no han pasado por una formación formal y académica tienen, sin embargo, la habilidad de hacer que otros se comprometan con su organización, que cumplan con los objetivos asignados y les lleven a exigir y esperar más de sí mismos. En contraste con otros que, a pesar de su formación, no pueden lograrlo.

El concepto inteligencia emocional fue descrito originalmente por Peter Salovey, de la Universidad de Yale, y John Mayer, de la Universidad de New Hampshire. Posteriormente, Daniel Goleman (1995) hizo el intento de dar una definición diferente de lo que significa ser inteligente. Cuando se quiere predecir el éxito de una persona, la medida más apropiada parece ser la inteligencia emocional, o las cualidades del carácter, y no sus calificaciones en las diferentes pruebas de inteligencia tradicionales.

Inteligencia emocional no es lo opuesto a coeficiente de inteligencia (IQ). Algunas personas tienen altos coeficientes en ambos, otros, bajos. Sin embargo, los investigadores están de acuerdo en que, entre los ingredientes del éxito, el IQ contribuye aproximadamente en un 20%, mientras que el otro 80% es el resultado de un porcentaje pequeño de suerte e inteligencia emocional. Una de sus bases, en la cual se fundamenta la gran mayoría de las habilidades emocionales, es la capacidad de estar consciente de lo que tanto uno mismo como los otros sienten. La habilidad de sentir sin ser dominado por las emociones, de reconocer el momento de la emoción, entenderla y aceptarla, familiarizarnos con esa emoción, y de esa manera jugar "judo" con ella –"judo emocional"–, utilizando su fuerza para que continúe su camino, y no nos tumbe ni nos agobie. Realizar un ejercicio de autocontrol, sin obviar o ignorar la emoción, nos permite desarrollar mecanismos para el manejo exitoso de diversas situaciones, entre ellas situaciones de incertidumbre y presión.

David Campbell, del Centro de Liderazgo Creativo, estudió ejecutivos que tuvieron episodios de desgaste y no pudieron ajustarse a la presión requerida y que, como resultado, tuvieron síntomas psicológicos y físicos considerables, tan intensos como para que algunos tuvieran que retirarse de sus exigentes responsabilidades. Campbell encontró que las dificultades experimentadas por los ejecutivos no eran en el campo de las "habilidades técnicas", sino en las "habilidades interpersonales". Entre ellas: malas relaciones interpersonales en el trabajo, comportamientos autocráticos, conflictos con la autoridad, intolerancia con las ideas diferentes de las propias. Una de las conclusiones importantes de los estudios fue que el IQ permite la entrada a la institución deseada, universidad o empresa; sin embargo, será la inteligencia emocional la que proporcionará la posibilidad de las promociones a posiciones de mayor responsabilidad en el manejo, complicado y difícil, de los recursos humanos.

Martin Seligman (1990) contribuyó al concepto de inteligencia emocional con su análisis sobre individuos con tendencia positiva frente a situaciones de incertidumbre y obstáculos. Seligman encontró que cuando los individuos con tendencia a una actitud positiva no alcanzaban sus objetivos, lo atribuían a situaciones que sí podían cambiar y no a alguna falla en su carácter que no podían cambiar. Esa convicción de poder influir sobre el medio ambiente es autorreforzante.

Sabemos sobre el aprendizaje y sobre cómo dirigir satisfactoriamente a otros, es decir, cómo hacer que la gente se comprometa con los objetivos comunes y trabajen en forma eficaz y productiva. Y lo que sabemos, es un conocimiento muy sólido: es duro. Los hechos demuestran que es una materia muy dura y firme. Es difícil, quizá sea intolerablemente difícil, pero eso ya es otra cosa. La pregunta importante es: ¿Cómo generar individuos positivos que ejerzan sus roles en la vida satisfactoriamente, que sean mejores amigos, estudiantes, hijos e hijas, jefes y subalternos, esposos y esposas, padres y ciudadanos?

Uno de los posibles caminos, aunque complejo, es el indicado por los programas que establecen y fortalecen los conceptos definidos por medio de la inteligencia emocional, programas en los cuales la campaña sea de "alfabetización" emocional. Los temas incluyen autoconciencia, en el sentido de reconocer nuestras emociones y construir un vocabulario para ello; capacidad para ver el vínculo entre los pensamientos, emociones y acciones, para prever las consecuencias que ofrecen opciones alternas, para observar si son nuestras emociones o nuestros pensamientos los que guían nuestras decisiones, y, finalmente, para aplicar ese aprendizaje a futuras decisiones. La autoconciencia –uno de los pilares fundamentales de nuestra autoestima– también toma la forma de reconocer nuestras habilidades y debilidades, mirándonos bajo una luz positiva, realista.

Otro aspecto en el manejo de las emociones es darnos cuenta de qué está detrás de la emoción expresada. Por ejemplo, relacionarse con el trasfondo, reconocer el dolor que genera la agresión, y aprender maneras de manejar la ansiedad, la rabia, la tristeza. Asimismo, aprender a aceptar la responsabilidad de las decisiones y acciones, siendo consistentes con los compromisos.

Una de las habilidades es la empatía, el entender las emociones de otros y poder asumir sus perspectivas, respetando el modo en que los otros sienten. Un enfoque esencial en la alfabetización de las emociones se da en las relaciones interpersonales, lo que incluye aprender a saber escuchar y preguntar, haciendo uso de las "artes" de cooperación, resolución de conflictos y negociación.

La alfabetización emocional expande nuestra visión de la tarea y el propósito de las instituciones educativas, al ofrecer al estudiante lecciones básicas de calidad de vida. Esta tarea exigirá de las instituciones, de los maestros y de la comunidad, que revisen sus modelos de compromiso con el recurso humano de nuestro futuro, los jóvenes, con la finalidad de que reciban mensajes congruentes en todos los sectores de su vida, de que ese aprendizaje vaya más allá de las aulas.

Sería ingenuo no esperar resistencia. Algunos padres pensarán que los temas a tratar son muy personales, que deberían ser tratados sólo por los padres; los maestros y directores tendrán dificultad en ceder tiempo a horas no relacionadas con los campos académicos tradicionales; algunos maestros y estudiantes también se resistirán por su propia incomodidad personal a tratar el tema de las emociones. Sin embargo, existen algunos estudios (Hawkins, 1992; Solomon, Watson Battisch, Schaps & Delucchi, 1992; Greenberg, Kusche & Quamma, 1995) que presentan evidencias contundentes de los cambios de conducta y éxito académico observados en jóvenes expuestos a estos programas. Más allá de sus ventajas educativas, ayudan significativamente a los jóvenes a llenar sus roles de vida más efectivamente; es decir, al desarrollo del carácter para fortalecer las bases de una sociedad democrática.

Este libro está organizado alrededor de las inteligencias personales que menciona Howard Gardner (1975), la inteligencia interpersonal y la intrapersonal, con las herramientas, métodos y conceptualizaciones relacionadas con ambas. Hacemos una presentación breve de las cinco disciplinas que menciona Peter Senge (1990), ya que, en mi opinión, son la base conceptual de la mayoría de los conceptos que ofrecemos.

CAPÍTULO 1

No hemos de preocuparnos
por vivir largos años,
sino por vivirlos satisfactoriamente,
porque vivir largo tiempo
depende del destino,
vivir satisfactoriamente,
de tu alma.
La vida es larga si es plena,
y se hace plena
cuando el alma ha recuperado
la posesión de su bien propio
y ha transferido a sí
el dominio de sí mismo.

Séneca

Introducción

Este libro puedes usarlo efectivamente tú mismo como un taller didáctico. Al final del libro se presentan recursos adicionales en forma de referencias bibliográficas, en los cuales podrás encontrar conocimientos adicionales si lo necesitas o así lo deseas.

Este libro es útil particularmente para aquellos individuos que están dispuestos a cambiar o cuestionar sus modelos mentales en relación con lo que significa éxito y desarrollo personal.

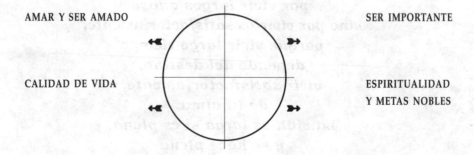

En este libro el éxito está definido sobre la base de cuatro aspectos y necesidades fundamentales. **Primero:** amar y ser amados, lo que significa establecer relaciones significativas profundas a largo plazo. **Segundo:** calidad de vida, lo que implica la posibilidad de desarrollo personal, de aprender, de generar las condiciones para poder sentir satisfacción con las cosas que hacemos, y para que al final de nuestro camino podamos decir: "Cantamos la canción de nuestra vida" y lo hicimos con satisfacción. **Tercero:** ser importante en términos de legado, donde nuestra contribución a nuestra sociedad, organización, familia y a nosotros mismos, haya sido significativa y, por lo tanto, haya dejado una marca; y también que hayamos tenido éxito en lo que quisimos construir y desarrollar en nuestros proyectos de vida. En tiempos bíblicos se hacían censos de la población en los cuales se le pedía a cada persona medio shekel (moneda de la época); cuando la persona daba y contribuía se le anotaba en el libro. El trasfondo del aporte monetario es claro: si no das, si no contribuyes con tu comunidad, no existes. **Cuarto:** espiritualidad y compromiso con metas nobles. Del mismo modo que nuestras prioridades personales moldean nuestras escogencias diarias, nuestras metas nobles moldean nuestras escogencias a largo plazo en términos de nuestra contribución a nuestra comunidad, más allá de beneficios económicos puntuales.

Si podemos cumplir y satisfacer estas cuatro necesidades, entonces podremos sentir que hemos tenido éxito.

Nuestra premisa es que los atajos, en su mayoría, no dejan nada significativo de larga duración; el aprendizaje involucrado en éste, como en muchos otros libros, es un proceso que requiere paciencia.

En una oportunidad se encontraron un astronauta que no tenía fe, no sé si era en Dios, pero no tenía fe en nada, y un neurocirujano, que era un hombre de fe, no sé si en Dios, pero tenía fe. El astronauta le comenta al neurocirujano: "Yo he viajado por los cielos cientos de veces y, sin embargo, nunca he visto a Dios". El neurocirujano le contesta: "Yo he operado cientos de cerebros y nunca he visto un pensamiento".

La definición de *paciencia*, que aparece en el libro Hebreos de la Biblia, es "sufrimiento a largo plazo". Basado este concepto en dos principios fundamentales: *fe* y *esperanza*. Fe en lo no visto, esperanza en que va a ocurrir. Aun cuando, en un principio, las expectativas no sean satisfechas en su totalidad, al mantener la fe en el cambio no visto aún y al persistir la esperanza, el cambio ocurrirá. Si practicamos suficientemente esa nueva actitud al final se convertirá también en un hábito y será nuestro.

Sin embargo, podemos observar individuos que leen libros, asisten a talleres, buscando el arreglo rápido, la magia que les cambie la vida de inmediato, la dieta rápida para perder peso y obtener un cuerpo mejor y más sano, la manera instantánea de volverse ricos, la herramienta que, sin esfuerzo y sacrificio, mejore las relaciones interpersonales; si sólo siguiesen las directrices propuestas, los problemas desaparecerían, como el hielo derritiéndose al sol.

¿Podrá la lectura de este libro ayudarte a cambiar?

Scogin (1989) ha confirmado que la lectura y práctica de lo leído puede tener un efecto positivo en las conductas y actitudes de los individuos. En su estudio, 66 individuos que buscaban ayuda profesional fueron aleatoriamente divididos en dos grupos. A uno de los grupos se le pidió que leyera el libro *Feeling Good* de David Burns (1980/1992). Ningún otro tratamiento fue ofrecido durante un período de cuatro semanas. Después de este período, el 66% de los individuos del grupo de lectura mejoraron sustancialmente en contraste con sólo 19% de los individuos del segundo grupo. Subsecuentemente se les dio a leer a los individuos del segundo grupo el mismo libro, también ellos mejoraron como los otros individuos después de cuatro semanas. Durante un seguimiento de estos dos grupos, un mes, dos meses y dos años, después de la investigación inicial, se encontró que el 73% siguió sintiendo positivamente y utilizando las herramientas, practicándolas.

Zeus, quien ha dirigido a los hombres
en los caminos del entendimiento,
ha establecido una regla:
no hay aprendizaje sin sufrimiento.

Shakespeare

Cuando el cambio requerido está relacionado con nuestros hábitos, algunos profundamente arraigados, convertidos en conductas aprendidas, se requiere un esfuerzo adicional que no es sencillo, ni fácil. Por lo tanto la pregunta fundamental es: ¿quieres tener éxito?, ¿estás dispuesto a caminar esa distancia adicional? Lo que implica que el éxito no está relacionado con circunstancias, suerte, bendición divina o metodología de aplicación instantánea. Es una escogencia, es una decisión personal.

En ocasiones, para ejemplificar el punto, le pido a los oyentes que levanten la mano derecha. En la mayoría de los casos todos la levantan, entonces les pregunto por qué lo hicieron. Invariablemente me contestan que porque se lo pedí. Como segundo paso les pido a todos que salgan del salón corriendo atravesando la puerta o que salten un espacio imposible. Aquí todos se quedan en su sitio diciendo que no están dispuestos a seguir esa orden o pedido. Les pregunto a todos, y quisiera también preguntarte a ti, lector, cuál es la similitud entre las dos acciones, no la diferencia, levantar la mano y no salir corriendo. Por favor reflexiona, me referiré a esto más adelante.

En mi experiencia, tanto personal como profesional, he encontrado que, en mi vida, como en la de las personas con las que he trabajado, los cambios generados y desarrollados se relacionan con la automotivación y actitud. Las técnicas, metodologías o estrategias, aun cuando son necesarias, no son lo fundamental en el cambio. Cuando observamos un témpano de hielo en el océano, podemos suponer que sólo vemos un 20% de su tamaño, el 80%, no visible, está debajo de la superficie del agua. La analogía puede aplicarse a los caminos que llevan al cambio: un 20% son técnicas y estrategias, el 80%, actitud, disponibilidad al cambio, motivación, compromiso para actuar de forma diferente de las expectativas y de alcanzar niveles superiores de madurez, por encima de las expectativas iniciales.

Hace algunos años mi hija Maia me entregó una cita para que yo la compartiera con mis estudiantes; este será un buen y pertinente lugar donde compartirla nuevamente: "No seas duro contigo mismo si lo intentaste y no lo lograste; sin embargo, sé duro contigo mismo, si ni siquiera lo intentaste".

Aquí me gustaría hacer relación a la similitud entre las dos acciones referidas anteriormente: la similitud entre levantar la mano y **no** salir corrien-

4

do y atravesar la puerta o no saltar el espacio imposible, es tu decisión. En el primer caso, el participante levantó la mano porque decidió cooperar conmigo al no haber costo involucrado que pudiera poner en peligro su integridad física o psicológica; en el segundo decidió no aceptar porque sí existía un costo. Aunque en ocasiones no estemos conscientes, son las escogencias personales las que dirigen nuestras vidas. Sin embargo, vamos por la vida responsabilizando a otros, al destino, a la suerte, dejando el control de nuestras vidas a esos elementos. De la misma manera tu éxito es tu escogencia. Así como no hay nadie que pueda hacerte sentir o hacer algo sin tu permiso, tú sí puedes decidir cambiar, es tu decisión.

Este libro te ofrecerá herramientas significativas que, utilizadas con disciplina, producirán algo positivo y diferente en tu vida. Al principio, no podrás participar en las "olimpíadas" de inteligencia emocional; sin embargo, con el tiempo tú también podrás ejercer una maestría personal sobre tus emociones y tus relaciones.

La quinta disciplina

Peter Senge, al publicar en 1990 el libro *La quinta disciplina*, revolucionó, al menos en mí, la manera de pensar, y así comencé a fundamentar en las cinco disciplinas otros conceptos y conocimientos. En otras palabras, si entendemos inicialmente las cinco disciplinas, podremos explicar otros conceptos relacionados con la psicología de la gerencia, de las relaciones y de uno mismo.

Por lo tanto me gustaría comenzar con un resumen de las cinco disciplinas.

La maestría personal y los modelos mentales son conceptos más relacionados con el individuo; el aprendizaje en equipo y la visión compartida, con grupos de individuos, equipos, comunidades; y el pensamiento sistémico, la disciplina que abarca y agrupa la complejidad de las cuatro anteriores.

Maestría personal

La maestría personal es la capacidad de generar energía, de canalizar las fuerzas emocionales hacia el cumplimiento de objetivos establecidos. Es la capacidad de automotivación en beneficio de la realización de nuestro propósito de vida.

Si estamos convencidos
de alcanzar nuestro(s) propósito(s),
cualquier cómo es posible.

Nietzsche

Como menciona Nietzsche, cuando hemos definido un propósito de modo claro y preciso ya encontraremos los medios para alcanzarlo, aun enfrentando obstáculos y resistencias.

La maestría personal es el comienzo de todo proceso de cambio, es la disponibilidad para comenzar y persistir en las exigencias del proceso de cambio.

El manejo de las emociones es un buen ejemplo de maestría personal.

La disciplina de la maestría personal se refiere a la capacidad para identificar lo que es importante para nosotros y alcanzarlo. Promueve en los individuos cuatro habilidades básicas:

- Profundo sentido de propósito o misión.
- Habilidad para buscar la verdad.
- Capacidad de autorreflexión y de ajuste o adaptación.
- Compromiso con el aprendizaje continuo.

Modelos mentales

Los modelos mentales son generalizaciones, imágenes o supuestos profundamente arraigados, que influyen en la manera como entendemos el mundo y en cómo tomamos acción. Los modelos mentales son aquellos filtros/ mapas a través de los cuales entendemos el mundo, y que de acuerdo con lo que percibimos de él influencian nuestras acciones.

Los modelos mentales:

- Afectan la manera como actuamos y lo que percibimos.

- Son críticos para nuestra efectividad.

- Pueden ser conscientes o inconscientes, y siempre son incompletos.

- Son más fáciles de identificar los de otros que los propios.

Por medio, o con la ayuda, de estos modelos mentales establecemos relaciones, escogemos pareja, asumimos o no responsabilidades, formamos lealtades a personas, instituciones, sociedades, credos. Es la manera en que estructuramos nuestra realidad generando conceptos e ideas, posiciones, sobre lo que nos ocurre en la vida.

Estos modelos mentales llegan en algunos casos a constituir posiciones, actitudes, hábitos, a veces rígidos e infranqueables.

De ahí que Albert Einstein sugiriera que no podemos resolver nuestros problemas con los mismos modelos con los cuales los formamos en primer lugar. Esto significa que la manera como pensamos hoy es parte del problema. Por lo tanto, para resolver, y quizás disolver, nuestros conflictos necesitamos cuestionar nuestras suposiciones y posiciones sobre lo que percibimos que está ocurriendo. En muchos casos, ya que somos seres sociales interactuando en un contexto social, este cuestionamiento es más efectivo cuando se realiza en el contexto de las relaciones: pareja, amigo, equipos, comunidades. Es el proceso que involucra el diálogo, dispuesto a invitar al cuestionamiento, posponiendo la defensa, la justificación o el ataque.

FIGURA 1

7

La gran mayoría de los individuos que observan por primera vez este dibujo, generalmente sólo perciben una de las imágenes: la de la vieja o la de la joven, y les es difícil percibir las dos al mismo tiempo. ¿Puedes tú ver las dos? Si sólo ves una, ¿puedes, ahora, hacer el esfuerzo de ver la otra imagen? ¡Qué difícil es suprimir nuestros modelos mentales iniciales para así poder darnos la oportunidad de ver otra imagen, pensamiento, posición, etc! Utilizando esta imagen ponemos en evidencia cuánto depende de las percepciones el modo en que construimos nuestras realidades, que nuestras respuestas dependerán de cómo interpretamos lo que nos ocurre, y que cada individuo puede interpretar un mismo evento de maneras diferentes. Por lo tanto, cuando alguien presente una opinión, posición o juicio, aun sintiéndote amenazado por ello, escúchalo bien, ya que está presentándote su historia, los modelos construidos a partir de influencias de otras figuras significativas en su vida, que a veces son las tradiciones transmitidas por generaciones.

FIGURA 2

Observa la figura 2; ¿cuál de las figuras geométricas es completamente diferente de las otras? En nuestra experiencia, cuando presentamos estas figuras, la gran mayoría contesta que es el triángulo, ya que es el único que tiene líneas rectas; otros contestan que es la media luna, ya que es la única figura que no está completa; otros, que es el círculo, ya que es la figura que podría envolver a las otras; otros dirán que todas son diferentes. Cuando pregunto: ¿quién tiene la razón?, ¿qué aprendemos de ello? Los participantes pueden darse cuenta de que lo fundamental para el grupo no es la realidad y verdad objetiva, sino el diálogo que se establece entre percepciones subjetivas de la realidad.

Aprendizaje en equipo

La disciplina de aprendizaje en equipo está relacionada con el desarrollo de las capacidades e inteligencia colectivas.

John Welch, presidente de General Electric, conocido por sus habilidades gerenciales, menciona que cualquier compañía que pretenda tener éxito en los años noventa y siguientes, tendrá que involucrar la mente de cada uno de sus trabajadores. Si no se piensa permanentemente en cómo hacer que cada individuo de la corporación sea más valioso, esa compañía no tendrá ninguna posibilidad de éxito.

Si quieres un año de prosperidad,
cultiva granos.
Si quieres diez años de prosperidad,
cultiva árboles.
Si quieres cien años de prosperidad,
cultiva gente.

Proverbio chino

El aprendizaje en equipo:

- Busca que el grupo aprenda tan eficiente y rápidamente como lo hacen los individuos que lo integran.

- Busca evitar la pérdida de energía y generar los resultados que el grupo desea.

- Intenta que el aprendizaje del equipo sea mayor que la suma de los aprendizajes de sus integrantes.

Existen diversas barreras para el aprendizaje en equipo:

- Ausencia de propósito compartido.

- Diferentes modelos mentales no dialogados.

- Falta de visión sistémica del negocio.

- Demasiadas prioridades.

- Baja calidad de pensamiento e interacción.

- Los intereses personales prevalecen sobre los intereses del equipo.

- Actitud defensiva o poco receptiva.

Visión compartida

La disciplina de visión compartida se refiere a la formación, en una organización/equipo, de un propósito común con base en lo que sus miembros quieren alcanzar individualmente. Se fundamenta, primero, en una esencia ideológica que define las bases sobre las cuales se sustenta y, segundo, en el porqué de su existencia. Lo primero define el carácter perdurable de la organización, una identidad consistente que trasciende sus productos, ciclos de vida del mercado y modas gerenciales o individuos.

La visión compartida:

- Significa entender que la visión de una organización no proviene sólo de la alta gerencia ni de un proceso formal de planificación estratégica, sino de cada uno de sus miembros.

- Busca relacionar, de manera inequívoca, a los individuos con la organización.

- Las visiones compartidas más poderosas surgen de visiones personales bien definidas.

- Es vital para las organizaciones que aprenden y que quieren transmitir un foco y una energía a sus miembros.

CARENCIA DE VISIÓN DESALINEACIÓN	VISIÓN COMPARTIDA ALINEACIÓN
Energía: Mucho uso de energía, pero probablemente también mucha pérdida de ésta. Mucho halar y empujar con carencia de movimiento hacia adelante.	Impulso hacia adelante, sinergia, cada contribución individual es ampliada por los otros miembros.
Sensación: Sentimiento de frustración, tensión, ira, hostilidad entre los miembros del equipo.	Sentido de responsabilidad amplificado, donde cada individuo se siente responsable por el todo.
Resultado: Mucho calor, poca luz.	Un láser, luz alineada.
	El desempeño puede ser extraordinario, porque la energía y la creatividad de las personas están focalizadas en un objetivo común, siendo productivo tanto en los estados de acuerdo como en los de desacuerdo. El conflicto es puesto sobre la mesa y tratado abiertamente.

La visión compartida es indispensable para alinear a grupos de individuos y lograr que funcionen como una sola unidad, trabajando hacia un objetivo común. Es darle a los miembros de una organización la posibilidad de participar genuinamente en la definición de su futuro, cómo quieren ver la organización, qué valores y comportamientos la definirán.

Cuando se genera una visión compartida el equipo está comprometido con retos importantes y grandes. Estas metas audaces sirven de foco unificador del esfuerzo, actuando como catalizador para el espíritu del equipo u organización. La visión compartida genera la confianza de que por medio de un esfuerzo común se pueden alcanzar los objetivos establecidos.

Pensamiento sistémico

El pensamiento sistémico es un concepto que desarrolló el psiquiatra Gregory Bateson (1956), por medio de su teoría del doble vínculo, que sugiere que los mensajes contradictorios en situaciones atrapantes generan perturbaciones a veces de gran magnitud. Bateson estudiaba familias de individuos que en diferentes circunstancias psicotizaban, se desconectaban de la realidad, escuchando y viendo cosas que otros no veían o escuchaban (alucinaciones auditivas o visuales) u otros síntomas psicóticos. En la mayoría de los casos esos individuos eran hospitalizados para administrarles su debido tratamiento psiquiátrico. Después de un tiempo, y al tener efectividad el tratamiento, estos individuos eran regresados a su sistema familiar. Sin embargo, en la mayoría de los casos, la historia de necesidad de tratamiento de esos individuos no terminaba en ese primer viaje al hospital psiquiátrico.

En diferente grado, esos individuos requerían algún tipo de intervención. Bateson en sus observaciones se dio cuenta de que cuando uno de los familiares visitaba al paciente, la madre en ese caso (disculpen madres, el padre estaba atendiendo el negocio, pero proporciona un buen ejemplo), el joven hospitalizado corría a abrazar a su madre, ésta se sentía incómoda con la cercanía física del hijo y en consecuencia no regresaba el afecto y ponía rígido el cuerpo; el joven lo sentía y lo percibía como un rechazo y por lo tanto se alejaba separándose de la madre. En ese momento ella preguntaba: ¡Qué!, ¿no estás contento de verme? El joven comenzaba, una vez más, a expresar síntomas de perturbación. Aquí Bateson se dio cuenta de que la perturbación del joven era consecuencia de perturbaciones en las relaciones dentro de ese sistema familiar y no atribuidas exclusivamente al joven. Éste al estar en una situación atrapante, con mensajes como "acércate, pero no demasiado", sin fortaleza para enfrentar la situación y con una personalidad vulnerable, expresa síntomas de perturbación. En las organizaciones podemos encontrar mensajes que recuerdan la teoría del doble vínculo. Por ejemplo: "los recursos humanos son lo más importante de nuestra organización", sin embargo, no hay respeto a opiniones diferentes, no hay inversión en aprendizaje, no se permite cuestionar la autoridad aun cuando presente ideas inconsistentes; o cuando se habla de creatividad y participación, pero por otro lado se etiqueta de revolucionarios a aquellos que se arriesgan a presentar ideas que cuestionan las tradiciones obsoletas, o se promueve a los individuos no por sus méritos sino por amiguismo y complacencia.

Además del doble vínculo, el pensamiento sistémico se basa en dos principios fundamentales. El primero: la estructura modela el comportamiento. Esto significa que lo que influenciará la conducta de los individuos que viven en ese sistema dependerá de la estructura que adopte el sistema. Si tenemos una estructura organizacional autocrática-jerárquica, los individuos se comportarán de acuerdo con esa estructura; por ejemplo, habrá mucha obediencia, poca creatividad expresada abiertamente, diferencias significativas entre los diferentes niveles jerárquicos y poca aceptación del sistema al cuestionamiento. Será difícil, aunque no imposible, que al enviar individuos de ese sistema autocrático a cursos sobre democracia, regresen y puedan ejercer cambios significativos. El sistema les exigirá adaptarse y exigirá estabilidad, equilibrio y mantener las tradiciones existentes. En mi libro sobre liderazgo me refiero a esos aspectos con mayor profundidad (Gil'Adí 1997).

La estructura del sistema fue modelada por la estructura de los modelos mentales de los individuos que inicialmente crearon esa estructura organizacional. Por lo tanto, para que exista un cambio significativo tiene que ocurrir un cambio en la estructura de los modelos mentales de sus individuos. El proceso de cambio de estructura se hará más fácil, por lo menos en su comienzo, si el cambio de estructura es apoyado por quienes tienen una posición de jerarquía y autoridad.

Un ejemplo de "la estructura modela el comportamiento" a nivel social, es el comportamiento de una gran mayoría ante los semáforos de tránsito. Aun cuando la luz roja indica "pare", esa regla no se considera. No porque los individuos, en su generalidad, sean irrespetuosos, sino porque se ha aprendido que quien sí obedece esa señal, al pararse corre el riesgo de ser asaltado con un arma de fuego y que le roben el carro. Hemos creado una estructura diferente: después de una determinada hora de la noche la luz roja implica "sigue, pero con cuidado". El problema está en que hemos generalizado esa estructura a cualquier hora: la luz roja no implica pararse. De igual manera, podemos explicar la corrupción, la fragmentación de valores y principios.

En sociedades donde no existe censura social –la disciplina como proceso interno personal no existe y en consecuencia la estructura que se genera es la respuesta a ese deterioro– se ha generado una estructura de intereses personales egoístas, individualistas, corrupción, gratificación inmediata, poco sentido de comunidad y poco involucramiento en metas nobles.

Somos todos partícipes en la creación de esa estructura, cada uno en su medida. No hay un culpable mayor.

FIGURA 3

A este castor le gusta lo que hace y lo hace bien, está automotivado en roer el tronco.

FIGURA 4

Aquí observamos a un castor sorprendido, ya que después de haber separado el tronco de su base, el tronco no se cae, lo cual según su modelo mental y experiencia anterior era lo que tenía que ocurrir.

FIGURA 5

Aquí nos damos cuenta de que el castor que no ha desarrollado el pensamiento sistémico no percibe que el tronco pertenece a una red, a un sistema.

La implicación de esta caricatura nos hace reflexionar sobre el hecho de que no es suficiente hacerlo bien localmente, es importante entender nuestro rol en el sistema y cómo repercutimos en él. Por lo tanto, si quieres comenzar a pensar sistémicamente, en vez de buscar culpables, comienza a cambiar las preguntas que haces; en vez de preguntar quién hizo esto o aquello, tienes que comenzar a preguntarte ¿qué es lo que yo estoy haciendo para que las cosas se vean de la manera como se ven?, ¿cuál es mi participación y la repercusión de mis acciones, actitudes y emociones en el desempeño de los otros? En otras palabras, comenzar por ti mismo y encontrar cuál es la repercusión de tus actitudes, lo que haces y dejas de hacer, en la definición de cómo se forma o se perpetúa la estructura social, organizacional, familiar.

En el ejercicio como terapeuta familiar y de parejas, he podido comprobar que a la primera cita, por lo general, acuden sólo las mujeres. Yo les pregunto cuál es el propósito de su consulta, y cuando me comunican, por ejemplo, que es por el interés de resolver un problema en la relación de pareja, inmediatamente les pregunto por qué sus maridos no las han acompañado. Con cara un poco de vergüenza e impotencia, aunque a veces de rabia, me dicen que su marido piensa que eso es problema de ellas. No hay duda de que en esos casos podemos diagnosticar que esos maridos no tienen pensamiento sistémico. Si así fuese, ellos se preguntarían: ¿qué estoy haciendo o dejando de hacer para que ella se sienta como se siente? Por lo tanto, si quieres comenzar a pensar sistémicamente, y así incrementar la posibilidad de resolver tus problemas, comienza a preguntarte: ¿qué estás haciendo o dejando de hacer...?

Las soluciones de nuestros problemas complejos están en buscar las relaciones que existen entre los diferentes factores que contribuyeron a la creación de esa estructura y, en consecuencia, los síntomas que aparecen.

FIGURA 6

El concepto de inteligencias múltiples ofrece una visión alternativa que enfatiza las diferentes habilidades de los individuos, reconociendo que los individuos tienen diferentes estilos, fortalezas y limitaciones, y que por lo tanto es necesario ajustar el proceso educativo a esas individualidades, Gardner (1975). Ese modelo diferente de escolaridad está basado en hallazgos científicos y metodologías que no existían en los tiempos de Binet, como son las ciencias de los estudios de procesos cognoscitivos o la neurociencia. Según Gardner la insatisfacción con la visión unitaria y restringida de inteligencia es muy profunda. Por lo tanto, es necesario cuestionar ese concepto y observar más de cerca a los individuos y el modo en que cada uno desarrolla las habilidades necesarias y fundamentales en el manejo de los obstáculos y circunstancias que existen en el ambiente cultural donde viven. Hay que tomar en cuenta los roles que cada uno juega en su contexto social y los problemas que le atañe solventar. La inteligencia necesaria para un beduino habitante del desierto es muy diferente de la necesaria para un navegante en el mar del Norte.

Las dos inteligencias fundamentales que se han enfatizado en este libro son la interpersonal y la intrapersonal. Sin embargo, sería interesante describir brevemente las siete inteligencias.

1. La inteligencia lingüística es la habilidad de poner en palabras, con claridad, agudeza y perspectiva, pensamientos y sentimientos. Podemos observar esta habilidad expresada por los poetas: la sensibilidad que tienen con el significado y el orden de las palabras.

2. La inteligencia lógico-matemática, como su nombre lo indica, es la habilidad de razonamiento matemático, entendimiento de relación numérica, así como la habilidad científica, la habilidad para manejar cadenas de razonamientos y reconocer sus patrones y orden.

Aun cuando la mayoría de las instituciones se basan principalmente en las inteligencias lingüística y matemática como indicadores de éxito, tal como hemos mencionado anteriormente, el éxito que obtendremos en nuestras vidas no sólo dependerá de estas dos, sino también del desarrollo integral de las otras inteligencias.

3. La inteligencia espacial es la habilidad de formar modelos mentales del mundo espacial y poder maniobrar y operar usando esos modelos, la habilidad de percibir el mundo espacial y poder utilizar ese recurso para el manejo apropiado y el alcance de objetivos. Navegantes, arquitectos, escultores, pintores, son algunos ejemplos.

4. La inteligencia musical, la sensibilidad ante la melodía, el ritmo y el tono.

5. La inteligencia kinésico-corporal es la habilidad de solventar problemas o producir un producto usando partes del cuerpo o todo el cuerpo. Atletas, bailarines, cirujanos, exhiben formas desarrolladas de esta inteligencia.

6. La inteligencia interpersonal es la habilidad de entender a otros individuos; qué los motiva, cómo trabajan, cómo generan los consensos y la cooperación entre ellos. Sensibilidad a las emociones de otros, habilidad de motivar y ayudar a otros individuos a entender aspectos importantes y a cumplir con sus objetivos comprendiendo sus necesidades. Esta inteligencia está basada en la capacidad de darse cuenta y poder diferenciar entre los individuos y sus estados de ánimo, intenciones, motivaciones y temperamentos. En estados más avanzados, esta inteligencia permite al individuo que la ha desarrollado al máximo ser sensible y leer los deseos e intenciones a través de mensajes sutiles y no obvios. Existen evidencias que sugieren que el lóbulo frontal juega un papel importante en la inteligencia interpersonal. Los daños en esta área pueden producir cambios profundos en la personalidad dejando otras formas de solventar problemas intactos. En estos casos hay una pérdida significativa de habilidades relacionadas con la interacción social.

Herramientas interpersonales que se desarrollan en este libro:

a. Asertividad (capítulo 3)

b. Empatía (capítulo 4)

c. Congruencia (capítulo 4)

d. Escalera de inferencia (capítulo 5)

7. La inteligencia intrapersonal es una habilidad similar a la anterior sólo que está dirigida al individuo mismo.

Es la habilidad de formar una visión verídica de uno mismo y ser capaz de utilizar ese modelo para operar efectivamente enfrentando las circunstancias de la vida. De alguna manera es similar al concepto, mencionado anteriormente, de maestría personal sugerida por Peter Senge (1990) en su libro *La quinta disciplina*, como la habilidad de reflexionar sobre nuestros propósitos y alcanzarlos.

La habilidad de acceder a la vida emocional propia como medio de entendimiento propio y, por medio de ese conocimiento, entender a otros. Está relacionada con la conciencia, la habilidad de concientizar lo que necesito, lo que deseo. ¿Por qué estoy sintiendo lo que siento? ¿Por qué pienso lo que pienso? ¿Cuáles son mis patrones y actitudes? ¿En qué circunstancias tengo la tendencia de expresar esas actitudes? Para alcanzar el éxito en el área que decidamos expresar nuestro potencial individual se requiere un buen conocimiento de quién soy, qué hago bien y cuáles son mis limitaciones. Así como celebrar los éxitos y dedicar tiempo a mejorar esos aspectos que no son manejados apropiadamente. Los individuos con una fuerte y firme inteligencia intrapersonal encontrarán oportunidades para usar sus fortalezas y aprender de sus limitaciones y sobreponerlas. La inteligencia intrapersonal se relaciona con el conocimiento de los aspectos internos del individuo, acceso a las emociones y a sus posibles rangos. La capacidad de discriminar efectivamente entre las emociones y poder tenerlas a nuestro servicio como medio de entendimiento y así decidir más efectivamente acciones alternativas. Los individuos con una alta inteligencia intrapersonal tienen un modelo claro de ellos mismos y pueden reconocer sus propias necesidades, y deseos, lo mismo que los recursos personales para alcanzarlos. El niño autista es un ejemplo claro de individuo con dificultades de inteligencia intrapersonal; sin embargo, puede poseer habilidades musicales, de computación, espaciales o mecánicas. Es la inteligencia involucrada en la gerencia de sí mismo.

Herramientas y conceptos intrapersonales que enfatizaremos:

- Manejo de emociones
- El proceso de diferenciación
- Autoestima
- Distorsiones cognoscitivas
- Optimismo

- Meditación
- Visualización guiada
- Autohipnosis
- Relajación progresiva

Consideramos que las herramientas relacionadas con la meditación, la visualización guiada, la autohipnosis y la relajación progresiva, son fundamentales en el fortalecimiento personal, como sugeriremos a continuación. Presentar esas herramientas refleja el vínculo que percibimos que existe con la inteligencia emocional. Esperamos que los argumentos que presentemos puedan ayudar a percibir la conexión de estos conceptos con la inteligencia intrapersonal.

Quisiera finalizar este capítulo con un cuento sobre el rey Arturo:

A los 12 años de edad el rey Arturo escucha que Merlín y su padre adoptivo están planeando un viaje a tierras lejanas. Arturo, cautivado por el plan de viaje, pide acompañarlos y lo mismo hace su hermano de crianza, Kay, que cojeaba de una pierna como consecuencia de una caída de un caballo.

Merlín y el padre les dicen que en caso de acompañarlos no podrán regresar una vez empezado el viaje ya fuese por cansancio o por capricho, que tendrán que completar el viaje una vez comenzado. El esfuerzo será singular. Después de varias semanas de camino, acamparon en las faldas de una gran montaña cubierta de nieve de una belleza sin igual y a su vez de una intensidad amenazante y sobrecogedora.

Arturo le pregunta a Merlín si alguien había escalado anteriormente la imponente montaña. Merlín le asegura que nadie se ha aventurado a ascender tan peligrosa montaña. En ese preciso momento Arturo, impetuosamente, se despide diciendo que él lo intentará; Kay lo sigue. El padre, sorprendido, trata de detenerlos; sin embargo, Merlín le hace gestos al padre para que los deje ir. El padre de los jóvenes confiando en el juicio de Merlín, aunque con cierta aprehensión, los deja ir. Al marcharse, el padre le pregunta a Merlín: "¿Te parece razonable dejar ir a esos jóvenes para intentar alcanzar una meta tan peligrosa?" Merlín le contesta: "Si fuesen jóvenes comunes, no sería razonable; sin embargo, no son jóvenes comunes los que queremos forjar de esos dos". El padre encuentra sentido en la respuesta de Merlín, pero continúa preguntando: "¿Y si mueren en el intento?" Aquí Merlín hace un esfuerzo para ocultar su propia preocupación y dice: "Todos tenemos que morir, por lo menos ellos tendrán una muerte gloriosa y serán recordados por siempre por haber abierto un camino de aventura y exploración". Una vez más el padre pregunta: "¿Y si regresan derrotados?" Entonces Merlín, iluminado por el acierto, dice: "Si regresan derrotados, algo habrán aprendido, y es que todos tenemos nuestras limitaciones".

CAPÍTULO 3*

*La libertad no es una filosofía
y ni siquiera es una idea:
es un movimiento de la conciencia
que nos lleva, en ciertos momentos,
a pronunciar dos monosílabos:
Sí o No.
En su brevedad instantánea,
como a la luz del relámpago,
se dibuja el signo contradictorio
de la naturaleza humana.*

Octavio Paz

* Elaborado en colaboración con la Lic. en Sicología Mary Gelrud, Ed.M. Harvard University.

Asertividad

La manera como interactúas con los demás puede ser una fuente de estrés importante en tu vida. El entrenamiento asertivo puede reducir ese estrés enseñándote a defender tus derechos legítimos, sin intimidar a los demás y sin dejar que los demás te intimiden.

La asertividad inicialmente fue descrita por Andrew Salter, en 1949, como un rasgo de la personalidad. Se pensó que algunas personas la tenían, y otras no, como el ser extrovertido o tacaño. Pero Wolpe (1958) y Lazarus (1966) redefinieron la asertividad como el acto de "expresar los derechos y sentimientos personales". Encontraron que casi todo el mundo podía ser asertivo en algunas situaciones y, sin embargo, ser totalmente ineficaz en otras. El objetivo del entrenamiento asertivo es aumentar el número y variedad de situaciones en las que es posible el comportamiento asertivo, y disminuir las ocasiones de colapso pasivo o de explosión.

La definición que utilizaremos en este libro es:

La habilidad de expresar nuestras emociones y pensamientos, facilitando actuar en pro de nuestros mejores intereses y derechos, sin infringir o negar los de los demás.

Además, asertividad también es la posibilidad de:

- Expresar espontáneamente tus gustos e intereses personales.
- Hablar sobre ti mismo sin cohibirte.
- Aceptar cumplidos cómodamente.
- No estar de acuerdo con alguien abiertamente.
- Pedir aclaratorias.
- Decir que no.

En resumen, cuando estás actuando asertivamente, puedes estar más relajado en situaciones interpersonales.

¿Por qué las personas no son asertivas?

• Confunden asertividad con agresividad.

• Confunden pasividad con cortesía o consideración.

• Fallan en reconocer los derechos personales.

• Crean ansiedad con relación a consecuencias negativas.

• Confunden pasividad con "ayudar".

Esto se debe a la existencia de ciertas creencias preformadas, como:

• Si actúo asertivamente los demás se disgustarán.

• Si actúo asertivamente y los demás se disgustan, me sentiré mal.

• Aunque prefiero que los demás sean discretos conmigo tengo miedo de que, si soy abierto y digo **no,** los heriré.

• Si mi conducta asertiva hiere a otros, yo seré responsable por sus sentimientos.

• Es malo y egoísta no responder a pedidos legítimos.

• Debo evitar el decir y preguntar cosas que me hagan parecer ignorante o estúpido.

• Las mujeres que actúan asertivamente son frías y castrantes, a la gente no le gustan.

Suposiciones tradicionalmente erradas:

1. Es egoísta poner tus necesidades por delante de las de los demás.

Tu derecho legítimo:
Tienes derecho a ponerte en primer lugar algunas veces.

2. Es vergonzoso cometer errores. Debo tener una respuesta apropiada para cada ocasión.

Tu derecho legítimo:
Tienes derecho a cometer errores.

3. Si no puedes convencer a los demás de que tus sentimientos son razonables, entonces deben estar equivocados, o tal vez te estás volviendo loco.

Tu derecho legítimo:
Tienes derecho a ser el juez final de tus sentimientos y aceptarlos como legítimos.

4. Deberías respetar los puntos de vista de los demás, especialmente si están en una posición de autoridad. Mantén tus diferencias de opinión para ti. Escucha y aprende.

Tu derecho legítimo:
Tienes derecho a expresar tus propias opiniones y convicciones.

5. Siempre deberías tratar de ser lógico y consecuente.

Tu derecho legítimo:
Tienes derecho a cambiar de idea o decidir un curso de acción diferente.

6. Deberías ser flexible y adaptarte. Los demás tienen buenas razones para hacer lo que hacen y no es cortés cuestionarlos.

Tu derecho legítimo:
Tienes derecho a protestar ante el trato injusto o la crítica.

7. Nunca deberías interrumpir a la gente. Hacer preguntas revela tu estupidez ante los demás.

Tu derecho legítimo:
Tienes derecho a interrumpir para pedir una aclaratoria.

8. Las cosas se podrían poner aún peor, no menees el bote.

Tu derecho legítimo:
Tienes derecho a negociar el cambio.

9. No deberías ocupar el valioso tiempo de los demás con tus problemas.

Tu derecho legítimo:
Tienes el derecho a pedir ayuda o apoyo emocional.

10. La gente no quiere oír que tú te sientes mal, por lo tanto guárdatelo.

Tu derecho legítimo:
Tienes derecho a sentir dolor y expresarlo.

11. Cuando alguien se toma el tiempo de darte consejos, tú deberías tomarlo muy seriamente. Los demás generalmente tienen razón.

Tu derecho legítimo:
Tienes derecho a ignorar el consejo de los demás.

12. Saber que hiciste algo bien es tu propia recompensa. A la gente no le gustan las demostraciones. La gente exitosa es secretamente envidiada. Sé modesto cuando seas halagado.

Tu derecho legítimo:
Tienes derecho a recibir reconocimiento formal por tu trabajo y tus logros.

13. Siempre deberías tratar de acomodarte a los demás. Si no lo haces, los demás no estarán ahí cuando los necesites.

Tu derecho legítimo:
Tienes derecho a decir "no".

14. No seas antisocial. La gente va a pensar que desprecias a los demás si dices que preferirías más estar solo que con ellos.

Tu derecho legítimo:
Tienes derecho a estar solo, aunque los demás prefieran tu compañía.

15. Siempre deberías tener una buena razón para lo que sientes y haces.

Tu derecho legítimo:
Tienes derecho a no tener que justificarte ante los demás.

16. Cuando alguien está en problemas, deberías ayudarlo.

Tu derecho legítimo:
Tienes derecho a no asumir la responsabilidad de los problemas de otro.

17. Deberías ser sensible a las necesidades y deseos de los demás, aunque no sean capaces de decirte lo que quieren.

Tu derecho legítimo:
Tienes derecho a no tener que anticipar las necesidades y deseos de los demás.

18. Siempre es buena política estar de "buenas" con las personas.

Tu derecho legítimo:
Tienes derecho a no preocuparte siempre de la buena voluntad de los demás.

19. No es agradable dejar a la gente esperando. Si te preguntan, da una respuesta.

Tu derecho legítimo:
Tienes derecho a no responder en una situación.

A medida que avances en este tema, mantén en mente que la comunicación asertiva está basada en la suposición de que tú eres el mejor juez de tus pensamientos, sentimientos, deseos y comportamiento. Nadie está mejor informado que tú con respecto a cómo tu herencia, historia y actuales circunstancias te han moldeado como ser humano único. Por lo tanto, eres el mejor abogado para expresar tus posiciones o problemas importantes. Debido a tu unicidad, hay muchas veces en las que diferirás con mucha gente en tu vida. En vez de abrumar a los dóciles o tornarte agresivo, tienes el derecho de expresar tu posición y tratar de negociar tus diferencias.

¿Para qué actuar asertivamente?

Actúa asertivamente para:

- Ser tratado con respeto.

- Expresar deseos, opiniones y sentimientos.

- Ser escuchado y tomado en serio por otras personas.

- Decidir las propias prioridades.

- Decir **no** sin sentirte culpable.

Se ha comprobado que la conducta asertiva es eficaz en el manejo de la depresión, la rabia, el resentimiento y la ansiedad personal, especialmente cuando estos síntomas han sido producidos por circunstancias injustas. A medida que te comportes más asertivamente, comenzarás a darle cabida a tu derecho a relajarte, y serás más capaz de tomar tiempo para ti mismo.

Actuar asertivamente es importante:

- Con los que quieren hacernos sentir culpables.

- Con los que nos piden más tiempo del que queremos o podemos dar.

- Con la gente que te pide cosas que no queremos dar, como dinero, el carro, etc.

- Con los que quieren imponerte sus valores.

- Para saber cómo pedir.

- Para negociar cambios de conducta.

- Para negociar la agresión de otros.

- Para pedir compromiso en la relación.

- En la expresión de amor, afecto, rabia, dolor.

- En la relación sexual.

Derechos asertivos

- Tenemos derecho a juzgar nuestros propios comportamientos, pensamientos, emociones y a asumir responsabilidad por ellos.

- Tenemos derecho a no dar excusas para justificar nuestro comportamiento.

- Tenemos derecho a ser tratados con respeto.

- Tenemos derecho a cambiar de parecer.

- Tenemos derecho a cometer errores.

- Tenemos derecho a decir "no sé".

- Tenemos derecho a decir "no entiendo".

- Tenemos derecho a ser independientes de la voluntad de los demás.

- Tenemos derecho a establecer nuestras propias prioridades.

- Tenemos derecho a pedir lo que necesitamos.

- Tenemos derecho a pedir información.

CUADRO 1

CONDUCTAS		
PASIVAS	ASERTIVAS	AGRESIVAS
No expresa necesidades, ideas o sentimientos.	Expresión de ideas, sentimientos y deseos.	Expresión de ideas, deseos y sentimientos a expensas de los demás.
Permite a los otros infringir sus derechos y tomar decisiones por uno.	Defiende sus derechos sin violar los de los demás.	Ignora los derechos de los demás, domina y humilla.
Autonegación, inhibición.	Hace sus propias escogencias con confianza y se siente bien consigo mismo.	Conducta expresiva, por autodefensa hostil.
Termina con ansiedad y desilusión consigo mismo.	Logra sus metas.	Toma decisiones para sí y para otros. Termina con rabia o culpa.
Trata de evitar situaciones riesgosas, no placenteras, confrontaciones y conflictos.	Mejora la autoestima y lleva a relaciones más libres y honestas con los demás.	Es una forma inadecuada de airear la rabia, pues termina aislándose de las demás personas y con frustración.
Mayor temor: ser rechazado, perder la relación.		**Mayor temor:** no ser indispensable.

CUADRO 2

LENGUAJE CORPORAL		
COMPONENTES VERBALES Y NO VERBALES DE LA CONDUCTA VERBAL		
PASIVA	ASERTIVA	AGRESIVA
Palabras de disculpa. Mensajes velados. Dificultad para llegar al punto. Faltan las palabras. Dificultad para expresarlas.	Expresión clara de deseos, pensamientos y sentimientos. Palabras objetivas. Frases directas. Mensajes yo.	Palabras degradantes. Acusaciones. Descripciones del otro. Términos subjetivos. Generalizaciones. Mensajes tú.
NO VERBAL GENERAL Acciones en vez de palabras. Espera que otro adivine lo que quiere.	Oye atentamente con seguridad. Comunica cariño y fuerza. Firme y relajada.	Muestra exagerada fuerza. Estilo sarcástico. Aires de superioridad.
ESPECÍFICO: VOZ Débil. Dubitativa. Baja.	Bien modulada. Cálida.	Tensa y alta. Temerosa y fría. Autoritaria.
OJOS Lagrimosos, mirada indirecta. Suplicantes.	Abiertos, francos, directos. Contacto visual.	Sin expresión. Fríos.
POSTURA Busca apoyo, mucha afirmación con la cabeza.	Bien balanceada. Erecta y relajada.	Manos en las caderas. Rígida, imperiosa.
MANOS Temblorosas. Movimientos nerviosos.	Relajadas.	Empuñadas, gestos abruptos. Dedo acusador.

CUADRO 3

	DEPENDENCIA	AISLAMIENTO	AUTOCONFIANZA
CONDUCTA INTERPERSONAL	Se recuesta en otros. Dirigido por otros. Focalizado en el otro.	Evita a otros. Aislamiento social. Focalizado en sí mismo.	Va hacia otros. Relación verdadera basada en una sensación de independencia.
VISTO POR OTROS	Indefenso, necesitado, pegajoso.	Inalcanzable, narcisista, cerrado.	Maduro, capaz, abierto.
ESCOGENCIA	Gama de escogencias limitada.	Gama de escogencias limitada.	Amplia gama de escogencias.
SENTIMIENTOS	Pasa de un extremo a otro. Se siente impotente.	Típicamente aplastado. Se siente aislado.	Apropiado para la situación.
MIEDOS	De estar solo. Aislado socialmente.	Miedo de estar con otros, de volverse dependiente.	Pocos miedos interpersonales.
AUTOEVALUACIÓN	¡Soy lo que los otros ven en mí! Escucho la voz que otros representan y no escucho mi propia voz.	No me interesa la voz de otros ¿Qué se creen? Yo no tengo nada que ver ni aprender de mí mismo. Una profunda autoevaluación negativa escondida tras fuertes y gruesas paredes.	Autoaceptación directamente basada en logros individuales.
OTROS	Yo necesito de otros, no puedo estar solo.	No necesito a nadie. Los otros me decepcionan.	No necesito de otros, pero me agrada y disfruto de su compañía.

CUADRO 4

EJEMPLOS DE CONDUCTAS TÍPICAS EN LA RELACIÓN CON OTROS			
	PASIVAS	ASERTIVAS	AGRESIVAS
CONFIANZA	Excesiva confianza en las habilidades del otro. Baja autoestima.	Confianza en sí mismo y en el otro.	Poca confianza en el otro. Excesiva confianza en sí mismo.
TOMA DE DECISIONES	Le pide al otro que tome todas las decisiones.	Puede tomar sus propias decisiones, basadas en información apropiada y comparte con el otro.	Toma todas las decisiones unilateralmente, no consulta al otro.
CONTROL	Le da control total al otro y después se queja.	Puede guiar o seguir al otro.	No deja nunca de controlar al otro.
CRISIS	Reacciona exageradamente. Quiere compartir todo con el otro.	Trabaja conjuntamente con el otro en resolver el problema.	Aparentemente no reacciona. No comparte lo que piensa.

Sistema de creencias positivas

1. La asertividad en vez de la manipulación, la sumisión o la hostilidad, enriquece la vida y lleva a relaciones personales más satisfactorias.

2. Todos tienen derecho a actuar asertivamente y a expresar con honestidad sus pensamientos, sentimientos y deseos.

Tipos de asertividad

Asertividad básica

Expresión de los derechos, sentimientos creencias u opiniones personales.

Ejemplo:

Cuando nos interrumpen:

"Perdona, me gustaría terminar lo que estoy diciendo".

Si nos hacen una pregunta que no esperábamos:

"Me gustaría tener unos minutos para pensarlo".

Negarte a algo:

"No, esta tarde no puedo ir".

Expresión de aprecio y afecto:

"Me gustas".

"Me importas".

"Te quiero".

Asertividad empática

Cuando además de expresar necesidades, la persona quiere demostrar sensibilidad hacia la otra persona.

Ejemplo:

Cuando no queremos consejos:

"Sé que quieres aconsejarme porque no quieres que me dañen mis errores, pero en este momento de mi vida necesito aprender a tomar mis propias decisiones y confiar en mí mismo, aun si cometo errores".

Asertividad escalonada

Ejemplo:

Ante personas insistentes:

"Te agradezco el ofrecimiento, pero prefiero estar sola".

"No, gracias".

"Es la tercera vez que digo que no quiero compañía, por favor váyase".

Asertividad confrontativa

Cuando las palabras de la otra persona o sus acciones son contradictorias.

Ejemplo:

"Te dije que estaba bien que usaras mis discos, si primero me consultabas. Ahora estás tocando mis discos sin haberme preguntado. Primero me gustaría saber ¿por qué?"

Diferente de la agresión:

"¡Ajá!, ese es mi disco, ya veo que mis palabras no valen para ti".

Fórmula "lenguaje yo"

Utiliza palabras como:

Cuando..., los efectos..., siento..., prefiero...

Ejemplo:

"Cuando te comportas de esa manera yo siento que...".

"Prefiero posponer nuestra conversación para una ocasión en que tengamos el tiempo para establecer el diálogo. No ahora que estoy saliendo de mi oficina".

El entrenamiento asertivo

Algunos dominan las habilidades de la asertividad sólo en unas semanas de práctica. Para otros, son necesarios varios meses de trabajo, paso a paso, para experimentar un cambio significativo.

Antes de seguir leyendo, sería útil que comentaras cómo responderías usualmente a las siguientes situaciones-problema:

1. Compras tu bebida favorita en el supermercado, y después que sales de éste descubres que te quedaron debiendo en el vuelto.

Yo _____

_____

2. Estás llevando en carro a un amigo a una reunión. El amigo te entretiene durante media hora, de manera que llegarás tarde.

Yo _____

_____

3. Pides que le pongan al carro una cantidad específica de gasolina en una estación de servicio. El empleado te llena el tanque y te pide tres veces esa cantidad.

Yo_____

_____

4. Te estás relajando con el periódico después de un largo día. Tu esposa llega, con una lista en la mano, y te dice: "Nunca pensé que llegarías. Rápido, busca esto en el supermercado".

Yo_____

5. Mientras esperas que el empleado termine con el cliente que está antes que tú, otro cliente llega y el empleado lo atiende primero que a ti.

Yo_____

Después de escribir lo que harías en estas situaciones-problema, pon tus respuestas a un lado. Se usarán dentro de poco.

A continuación los ocho pasos del entrenamiento asertivo:

PASO I: Tres estilos interpersonales básicos

El primer paso en el entrenamiento asertivo es identificar los tres estilos básicos de comportamiento interpersonal.

1. El estilo agresivo: los ejemplos típicos de conducta agresiva son pelear, acusar, amenazar y, generalmente, pisotear a la gente sin importar sus sentimientos. La ventaja de este tipo de comportamiento es que la gente no se aprovecha de la persona agresiva. La desventaja es que la gente no quiere estar con esta persona.

2. El estilo pasivo: una persona se comporta pasivamente cuando permite que los demás se aprovechen de ella, cuando no se defiende a sí misma, y cuando hace lo que se le dice, sin importar cómo se siente al respecto. La ventaja de ser pasivo es que rara vez se experimenta rechazo. La desventaja es que se aprovechan de uno, y se almacena una pesada carga de resentimiento y rabia.

3. El estilo asertivo: una persona se comporta en forma asertiva cuando se defiende, expresa sus verdaderos sentimientos y no permite que los demás se aprovechen de ella. Al mismo tiempo, toma en cuenta los sentimientos de los demás. La ventaja de ser asertivo es que se obtiene

33

lo que se desea generalmente, sin hacer que los demás se molesten. Si usted es asertivo, puede actuar en su propio beneficio sin sentirse culpable o mal por eso. La docilidad y la renuncia, el ataque y la culpa, ya no se necesitan con el dominio del comportamiento asertivo. La culpa y el ataque son vistos como lo que son: estrategias de escape tristemente inadecuadas que crean más dolor y estrés que el que evitan. Antes de poder alcanzar un comportamiento asertivo, debes enfrentar el hecho de que los estilos pasivo y agresivo generalmente han fallado para obtener lo que se desea.

A fin de probar tu habilidad para distinguir estilos interpersonales, evalúa el comportamiento de A en las siguientes escenas; indica si su comportamiento es agresivo, pasivo o asertivo:

Escena 1

A: ¿Es esa una nueva abolladura en el carro?

B: Mira, acabo de llegar a la casa, fue un día espantoso y no quiero hablar sobre eso ahora.

A: A mí me parece importante, y ¡vamos a hablar de eso ahora!

B: (Silencio)

A: Vamos a decidir ahora quién va a pagar el arreglo, cuándo y dónde.

B: Yo me ocuparé de eso. Ahora déjame en paz, ¡por el amor de Dios!

El comportamiento de A es: Agresivo / Pasivo / Asertivo.

Escena 2

A: Me dejaste solo en esa fiesta... Me sentí realmente abandonado.

B: Estabas comportándote como un aguafiestas.

A: No conocía a nadie. Lo menos que podías haber hecho era presentarme algunos de tus amigos.

B: Escucha, tú ya estás crecidito. Puedes cuidarte tú solo. Estoy cansado de oírte continuamente pidiéndome que te cuide.

A: Y yo estoy cansado de tu falta de consideración.

B: Está bien, la próxima vez me pegaré a ti como un chicle.

El comportamiento de A es: Agresivo / Pasivo / Asertivo.

Escena 3

A: ¿Te importaría ayudarme un minuto con este expediente?

B: Estoy ocupado con este informe. Pídemelo más tarde.

A: Bueno, en realidad odio molestarte, pero es importante.

B: Mira, tengo que entregar esto a las cuatro de la tarde.

A: Está bien, entiendo. Yo sé lo duro que es ser interrumpido.

El comportamiento de A es: Agresivo / Pasivo / Asertivo.

Escena 4

A: Recibí una carta de mi mamá esta mañana. Quiere venir a pasar dos semanas con nosotros. En verdad me gustaría verla.

B: ¡Ah no, no tu mamá! Y justo ahora que tu hermana acaba de irse. ¿Cuándo vamos a tener un tiempo para nosotros?

A: Bueno, yo quiero que venga, pero yo sé que necesitas algún tiempo sin mi familia. ¿Qué forma sugieres para compaginar tu necesidad de tiempo juntos y la mía de ver a mi mamá?

B: Quisiera sugerir que venga dentro de dos meses, así podemos estar juntos tú y yo. ¿Te parece razonable?

A: Sí, me parece una buena solución.

El comportamiento de A es: Agresivo / Pasivo / Asertivo.

Escena 5

A: ¡Te ves muy bien hoy!

B: ¿A quién crees que estás engañando? Mi cabello es un horror y mi ropa no es ninguna maravilla.

A: Como tú digas.

B: Y hoy me siento tan mal como me veo.

A: Está bien. Ahora tengo que irme.

El comportamiento de A es: Agresivo / Pasivo / Asertivo.

Escena 6

En una fiesta, A le está diciendo a sus amigos cuánto aprecia que su novio la invite a buenos restaurantes y al teatro. Sus amigos la critican por no ser liberada.

A: Eso no es así. Como secretaria yo no gano tanto como él de abogado. Yo no podría darme el lujo de pagar lo de los dos o pagar mi parte de todos los lugares agradables a los que vamos. Algunas tradiciones tienen sentido, dadas las realidades económicas.

El comportamiento de A es: Agresivo / Pasivo / Asertivo.

Ahora que tú has evaluado las respuestas de la persona A en estas escenas como agresiva, pasiva o asertiva, sería útil comparar tus evaluaciones con las nuestras:

Escena 1: A es agresiva. La declaración hostil inicial de A produce resentimiento y retirada.

Escena 2: A es agresiva. El tono es acusador y de culpa. B inmediatamente se pone a la defensiva y nadie gana.

Escena 3: A es pasiva. La tímida oración de apertura de A es seguida por un completo colapso. El problema del expediente debe ahora ser resuelto a solas.

Escena 4: A es asertiva. La petición es específica, sin hostilidad, abierta a la negociación y exitosa.

Escena 5: A es pasiva. A permite que el cumplido sea rechazado y se rinde a la negatividad de B.

Escena 6. A es asertiva. Ella se defiende ante la opinión prevaleciente del grupo y logra establecer su opinión de una forma clara y sin amenazas.

PASO II: El cuestionario de la asertividad

(Adaptado del libro *Asserting Yourself* de Sharon y Gordon Bower.)

El segundo paso en el entrenamiento asertivo es identificar aquellas situaciones en las que tú quieres ser más eficaz. Después de aclarar los tres estilos interpersonales, vamos a examinar de nuevo tus respuestas a las seis situaciones-problema a las que respondiste al comienzo de este capítulo. Evalúa tus respuestas principalmente como pertenecientes al estilo agresivo, pasivo o asertivo. Este es un comienzo para analizar tu propio comportamiento y encontrar dónde te puede ayudar más el entrenamiento asertivo.

Para definir tu evaluación de las situaciones en que necesitas actuar más asertivo, completa el siguiente cuestionario. Como primer paso coloca una X en la columna A en aquellos renglones en que consideres que deberías ser más asertivo y segundo califica ese renglón en la columna "B" como sigue:

1. Cómodo / 2. Un poco incómodo / 3. Moderadamente incómodo /
4. Muy incómodo / 5. Insoportablemente incómodo

Observa que los diferentes grados de incomodidad pueden expresarse dependiendo de si tus reacciones inapropiadas son hostiles o pasivas.

Indica cuándo te comportas sin asertividad marcando con una X en la columna A y el grado o magnitud en la columna B, así:

1. Cómodo / 2. Un poco incómodo / 3. Moderadamente incómodo /
4. Muy incómodo / 5. Insoportablemente incómodo

A   B

_____ _____ Pidiendo ayuda.

_____ _____ Estableciendo una opinión diferente.

_____ _____ Recibiendo o expresando sentimientos negativos.

_____ _____ Recibiendo o expresando sentimientos positivos.

_____ _____ Manejando a alguien que se niega a cooperar.

_____ _____ Hablando de algo que me molesta.

_____ _____ Hablando cuando todo el mundo me observa.

_____ _____ Protestando por una situación desagradable.

_____ _____ Diciendo "no".

_____ _____ Respondiendo a una crítica no merecida.

_____ _____ Haciendo peticiones a figuras de autoridad.

_____ _____ Negociando algo que deseo.

_____ _____ Pidiendo cooperación.

_____ _____ Proponiendo una idea.

_____ _____ Haciéndome cargo de alguna tarea, grupo.

_____ _____ Manejando los intentos de otros de hacerme sentir culpable.

A   B
_____ _____ Pidiendo un servicio.

_____ _____ Haciendo una cita.

_____ _____ Pidiendo favores.

_____ _____ Otros _____

Indica quiénes son las personas con las cuales no eres asertivo y en qué grado. Utiliza el mismo procedimiento anterior.

A   B

_____ _____ Padres.

_____ _____ Compañeros de trabajo, de clases.

_____ _____ Extraños.

_____ _____ Viejos amigos.

_____ _____ Esposo(a) o compañero(a).

_____ _____ Parientes.

_____ _____ Niños.

_____ _____ Conocidos.

_____ _____ Vendedores, oficinistas, ayuda contratada.

_____ _____ Más de dos o tres personas en un grupo.

_____ _____ Otros _____

1. Cómodo / 2. Un poco incómodo / 3. Moderadamente incómodo / 4. Muy incómodo / 5. Insoportablemente incómodo

Indica qué deseas, que no has sido capaz de obtener y en qué magnitud. Utiliza el mismo procedimiento anterior.

A   B

_____ _____ Aprobación por cosas que he hecho bien.

_____ _____ Obtener ayuda para ciertas tareas.

_____ _____ Más atención, o tiempo con mi pareja.

_____ _____ Ser escuchado y entendido.

_____ _____ Hacer que las situaciones aburridas o frustrantes sean más satisfactorias.

_____ _____ No tener que ser agradable todo el tiempo.

_____ _____ Confianza para hablar cuando algo es importante para mí.

_____ _____ Más comodidad con extraños, empleados de tiendas, mecánicos, o individuos que me proveen algún servicio.

_____ _____ Confianza para entrar en contacto con gente que encuentro atractiva.

_____ _____ Obtener un nuevo empleo, solicitar entrevistas, aumentos.

_____ _____ Confianza con gente que me supervisa, o trabajo bajo sus órdenes.

_____ _____ No sentirme molesto o amargado durante mucho tiempo.

_____ _____ Superar un sentimiento de inutilidad y el sentimiento de que nunca nada cambia en realidad.

_____ _____ Iniciar experiencias sexuales satisfactorias.

_____ _____ Hacer algo totalmente diferente y nuevo.

_____ _____ Tener tiempo para mí.

_____ _____ Hacer cosas divertidas o relajantes.

_____ _____ Otros _____

Evaluando tus respuestas

Examina tus respuestas, y analízalas para tener una visión global de qué situaciones y personas te amenazan. ¿Cómo el comportamiento no asertivo contribuye en los renglones específicos que marcaste en la tercera lista? Al construir tu propio programa de asertividad, será inicialmente útil enfocar los renglones que calificaste en la gama del 2 al 3. Estas son las situaciones que encontrarás más fáciles de cambiar. Los renglones muy incómodos o amenazantes pueden ser abordados más tarde.

PASO III: Descripción de las escenas problema

El tercer paso en el entrenamiento asertivo, según Sharon y Gordon Bower, es describir tus escenas problema.

Selecciona una situación de poca a moderada incomodidad que se sugiera de los renglones sobre el cuestionario de asertividad. Escribe una descripción de la escena, estando seguro de incluir *quién* es la persona involucrada, *cuándo* se desarrolla (tiempo y lugar), *qué* te molesta, *cómo* lo manejas, tu *miedo* a qué sucederá si actúas asertivamente, y tu *objetivo*. ¡Sé siempre específico! Las generalizaciones harán que más tarde sea más difícil escribir un guión que haga posible el comportamiento asertivo en esta situación. El siguiente es un ejemplo de una descripción de escena muy general.

"Tengo problemas para persuadir a algunos de mis amigos para que me escuchen. Nunca dejan de hablar, y yo nunca logro decir una palabra. Me agradaría poder participar más en la conversación. Siento que simplemente los dejo arrollarme".

Observa que la descripción no especifica quién es el amigo en particular, cuándo ocurrió este problema, cómo actúa la persona no asertiva, qué miedos están involucrados en ser asertivo, y un objetivo específico para aumentar la participación en la conversación. La escena puede ser escrita otra vez de la siguiente forma:

"Mi amiga Laura (*quién*), cuando nos reunimos para tomarnos un trago después del trabajo (*cuándo*), generalmente habla sin parar de sus problemas matrimoniales (*qué*). Yo me siento ahí y trato de estar interesado (*cómo*). Si la interrumpo, tengo miedo de que piense que a mí no me importa (*miedo*). Me gustaría ser capaz de cambiar de tema y hablar a veces sobre mi propia vida (*objetivo*)".

Aquí tenemos otra descripción de escena general:

"Muchas veces quiero comenzar una conversación con la gente, pero me preocupa que tal vez la gente no quiere que la molesten. Generalmente observo a alguien que parece interesado, pero no puedo imaginarme cómo captar su atención".

Una vez más hay una falta de detalle. No se establece bien quién es esa gente, cuándo ocurre esa experiencia, cómo se comporta la persona no asertiva, o el objetivo final. La escena descrita será mucho más útil incluyendo estos elementos:

"Hay una mujer muy atractiva que siempre trae una bolsa de almuerzo (*quién*) y generalmente se sienta en mi mesa en la cafetería (*cuándo*). Me gustaría comenzar una conversación preguntándole sobre su jefe, quien tiene reputación de difícil (*qué*), pero ella parece tan interesada en su libro que me temo que se molestará si la interrumpo (*cómo, miedo*). Me gustaría comenzar una conversación con ella mañana (*objetivo*)".

Escribe tres o cuatro escenas-problema, y para cada escena trata de darle vida a tus pensamientos y sentimientos como cuando en realidad la estás experimentando. Podrás darte cuenta, por ejemplo, de que en cada escena-problema te anulas a ti mismo con sentimientos negativos ("no lo puedo hacer, lo estoy echando a perder otra vez, me veo estúpido"), o generalmente sientes tensión en el estómago y pareces hacer un gran esfuerzo para respirar. Las estrategias presentadas en otros capítulos de este trabajo te ayudarán a enfrentarte con pensamientos habituales y reacciones físicas que te hacen sentir incómodo cuando actúas asertivamente.

Hacer frente al entrenamiento de habilidades, la relajación profunda de los músculos, los ejercicios de respiración y demás, deberían ser útiles ante estos pensamientos y sentimientos incómodos. Sin embargo, a esta altura, nos concentraremos en el comportamiento, cambiando tu forma habitual de manejar estas situaciones problema.

PASO IV: Tu narración para cambiar

El cuarto paso en el entrenamiento asertivo es escribir tu narración para el cambio. Una narración es un plan de trabajo para manejar la escena-problema asertivamente. Existen seis elementos en una narración:

1. Considera tus derechos, lo que quieres, lo que necesitas y tus sentimientos acerca de la situación. Despréndete de la culpa, del deseo de herir y de la autocompasión. Define tu objetivo y mantenlo en mente cuando negocies el cambio.

2. Decide el tiempo y el lugar que sean convenientes para ti y la otra persona para discutir tu problema. Este paso puede excluirse cuando se manejan situaciones espontáneas en las que eliges actuar asertivamente, tales como cuando una persona se te cuela en una fila.

3. Define la situación problema tan específicamente como sea posible. Esto es esencial para enfocar la discusión. Aquí está tu oportunidad para establecer los hechos como los ves y compartir tu opinión y creencias. Por ejemplo: "Es hora de tomar una decisión sobre dónde vamos a cenar esta noche. Yo sé que te encanta la comida mejicana, pero hemos comido en ese restaurante las últimas tres veces que hemos salido a cenar. Quisiera probar otro lugar".

4. Describe tus sentimientos de manera que la otra persona tenga una mejor comprensión de cuán importante es para ti un asunto. Generalmente, una vez que estén expresados tus sentimientos pueden desempeñar un papel importante para ayudarte a obtener lo que deseas, especialmente cuando tu opinión difiere en gran medida de la de la persona que te escucha. En última instancia, el que escucha puede ser capaz de relacionarse y entender tus sentimientos con respecto a un asunto, aunque esté completamente en desacuerdo con tu punto de vista. Cuando compartes tus sentimientos, te conviertes en algo menos que un adversario.

Hay tres reglas importantes que recordar cuando expresas asertivamente tus sentimientos:

1. No sustituyas una opinión por un sentimiento ("¡Yo siento que la comida mejicana debería ser abolida!"). El sentimiento más exacto es: "¡No me gusta la comida mejicana!".

2. Usa "mensajes Yo" que expresen tus sentimientos sin evaluar o culpar a los demás. En vez de decir "tú no eres considerado", o "tú me hieres" el mensaje sería, "yo me siento herido".

3. Los "mensajes Yo" conectan la oración de sentimiento con comportamientos específicos de la otra persona. Por ejemplo, "Yo me siento herido cuando ignoras mis deseos acerca de lo que comemos". Contrasta la calidad de este mensaje con la vaga oración de culpa, "Yo me siento herido porque tú eres un desconsiderado".

4. Expresa tu petición en una o dos oraciones fáciles de entender. ¡Sé específico y firme! En vez de esperar que los demás lean tu mente y mágicamente satisfagan tus necesidades, como en el caso del individuo pasivo, establece claramente tus deseos y necesidades. En vez de suponer que siempre tienes la razón y tienes derecho a hacer las cosas a tu manera, como lo haría una persona agresiva, establece tus deseos como

preferencias, no como órdenes. Por ejemplo: "En realidad me gustaría ir a un restaurante francés esta noche".

5. Refuerza a la otra persona para que te dé lo que deseas. El mejor refuerzo es describir consecuencias positivas. "Ahorraremos dinero... Tendremos más tiempo juntos... Te sobaré la espalda... Estaré menos cansado y será más divertido estar conmigo... Seré capaz de tener mi trabajo listo a tiempo... A la pequeña Julia le irá mejor en la escuela, etc."

Cuando estás manejando a alguien que tiene fama de ser resistente y poco cooperador, el refuerzo positivo puede no ser terriblemente motivador. En su lugar, considera describir algunas consecuencias negativas de no cooperar. Las consecuencias negativas más eficaces son las descripciones de la posible forma en que tú actuarás si tus deseos no son complacidos.

Por ejemplo:

- Si no podemos salir a tiempo, tendré que irme sin ti. Tendrás que manejar solo después.

- Si no puedes limpiar el baño, contrataré a alguien que lo haga una vez a la semana y lo sumaré a tu alquiler.

- Si no doblas y recoges tu ropa, simplemente la dejaré en esta caja. Me imagino que puedes buscar en ella cuando necesites algo.

- Si sigues hablando tan alto, en forma de ataque, me iré. Podemos hablar nuevamente mañana.

- Si bebes tanto nuevamente durante horas de oficina, no iré contigo.

- Si tu cheque vuelve a rebotar, tendremos que trabajar con efectivo solamente.

- Si sigues hablando durante la película, le voy a pedir al gerente que venga.

- Si no me puedes dar una idea exacta de cuándo estarás en casa, voy a cocinar y mantener las cosas calientes para ti.

Observa que estos ejemplos son diferentes de las amenazas. La consecuencia de la no cooperación es que el orador se hace cargo de sus intereses. Las consecuencias no están diseñadas para herir, simplemente para proteger. Las amenazas generalmente no funcionan porque hacen que la gente se enfade. Si lanzas una amenaza: "¿No irás a la boda de mi hermana? Entonces yo no iré a la reunión de tu familia", asegúrate de que estás deseoso y eres capaz de cumplirla. Aun así, generalmente harás más daño que bien.

La narración puede utilizarse para escribir de nuevo tus escenas-problema de manera tal que puedas hacer lo que deseas. Inicialmente, las narraciones deberían escribirse y practicarse con antelación a la situación-problema para la que están creadas. El escribir la narración te fuerza a aclarar tus necesidades y aumenta tu confianza en el éxito.

Como ejemplo de una narración escalera, digamos que Laura quiere hacer valer su derecho de media hora diaria de paz y quietud ininterrumpidas mientras hace sus ejercicios de relajación. Francisco generalmente la interrumpe con preguntas y maniobras para llamar su atención. La narración de Laura se lee como sigue:

Considera tus derechos, lo que deseas y lo que necesitas.

"Es mi responsabilidad asegurarme de que Francisco respete mis necesidades, y ciertamente tengo derecho a algún tiempo para mí".

Acuerda una hora y un lugar para discutir la situación.

"Le preguntaré si desea discutir este problema cuando llegue a casa esta noche. Si no desea, estableceremos una hora y un lugar para hablar sobre eso el próximo día o dentro de dos días".

Define el problema específicamente.

"Por lo menos una vez, y a veces con mayor frecuencia, soy interrumpida durante mis ejercicios de relajación, aunque he cerrado la puerta y pedido tiempo para mí. Mi concentración se rompe y se hace más difícil lograr la relajación".

Describe tus sentimientos utilizando "mensajes Yo".

"Yo me siento enfadada cuando se interrumpe mi tiempo a solas y frustrada porque los ejercicios entonces se hacen más difíciles".

Expresa tu petición simple y firmemente.

"Cuando mi puerta esté cerrada me gustaría no ser interrumpida a excepción de una emergencia. Mientras esté cerrada, asume que todavía estoy haciendo los ejercicios y deseo estar sola".

Refuerza la posibilidad de obtener lo que deseas.

"Si no me interrumpes, yo regresaré más pronto a hablar contigo. Si me interrumpes, aumentará el tiempo que me tome hacer los ejercicios".

En otro ejemplo, Arnaldo se ha sentido reacio a abordar a su jefe para averiguar por qué no se le promovió. No ha recibido explicación alguna sobre las razones para esta decisión, y Arnaldo ahora se está sintiendo algo negativo con respecto a la compañía, y a su jefe en particular. La narración de Arnaldo es la siguiente:

1. **Considera:** El resentimiento no resolverá esto. Necesito hacer valer mi derecho de una explicación razonable por parte de mi jefe.

2. **Acuerda:** Le enviaré una nota mañana en la mañana pidiéndole algo de tiempo para discutir este problema.

3. **Define:** No he recibido ninguna explicación sobre la promoción. La posición que había solicitado ha sido ocupada por otra persona, y eso es todo lo que yo sé.

4. **Describe:** Me sentí incómodo por no saber por qué no la obtuve y cómo se tomó la decisión.

5. **Expresa:** Por lo tanto, me gustaría que usted me explicara cómo es visto mi desempeño, y qué contó en la decisión.

6. **Refuerzo:** Yo pienso que su explicación me ayudará a desempeñar mejor mi trabajo.

Estos guiones, al igual que las escenas problema vistas anteriormente, son específicos y detallados. El establecimiento del problema es claro y va al punto, sin culpar, acusar, o ser pasivo. Los sentimientos expresados con "mensajes Yo" están ligados a eventos específicos o a comportamientos, no a la evaluación del esposo de Laura o del jefe de Arnaldo.

Los "mensajes Yo" suministran gran seguridad para el individuo asertivo ya que usualmente evitan que la otra persona se vuelva defensiva o se enfade. Tú no estás acusando a nadie de ser una mala persona, solamente estás estableciendo lo que quieres o sientes como derecho.

Ventajas de los guiones

Los guiones logran lo siguiente:

1. Cuando son apropiados, establecen un momento y un lugar convenido por ambas partes para satisfacer tus necesidades.

2. Describen objetivamente, sin juzgar o menospreciar.

3. Describen claramente, utilizando referencias específicas en el tiempo, el lugar y la frecuencia.

4. Expresan los sentimientos calmada y directamente.

5. Confinan tu respuesta de sentimiento al *comportamiento* problema específico, no a toda la *persona*.

6. Evitan represiones disfrazadas de "sentimientos honestos".

7. Piden cambios que son razonablemente posibles, y suficientemente pequeños como para no incurrir en mucha resistencia.

8. Piden no más de uno o dos cambios específicos a la vez.

9. Hacen los refuerzos explícitos, ofreciendo algo que es realmente deseable para la otra persona.

10. Evitan amenazas o consecuencias negativas que tú no estás dispuesto o eres incapaz de hacer.

11. Mantienen en mente tus derechos y objetivos cuando se está actuando asertivamente.

Utilizando estas reglas, ahora podemos distinguir entre buenos y malos guiones. Por ejemplo, durante varios semestres, Julia ha querido tomar una clase nocturna en cerámica. Cada vez, su esposo tiene una excusa para no quedarse con los niños durante la clase nocturna. El guión de Julia:

"Estoy cansada de no ser tomada en cuenta, por lo tanto se lo voy a decir esta noche. Un año es suficiente espera. Él es muy egoísta para ayudar pero va a tener que sufrir cada miércoles en la noche. Si no le gusta, puede despedirse del matrimonio".

Julia ha violado las reglas:

1. Por no acordar la hora y el lugar para la discusión.

2. Por utilizar frases no específicas y acusadoras tales como "no ser tomada en cuenta".

3. Por no especificar exactamente cuál es el problema.

4. Por describir a su esposo como egoísta, en vez de expresar sus propios sentimientos sobre comportamientos específicos.

5. Por no especificar horas, o duración del semestre.

6. Por amenazar con consecuencias negativas que ella no está dispuesta o es incapaz de llevar a cabo.

El guión de Julia podría volver a escribirse exitosamente de la siguiente manera:

"Es vital para mí tener tiempo para mí misma durante el cual pueda desarrollar mis intereses. Quisiera poder discutirlo después del desayuno el sábado por la mañana, o tan pronto como sea posible. Ya he perdido dos cursos de cerámica porque tú no estabas disponible para cuidar a los niños durante la clase nocturna. He esperado un año y me gustará inscribirme esta vez. Me siento frustrada porque no he sido capaz de explorar algo que realmente me gusta. También me siento herida cuando tú haces otras cosas en vez de ayudarme a tomar la clase. Me gustaría que cuidaras a los niños los miércoles en la noche entre las 6:30 y las 9:00. El semestre termina el 2 de junio.

"Si estás dispuesto, yo cocinaré mi carne especial los miércoles, pero si no, tendremos que pagar a alguien que se quede cuidando a los niños".

El comportamiento problema descrito se ha hecho específico, los sentimientos expresados no son amenazadores. Los refuerzos de Julia son realistas y explícitos. Debería señalarse que el refuerzo negativo generalmente no es necesario, y que el refuerzo positivo puede necesitar no más que la seguridad de que tú te sentirás mejor si se hace un determinado cambio de comportamiento. Elaborar promesas generalmente puede evitarse.

Ahora puedes escribir tus propios guiones. Utilizando tus guiones escritos, practica en frente del espejo. Si es posible, graba en cinta tus prácticas para definir más tu estilo asertivo. Es útil practicar guiones con un amigo, y obtener una opinión inmediata. Imagínate, o mejor aún, simula la peor respuesta posible que podría tener tu petición asertiva. Insensibilízate a la respuesta "pesadilla" enfrentándola, y prepara entonces tus propias medidas.

Técnica de asertividad de forma corta

La técnica de asertividad de forma corta está diseñada para situaciones en las que no tienes tiempo o energía para preparar un guión completo. La asertividad puede condensarse en tres pasos básicos:

1. *Tus pensamientos sobre la situación problemática.* Esta es una descripción no culpante, no peyorativa del problema tal como lo ves. Se ajusta tanto como sea posible a los hechos objetivos, sin interferir en los motivos o sentimientos de los demás.

2. *Tus sentimientos.* Estos son los "enunciados Yo" sobre la reacción emocional al problema. Trata de evitar la implicación de que estás responsabilizando a la otra persona de tus sentimientos. Estás molesto, triste, herido o disgustado. Pero tu mensaje principal debería ser el de tratar de resolver el problema, no culpar o probar que la otra persona está equivocada.

3. *Tus deseos.* Al igual que en el guión, haz tu petición de forma específica y de comportamiento. No le pidas a tu esposo que sea más "considerado". Pide específicamente que te llame si va a llegar 15 minutos tarde.

47

Siempre que estés en una situación que requiera una respuesta asertiva, rápidamente aplica la forma de los tres componentes en tu mente.

Yo pienso ... hemos estado trabajando todas las noches durante dos semanas en la remodelación de nuestro baño.

Yo me siento ... cansado, malhumorado y presionado por tu deseo de que sea realizado en un mes.

Yo quiero ... no trabajar más de tres noches seguidas sin tener una noche libre.

Asegúrate de haber desarrollado alguna idea de lo que piensas, sientes y quieres antes de empezar a hablar. Trata de expresar cada componente de tu enunciado asertivo en orden. Termina una parte antes de ir a la siguiente.

Haz el mayor esfuerzo para seguir las reglas sobre no culpar y marcar los enunciados "Yo". Si te apegas a estas dos simples reglas, descubrirás que la otra persona es mucho menos defensiva y más cooperativa.

Aléjate de los intentos de probar que tus necesidades son más importantes o más legítimas que las de la otra persona. Sólo mantente en el camino con un enunciado de hechos, sentimientos y una petición específica de cambio.

Ana almorzaba sin falta con Margarita, su compañera de trabajo. Una o dos veces a la semana Margarita le pedía a Ana que la dejara en un banco o una tienda en el camino al almuerzo. Ana finalmente alcanzó el punto de ebullición cuando Margarita hizo que manejara durante 40 minutos para llevar algo a la notaría. Ana rápidamente revisó los tres enunciados para la forma corta de asertividad.

Yo pienso ... una o más veces a la semana te ayudo con recados y perdemos de 15 a 30 minutos de nuestro almuerzo.

Yo me siento ... cansada de correr y disgustada porque no me puedo relajar en el almuerzo.

Yo quiero ... dejar de ser un servicio de taxi para ti durante la hora del almuerzo.

El "yo quiero" parecía un poco duro y agresivo, por lo tanto Ana lo cambió a: "Vamos a comer por nuestra cuenta en vez de hacer recados".

Como un ejercicio de pensamiento, recuerda una situación problemática de tu propia vida, trata mentalmente de componer un mensaje asertivo:

Yo pienso ... (sólo los hechos)

Yo me siento ... ("los enunciados Yo")

Yo quiero ... (cambio de comportamiento específico)

Ahora sigue practicando. Piensa por lo menos en diez situaciones en las que te gustaría actuar de modo más asertivo. A medida que recuerdas cada una, imagina que realmente estás ahí y tienes que responder algo. Rápidamente repasa las tres partes de tu enunciado asertivo, y después dilo en voz alta. Escucha cómo suena. ¿Es acusador? ¿Tu petición es suficientemente específica? ¿Estás diciendo claramente lo que quieres? ¿Estás criticando los motivos o sentimientos de la otra persona? Cambia lo que no suena bien y trata de decirlo nuevamente.

PASO V: Lenguaje corporal asertivo

El quinto paso en el entrenamiento asertivo es el desarrollo de un lenguaje corporal asertivo. Practicar con el espejo te ayudará a seguir cinco reglas básicas:

1. Mantener contacto visual directo.

2. Mantener una postura corporal erecta.

3. Hablar en forma clara, audible y firme.

4. No gimotees o utilices un tono de voz apologético.

5. Utiliza gestos y expresiones faciales para hacer énfasis.

PASO VI: Aprender a escuchar

El sexto paso del entrenamiento asertivo implica aprender a escuchar. A medida que practicas la utilización de tu guión en situaciones de la vida real, encontrarás que a veces necesitas manejar un asunto importante para la otra persona antes de que él o ella sea capaz de enfocarse en lo que tienes que decir. Esto es especialmente cierto cuando lo que deseas está en conflicto directamente con necesidades no expresadas ni satisfechas del que escucha. Por ejemplo: "¿Tú dices que deseas una hora de silencio cuando acabas de llegar del trabajo a la casa? Bueno, yo nunca he dicho esto, porque estás trabajando tan duro, pero yo estoy lista para halarme los cabellos después de pasar el día con los niños. Yo también tengo necesidades, tú sabes". En este momento, sería sabio practicar la escucha asertivamente.

Al escuchar asertivamente, enfocas tu atención en la otra persona de manera tal que escuchas en forma exacta las opiniones, sentimientos y deseos del orador. El escuchar asertivamente implica tres pasos:

1. *Prepararse*. Concientiza sobre tus propios sentimientos y necesidades. ¿Estás listo para escuchar? ¿Estás seguro de que la otra persona está en realidad lista para hablar?

49

2. *Escucha y aclara*. Al prestar toda la atención a la otra persona, escucha la perspectiva, los sentimientos y deseos del orador. Si no estás seguro de estos tres elementos, pide al orador que aclare con más información. Ejemplos: "No estoy seguro de cómo ves tú la situación..., ¿podrías decir más sobre ella?", "¿cómo te sientes con respecto a esto?", "no entiendo lo que quieres..., ¿podrías ser más específico?".

3. *Reconocer*. Comunica a la otra persona que escuchaste la posición del orador. Por ejemplo: "Escuché que no deseas tomar este nuevo proyecto porque te estás sintiendo abrumado con tus actuales responsabilidades y deseas ponerte al día". Otra forma de reconocer los sentimientos de la otra persona es compartiendo los tuyos acerca de lo que se ha dicho: "Yo también me estoy sintiendo abrumado, me siento terrible teniendo que pedirte que hagas más trabajo".

El escuchar asertivamente y el expresarse asertivamente van juntos. A continuación tenemos una secuencia en la que ambas personas utilizan habilidades asertivas para escuchar y expresar con la finalidad de resolver un problema.

Juan no está contento con la forma en que Carmen le comunica sus necesidades.

Juan: ¿Es este un buen momento para hablar sobre algo que me está molestando un poco? (Prepararse.)

Carmen: Está bien.

Juan: Ayer me dijiste que te estabas sintiendo cortada y un poco abandonada por mí (definir). Sentí que te estaba haciendo algo terrible. Me sentí mal, pero completamente confundido acerca de qué era exactamente lo que yo estaba haciendo (describir sentimientos). En vez de plantear quejas generales como esa, ¿podrías decir qué es lo que no estoy haciendo que tú necesitas, o qué podría cambiar? (Expresar petición.) Yo creo que podría responder mucho más de esa forma (reforzar).

Carmen: ¿Sobre qué era que necesitabas más información? (Aclarar.)

Juan: ¿Qué quieres que haga, y en qué momento para sentirme más cerca?

Carmen: ¿Lo que estás diciendo es que cuando hablo sobre mis sentimientos sin hacer peticiones específicas de cambio te hace sentirte confundido y responsable? (Reconocer.)

Juan: Correcto.

Carmen: Bueno, a veces sólo te estoy diciendo cómo me siento. No sé por qué me siento de esa forma o qué hacer al respecto. Decírtelo es un intento de abrir la discusión. (Redefinir el problema.)

Juan: Ya veo. ¿Lo que quieres decir es que tú realmente no estás segura sobre lo que yo podría hacer ahora? (Reconocer.) Si sólo me dijeras que no estás segura y preguntarme ¿qué *podemos* hacer al respecto juntos? Haciéndolo juntos en vez de yo solo, ayudaría mucho al final. (Nueva petición).

Carmen: Eso me parece bien. Me gusta.

Observa que Carmen aclara y reconoce antes de intentar cualquier otra explicación del problema desde su punto de vista. Entonces, de una forma no culposa, ella dice por qué no puede satisfacer la petición de Juan. Juan, a su vez, reconoce lo que Carmen ha dicho. Entonces utiliza nueva información para hacer una segunda propuesta que sea mejor para Carmen.

Aquí está el roce. Tú no siempre puedes esperar que la otra persona juegue según las reglas. Habrá veces que tendrás que expresar y escuchar asertivamente ante reacciones defensivas y hostiles. Toma en cuenta el caso de Alejandro y Sara.

Sara: Yo tengo un problema con las proyecciones de efectivo, ¿podemos hablar? (Preparar.)

Alejandro: Como sea.

Sara: Actualmente sólo las estás haciendo para los próximos tres meses, y no veo cómo las ventas, el inventario y los costos van a interactuar de aquí a seis meses (definir). Me estoy poniendo nerviosa con respecto a las grandes cuentas de reimpresión porque no sabemos si el dinero estará ahí (describir sentimiento). ¿Podrías hacer la proyección de efectivo para por lo menos seis meses? (Expresar petición.) Yo pienso que respiraríamos más fácilmente (refuerzo).

Alejandro: Olvídalo, Sara. No hay tiempo. No tengo a las personas en mi departamento para hacer algo así. Tómate un Valium y relájate.

Sara: ¿Cuánto trabajo extra tomaría? (Aclarar.)

Alejandro: (en voz alta) Olvídalo, Sara. Olvídalo, ¿está bien?

Sara: Yo te escucho. Tienes mucho trabajo y no tienes al personal para hacer nada extra (reconocimiento). Pero me estoy preguntando cuántas horas extra de trabajo están implicadas? (Aclarar.)

Alejandro: Por lo menos veinte. Estoy hasta aquí con las peticiones de todo el mundo.

Sara: Oí cuán estresado estás (reconocer). Si una vez al mes consigo un bibliotecólogo del "pool" para que te ayude, ¿podrías manejarlo? (Nueva petición).

Alejandro: Probablemente, Sara. Déjame ver primero a la persona.

Ante el sarcasmo y la rabia, Sara continúa aclarando y reconociendo hasta que entiende el problema de Alejandro. Ella no se detiene por la resistencia hostil. Se mantiene trabajando para entender las presiones y necesidades de Alejandro y para hacer de esta forma una proposición nueva más aceptable.

PASO VII: Llegar a un compromiso aceptable

El séptimo paso del entrenamiento asertivo es aprender a llegar a un compromiso. Cuando los intereses de dos personas están en conflicto, es difícil, si no imposible, llegar a un compromiso justo que satisfaga totalmente a ambas partes. En vez de esto, busca un compromiso manejable con el que ambos puedan vivir, por lo menos por un tiempo. Aunque puede surgir naturalmente un compromiso en su discusión, a veces podrías tener que hacer una lista de todas las soluciones alternativas en las que puedas pensar. Elimina las que no son mutuamente aceptables. Finalmente, decide sobre un compromiso con el que ambos puedan vivir. Este proceso de inspiración es más eficaz si tú dejas que tus imaginaciones despeguen mientras generan ideas.

Es mejor estar de acuerdo en revisar un compromiso manejable en un período de tiempo específico, como un mes. En ese tiempo, pueden examinar los resultados de su comportamiento modificado. Si ninguno de los dos está suficientemente satisfecho, pueden negociar.

Las soluciones de compromiso típicas incluyen:

• Esta vez a mi manera, la próxima vez a tu manera.

• Parte de lo que yo quiero con parte de lo que tú quieres.

• En el medio.

• Si tú haces _____ por mí, yo haré _____ por ti.

• Haremos esto a mi manera, pero haremos _____ a la tuya.

• Trataremos a mi manera esta vez, y si no te gusta me puedes vetar la próxima vez.

• A mi manera cuando yo lo estoy haciendo, a tu manera cuando tú lo estés haciendo.

Si te resistes a imaginar y hacer listas de alternativas, intenta este enfoque más simple: cuando una persona no quiere darte lo que tú deseas, pídele una propuesta contraria. Si la propuesta contraria no te parece aceptable, haz tú una nueva. Pero primero escucha asertivamente para averiguar los sentimientos y necesidades de la otra persona involucrada en la situación.

Un segundo camino para comprometerse es formular esta pregunta: "¿Qué necesitarás de mí para sentirte bien haciéndolo a mi manera?" La respuesta puede sorprenderte y ofrecer soluciones en las que tú nunca pensaste.

PASO VIII: Evitar la manipulación

El octavo y último paso para actuar como una persona asertiva es aprender cómo evitar la manipulación. Inevitablemente, encontrarás tácticas bloqueadoras de los que buscan ignorar tus peticiones asertivas. Las siguientes técnicas han probado formas de superar las tácticas estándar bloqueadoras.

1. El disco rayado: cuando te encuentras tratando con una persona que no acepta un *no* como respuesta o se niega a concederte una petición razonable, puedes escoger cuidadosamente una oración concisa para utilizarla como el disco rayado y decirla una y otra vez. Le puedes decir a tu insistente hijo de cuatro años, "José, no te voy a dar más caramelos". Tú le podrías decir al agresivo vendedor de carros usados: "Hoy no voy a comprar un carro, sólo estoy mirando". Brevemente reconoce que has escuchado el punto de vista de la otra persona, y después repite calmadamente tu *disco rayado* sin ser molestado por asuntos irrelevantes.

"Sí, pero... Sí, yo sé, pero mi punto de vista es... Yo estoy de acuerdo, pero... Sí, pero yo estaba diciendo... Bien, pero todavía no estoy interesado".

2. Cambiar de proceso a contenido: cambia el enfoque de la discusión del tópico a un análisis de qué está pasando entre los dos. "Nos estamos saliendo del punto ahora", "nos hemos desviado hablando de viejos asuntos", "tú pareces estar molesto conmigo".

3. Difundirse: ignorar el contenido de la rabia de alguien, y posponer la discusión hasta que la persona se haya calmado. "Puedo ver que ahora estás muy molesto. Vamos a discutir esto más tarde esta tarde".

4. Retraso asertivo: posponer una respuesta a un enunciado retador hasta que esté calmado, y sea capaz de manejarla apropiadamente. "Sí... un punto muy interesante, ... Me tendré que reservar un juicio sobre eso... Esta vez no quiero hablar sobre eso".

5. Acuerdo asertivo: reconocer aquella crítica con la que estás de acuerdo. No necesitas dar explicaciones a menos que así lo desee. "Tiene razón. Metí la pata en la cuenta Sudswell".

"Gracias por señalar que estaba sonriendo cuando estaba tratando de decirle no a ese vendedor. Con razón no me pude deshacer de él". "Tiene razón, jefe, llegué media hora tarde..., se me dañó el carro".

6. Estando de acuerdo parcialmente: cuando alguien te está degradando como persona, reconoce algo en la crítica con lo que puedas estar de acuerdo, e ignora el resto. Puedes estar de acuerdo en parte: "Usted tiene razón. Me tardé con el informe". Puedes estar de acuerdo en la probabilidad: "Usted puede tener razón en que a menudo llego tarde". Puedes estar de acuerdo en el principio, estando de acuerdo con la lógica sin estar de acuerdo con la premisa. "Si llegara tarde con tanta frecuencia como usted dice, ciertamente sería un problema". Parafrasea las palabras del crítico de manera tal que puedas coincidir honestamente. Al dar la apariencia de estar de acuerdo sin prometer cambio, pronto quita al crítico cualquier razón para criticarlo.

7. La pregunta asertiva: incita a la crítica para averiguar qué es lo que realmente está molestando a la otra persona. "Yo entiendo que no te gusta la forma en que presidí la reunión la otra noche. ¿Qué fue lo que te molestó?, ¿qué es lo que te hace sentir presionado por mí?, ¿qué es lo que te molesta de mi discurso?"; "ahora me encuentro muy cansado" o "en otro momento, tal vez". Utiliza el disco rayado, o insiste en establecer un momento específico cuando el problema pueda ser discutido.

8. La táctica del porqué: cada oración asertiva es bloqueada con una serie de "por qué", tales como: "¿Por qué te sientes así?... Yo todavía no sé por qué no quieres ir, ... ¿por qué cambiaste de opinión?". La mejor respuesta es utilizar el cambio contenido a proceso. El porqué no es el punto. El asunto es que esta noche no deseo ir, o el disco rayado.

CAPÍTULO 4

*Amor es la capacidad
de poder entender y aceptar
al otro
en el total entendimiento
de su realidad;
es el descubrirnos en otros
y el placer de reconocerlo.*

Alexander Smith

Empatía y congruencia

Empatía

La empatía es una habilidad esencial en nuestras relaciones interpersonales. La gran mayoría de nosotros ocupamos aproximadamente el 70% de nuestro tiempo en comunicarnos con otros, el 45% de ese tiempo en escuchar. Queremos ser escuchados y entendidos. Sin embargo, los esposos, por ejemplo, hablan entre sí de 10 a 12 minutos por día. Es insultante ser ignorado. Sabemos lo que significa ser escuchados de verdad. Es más que oír las palabras, es realmente comprender y aceptar al otro en el total entendimiento de su realidad. Empatía significa entender a la otra persona identificando sus emociones y sentir *como si* fuésemos la otra persona, teniendo muy en cuenta el "como si". Es caminar un kilómetro en sus zapatos. Es escuchar atentamente que podemos experimentar las emociones y pensamientos de la otra persona (Berger 1987).

¿Qué es la empatía?
- Es escuchar con los ojos para captar emociones.

- Es respetar la emoción escuchada: hacerse eco de las emociones del otro.

- Es reafirmar las emociones del otro.

- Es desarrollar intimidad y apertura en las relaciones interpersonales.

¿Cómo ayuda la empatía en las relaciones interpersonales?
- Muestra que entiendes a la otra persona y que te interesa entenderla.

- Puedes dirigir la conversación hacia tópicos emocionales importantes.

- Deja saber al otro que es aceptado en su entendimiento de su realidad, invitándolo de esa manera a expresar sus temas más íntimos y personales.

- Genera un espacio seguro donde conversar sobre temas personales, de esa manera se pueden expresar emociones y asimismo explorar el origen de esas emociones y opiniones.

- Genera relaciones más significativas y profundas.

Pasos para el desarrollo de la empatía
PASO 1. Escucha activa
Requiere, primordialmente, estar interesados en saber sobre la otra persona y sus percepciones.

Las barreras comunes son: 1. Constantemente nos comparamos con la otra persona, por ejemplo: ¿Quién es más inteligente?, ¿a quién le es más difícil? 2. Tratamos de leer la mente del otro y así adelantamos conclusiones. 3. Etiquetamos al otro individuo y sus comentarios antes de que pueda finalizarlos. 4. Recordamos experiencias personales en relación con lo que se está diciendo en vez de escuchar al otro. 5. Nos involucramos activamente en el diseño de recomendaciones y soluciones antes de que el otro haya terminado su presentación o argumentación. 6. Consideramos toda conversación como un debate intelectual con el propósito de menospreciar al oponente. 7. Creemos tener siempre la razón y por lo tanto no vemos la necesidad de escuchar. 8. Cambiamos de tema rápidamente cuando éste se torna serio. 9. Aplacamos condescendientemente a la otra persona. 10. Automáticamente estamos de acuerdo con todo sin reflexionar sobre lo que se dijo, dando la sensación de que lo que queremos es que termine rápidamente con su argumento. 11. Planificamos lo que se va a decir antes de que el otro individuo haya terminado su argumento.

Si estuviésemos dispuestos
a hablar más que a escuchar,
tendríamos dos bocas y una oreja.

Mark Twain

No es fácil escuchar atentamente todo el tiempo. Nuestra concentración dura sólo de 15 a 20 minutos. Nos distraemos a tiempo; sin embargo, un buen escucha corrobora a través de preguntas de aclaración cuando las cosas no están claras. Es importante inquirir sobre lo que escuchamos (*véase* la escalera de inferencia).

Un buen escucha mira al que habla a los ojos, afirma y se mueve hacia el que habla, reforzándolo para que continúe presentando su problema, y evitando presentarle juicios basados en su experiencia personal, a menos que algunas referencias específicas sean requeridas por el que habla, sólo entonces compartirá opiniones, experiencias o sugerencias.

PASO 2. Entender qué involucra la respuesta empática
Un buen escucha necesita responder haciendo ver al que habla que está siendo entendido. A menudo, cuando estamos molestos, tendemos a expre-

57

sar y compartir nuestras emociones y pensamientos. Sin embargo, el que actúa con empatía se enfoca en el que habla y en sus emociones, no en sus propias emociones y circunstancias. Por ejemplo, cuando hablas con alguien que ha sufrido una pérdida (trabajo, relación) no le preguntes: "¿cuándo sospechaste que eso iba a ocurrir?, ¿por qué te pasó?" Por el contrario, refleja y atiende sus emociones: "¡qué doloroso debe ser...!" El enfocarse en las emociones refuerza al que habla a explorar la esencia de sus problemas y sus emociones. Cuando los individuos están molestos, primero necesitan manejar sus emociones y pensamientos antes de poder concentrarse en resolver los problemas.

Por lo tanto, al comienzo sólo: 1. Refleja las emociones: "¡qué doloroso debe ser...!" 2. Reconstruye lo dicho enfocándolo en sus emociones y / o pensamientos; por ejemplo, cuando la otra persona dice: "me será difícil resolver esta situación", reconstruye: "da la impresión de que no encuentras en este momento una salida a la situación".

Es fácilmente observable cómo al escuchar activamente las barreras llevan a respuestas empáticas pobres. Buenas respuestas empáticas incluyen reconstrucciones correctas de lo que quien está hablando ha dicho y comentarios tentativos que ayudarán al que habla a entender sus motivaciones y a relacionarse con el contexto de su situación y no única y necesariamente con el contenido.

Niveles de la respuesta empática

Nivel 1. Reconstrucciones no adecuadas, comentarios perturbadores o críticas: un individuo te cuenta que cometió un error, y tú inmediatamente criticas su conducta, o presentas por medio de juicio cuál es el "verdadero" problema. Por ejemplo, alguien te cuenta que tomó unas cervezas de más ayer en la noche y tú contestas: "espero que no hayas manejado después de eso, podías haber matado a alguien". Ésta puede ser una respuesta que emite la necesidad del otro de responsabilidad. Sin embargo, no es una respuesta empática.

- Minimizar o reforzar prematuramente: una colega te cuenta que su esposo llegó a casa muy tarde, en la madrugada, y tú comentas: "No te preocupes todos tienen algún problema como ese, seguro que esta noche llegará a tiempo".

- Contar tu propia historia: alguien cercano a ti te cuenta un problema que te hace recordar una experiencia similar que espontáneamente comienzas a compartir; no será tan negativo a menos que se te olvide, al final de tu cuento, regresar al problema de la otra persona.

- Cambiar el tema cuando lo contado es incómodo de manejar o relacionarse.

- Recomendaciones de acción, pensamiento y sentimiento. Ofrecer soluciones prematuramente sin que la otra persona haya terminado la presentación de su problema, utilizando comentarios como: "tú deberías", "tú tendrías", "no debes sentirte tan...".

- Preguntas inquisitivas, utilización de preguntas repetitivas sin esperar respuesta. Preguntas que dirigen y controlan la discusión.

- Psicologización e interpretación de los motivos y acciones del otro. Aun cuando a veces la interpretación puede ser cierta, es importante dejar al individuo explorar y descubrirlo por sí mismo.

- La gran mayoría de nosotros en algún momento de nuestras relaciones hemos dado alguna de las respuestas no empáticas mencionadas arriba. Algunas respuestas ocasionales no apropiadas no son fuente de problemas. Sin embargo, cuando utilizamos estas respuestas a menudo se causará distanciamiento y hasta ruptura de la comunicación. Cuando dirigimos o desviamos la atención de problemas significativos tan pronto los detectamos, especialmente si nos sentimos amenazados, aunque no sea un problema con un extraño, sí puede serlo con alguien con quien tenemos una relación significativa.

Algunos aparentan sentirse amenazados en su intelecto por los problemas presentados de tal manera que minimizan y evaden escuchar al otro.

Nichols (1995) plantea que, usualmente, es nuestra reacción emocional a lo que se ha dicho lo que causa nuestra mala interpretación, en especial cuando el contenido de lo dicho produce una reacción emocional en nosotros.

Nivel 2. En este nivel el que escucha no entiende enteramente las emociones expresadas por el otro individuo. Esto puede desanimarlo de expresar sus emociones a menos que quien escucha claramente indique un interés en aclarar exactamente lo que quien habla está sintiendo.

Nivel 3. Una respuesta empática adecuada captura la esencia de las emociones del otro. En esta situación nos ponemos en los zapatos del otro, los comentarios reflejan con exactitud lo que quien está compartiendo ha dicho. Es el momento en que reconstruimos lo que se ha dicho utilizando palabras simples, siendo breve. Por ejemplo, cuando decimos "estás triste" realmente expresamos la pregunta, "da la impresión de que estás triste, ¿es correcto?" De esa manera cuando estamos algo fuera de la marca, no es muy problemático ya que da la oportunidad de corregir al que está compartiendo su problema. Por lo tanto, es importante hacer comentarios frecuentes reflejando los entendimientos de lo que se dijo. Si el que está compartiendo su problema no recibe del otro un comentario empático estará desconcertado al no saber con claridad si se ha establecido contacto con quien lo está escuchando y puede concluir que se ha perdido interés, no es entendido o es desaprobado.

Por ejemplo, si un amigo te llama y se queja del terrible día que ha tenido –el carro no le prendió en la mañana, los compañeros de trabajo estaban chismeando sobre él, escuchó rumores de que la compañía está teniendo dificultades económicas–, y tú comentas: "Da la impresión de que estás agobiado como si todo estuviese fuera de control y contra ti", y él responde: "Así exactamente me siento", esos comentarios son de una respuesta empática.

Nivel 4. Ayudando al otro a alcanzar entendimiento. Es posible, para un individuo experto en la técnica de empatía, entender, y a veces adivinar, lo que el otro está sintiendo antes de que haya reconocido y/o expresado sus propias emociones. Al preguntar quien está ejerciendo empatía por lo que el otro puede estar sintiendo, es posible que quien necesita la empatía pueda reconocer la emoción presente y aceptar la interpretación. En caso de que así ocurra puede añadirle, por lo tanto, conocimiento y entendimiento sobre la situación que estaba compartiendo.

Toma tiempo conocer a alguien lo suficiente como para este tipo de respuesta. Si se da una interpretación demasiado pronto puede percibirse como excesivamente amenazadora o crítica, haciendo que el otro se ocluya. Las interpretaciones son siempre "adivinanzas", por lo tanto es importante ser cuidadoso utilizando palabras como "podría ser", "me pregunto si".

Recuerda que el éxito de la respuesta empática depende de la respuesta del otro. La respuesta del otro reflejará que hubo entendimiento cuando diga, por ejemplo: "Sí…, tienes razón…, tiene sentido".

Sin embargo, si el otro hace comentarios como: "no me parece…, no lo veo de esa manera…, no es exactamente así…", no se ha establecido contacto.

Nivel 5. *Insight* (discernimiento) excelente: Después de conocer a alguien por un tiempo, uno puede ser capaz de proveer, ocasionalmente, algunos *insight* extraordinarios. Este tipo de empatía no ocurre con frecuencia, ya que requiere un escucha creativo y receptivo. En este tipo de empatía se es efectivo cuando se presta atención a los patrones de conducta del otro utilizando el pensamiento sistémico. Por ejemplo, alguien que está repitiendo en sus elecciones de pareja el patrón de escoger individuos con una historia inestable, recibe una respuesta empática al hacer referencia a ese patrón. Si el que tiene ese patrón acepta el comentario y llega a tener un *insight*, reconociendo la interpretación y entiende el patrón de escogencia, es un nivel 5 de empatía. Sin embargo, si el otro habla de lo estúpido de la interpretación y tiene evidencia de ello, es una respuesta del nivel 1 de empatía.

¿Cuándo escuchar con empatía?

1. Cuando es necesario comenzar o restablecer una relación de confianza.

2. Cuando se desea ayudar a otros a entenderse mejor y así facilitarles entrar en contacto con sus emociones y actitudes.

3. Cuando es difícil entender lo que el otro está diciendo o no está claro.

4. Cuando se quiere aprender más sobre la otra persona.

5. Cuando las ideas propias y las del otro difieren. La empatía ayudará a entender el punto de vista del otro.

¿Cuándo no utilizar la empatía?

1. Cuando el otro esté buscando sólo información o necesite acción inmediata. No es necesario preguntarle a alguien por sus emociones cuando está buscando una respuesta informativa.

2. Cuando el otro esté comportándose inapropiada o abusivamente (agresivo, pasivo, etc.).

3. Cuando el otro esté evadiendo lo que hay que dialogar.

4. Cuando el otro actúe irracionalmente, esté intoxicado, deprimido o no esté en contacto con la realidad.

En estos casos, la asertividad es una mejor alternativa.

Errores comunes en el uso de la empatía

1. Parecer un "loro", repitiendo inapropiadamente todo.

2. Hablar sobre el contenido ignorando las emociones involucradas.

Tenemos cinco formas de comunicarnos:

• Verbal

• No verbal

• Lectura

• Escuchar

• Escritura

¿Cuánto tiempo hemos pasado aprendiendo las dos formas principales de comunicación: leer y escribir? ¿Cuánto tiempo hemos sido evaluados por esas habilidades a través de nuestra escolaridad?

Sin embargo, ¿cuánto tiempo hemos sido educados para escuchar?, ¿qué adiestramiento o educación nos permite escuchar, de tal modo que comprendamos real y profundamente a otro ser humano en los términos de su propio marco de referencia individual?

La necesidad más profunda del ser humano es la de ser escuchado y entendido. Cuando entendemos real y profundamente a otro ser humano, le damos aire emocional en momentos de conflicto, durante el manejo de diferencias, o, simplemente, cuando alguien quiere ser escuchado. Esto tiene un efecto curativo.

Lo mencionado anteriormente tiene una relación directa con la supervivencia psicológica de los seres humanos.

Por lo general tenemos 4 tendencias de respuestas en nuestras intervenciones:

1. Evaluamos, independientemente de que estemos de acuerdo o no.

2. Cuestionamos.

3. Aconsejamos.

4. Interpretamos, explicando conductas y motivos.

NUESTRO CEREBRO

Lado izquierdo	Lado derecho
Lógica	Intuición
Capacidad verbal	Creatividad
Razonamiento	Emociones

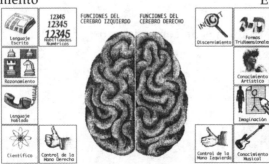

FIGURA 7

Elementos de la empatía

Empatía = 20% técnica y 80% actitud y disposición.

La técnica

1. Hazte eco del contenido del mensaje del otro, escucha y ve.

2. Reconstruye el contenido del mensaje. ¿Lo que tu quieres decir es...?

3. Menciona las emociones del otro. "Me doy cuenta de que estás muy molesto...", "debe ser difícil sentirse tan decepcionado...".

4. Reconstruye y refleja emociones y pensamientos.

5. Sólo úsalo en situaciones que así lo ameriten.

La actitud

La actitud representa la disposición de querer trabajar en la relación interpersonal a largo plazo.

La empatía es una técnica; sin embargo, también implica una actitud, querer entender, escuchar y desarrollar intimidad. Por lo tanto, es importante enfatizar que la técnica sin la actitud y la disposición será vista como una manipulación.

Escuchar

1. Verbal y no verbal.

2. Los dos lados del cerebro.

3. Querer entender realmente.

4. Implica vulnerabilidad.

5. Tiene efecto curativo.

¿Estás escuchando en tus interacciones con el lado izquierdo o con el derecho?

¡Recuerda! Cuando la persona quiere comunicarse con el lado derecho (su lado emocional) tienes que hacer un esfuerzo para responder también con el lado derecho.

¡No vivas utilizando un solo lado de tu cerebro!

¿Cómo ejercer la conducta empática?

Ejercer empatía requiere un alto nivel de paciencia, ya que mantenerse en silencio es un elemento esencial, así como la conciencia de que no podemos involucrarnos en indagar e investigar por qué el individuo está sintiendo o pensando de la manera en que lo está haciendo. Durante el ejercicio de la empatía no es momento de expresar acuerdos, desacuerdos, evaluaciones del estado de ánimo o lo lógico de los pensamientos del interlocutor. Por ejemplo: "Me parece poco razonable que te sientas tan molesto por algo como eso...". De la misma manera no es apropiado dar consejos, "yo en tu lugar no escogería ese curso de acción", o involucrarnos en interpretaciones del carácter del otro, tratando de explicar su conducta o motivaciones, "me parece que lo que realmente te está pasando...".

Es necesario recordar que ejercer empatía implica estar interesado en el interlocutor, en sus emociones, pensamientos y estados de ánimo. El foco de atención está en la otra persona, no en nosotros, a pesar de sentir la necesidad de justificarnos, evaluar, dar consejos, etc. Es difícil ejercer empatía ya que a veces requiere que nosotros no nos involucremos en minimizar el dolor del otro y así dejar que el otro tenga la experiencia de expresar sus emociones, posiciones y pensamientos en el grado que así lo requiera su estado emocional. Sin embargo, siempre se debe recordar que en situaciones de irrespeto, la asertividad es una herramienta disponible. La empatía no implica el aceptar abuso verbal o psicológico.

La práctica de la empatía

Cuando un individuo está en necesidad de empatía, generalmente expresa una emoción, posición o actitud. Ese es el momento de reconstruir el contenido, reflejar emociones o ambas cosas, haciéndose eco de la otra persona.

Por ejemplo, estás frente a un adolescente con el cual tienes una relación tensa; hace poco se produjo un conflicto que no se resolvió y lo encuentras con la cabeza baja, sin decir nada; en ese momento podrías simplemente sentarte cerca sin decir nada, esperando a que el joven pueda darse cuenta de que estás dispuesto a acompañarlo en su estado de ánimo. Puedes entonces reflejar su posible estado de ánimo diciendo: "debe ser difícil no sentirte entendido". Aquí comienza la práctica del silencio y la paciencia. En el mejor de los casos, el joven responderá confirmando que no sólo se siente no entendido sino tratado con injusticia. Es posible que en ese punto se haya abierto una oportunidad para comenzar el diálogo. En ese momento, sin justificar posiciones anteriores, es importante, si queremos ejercer empatía, relacionarnos con esos comentarios invitando al joven a dar más detalles sobre la injusticia: "estoy interesado en escuchar más sobre lo que percibes como injusticia, no lo había entendido así, quizás por eso has percibido que no te he entendido". Una vez más esperar y practicar el silencio. En el peor de los casos, donde no haya ninguna respuesta aparente podemos reflejar la impotencia diciendo, por ejemplo: "me imagino que puedes sentir rabia por el conflicto que tuvimos" o "quizá piensas que lo que hablemos no tendrá ninguna influencia en cómo yo pueda pensar sobre ti o en nuestra relación". En caso de que después de una u otra intervención sin respuesta, podamos tomar distancia diciendo: "me doy cuenta de que no es el momento apropiado de hablar, sin embargo, quiero que sepas que sí estoy interesado en escucharte y aprender de ti, regresaré más adelante, te quiero mucho".

Otro ejemplo podría ser cuando alguien entra en tu oficina en un estado de ánimo alterado. Si el momento es apropiado para ti y puedes posponer tus otras obligaciones cotidianas para ejercer empatía, sólo espera que el individuo exprese su malestar, a veces sólo ese escuchar empático, sin comentarios, sin sugerencias, es suficiente. En otros casos, sólo reflejar la tensión percibida le permite al otro individuo percibir la receptividad del que ejerce empatía permitiendo así una catarsis y alivio momentáneo. En relaciones de pareja la empatía es fundamental para mantener una relación efectiva, significativa a largo plazo. La mujer se siente agobiada por las crecientes expectativas, en el trabajo se le exige comportarse de acuerdo con las reglas masculinas tradicionales de los negocios, en la casa tiene que cambiar para ser cariñosa, nutritiva y femenina. No es de extrañar que muchas mujeres necesiten un esposo que las reciba con afecto y aprecio al final de la jornada de trabajo. Sin embargo, allí tienen que cumplir con las expectativas de ama de casa. Los hombres, por su lado, no sienten aprecio por sus esfuerzos, trabajan quizá tanto o más fuerte que sus padres, no obstante, como único proveedor, no siempre pueden llenar las expectativas económicas de la familia. Cuando llegan a casa no siempre son recibidos por una mujer que le considera como el foco de atención y donde ella ya ha dejado de exigir algo para ella misma. Ante estas realidades, la empatía es una herramienta fundamental para que ambos puedan entender, escuchar empáticamente las necesidades y expectativas, sin juicio, consejos, ni evaluaciones, respetando y reafirmando las emociones, creando una apertura e intimidad.

Congruencia

La congruencia es la armonía y el balance que existe entre nuestros pensamientos, acciones y emociones; donde nuestras acciones son un reflejo de nuestros pensamientos y emociones, con un elemento importante adicional de conciencia.

Esta armonía comienza con una definición clara y consciente de quienes somos, incluyendo en esa definición nuestras fortalezas y los aspectos que no tenemos todavía bajo control. Es nuestra definición de independencia y autonomía. En mi caso comenzó con uno de los eventos más excitantes que puedo recordar de mi infancia, el momento en que me dirigí a mi comunidad al hacer mi Bar-Mitzva, la entrada del niño al mundo adulto en la tradición judía. Un "hombre", así lo sentí, sin tener las palabras para expresarlo, era alguien independiente, que sabía lo que quería, tenía control de su vida y, sin duda, vivía sin los padres. Alguien que podía definir su propio camino, cuyo trabajo implicara creatividad y productividad, y donde la responsabilidad y la autosuficiencia eran elementos esenciales. Aun cuando así sigo pensando, hoy no lo limito al género masculino. El símbolo de todo esto era mi Bar-Mitzva. Eran promesas de avanzar hacia un futuro lleno de decisiones propias de mis metas, donde sólo tendría que darme una respuesta a mí mismo: independencia. Asumí que mi desarrollo hacia el estado de adulto ocurriría naturalmente y más o menos de modo automático. No sabía lo complejo del proceso que comenzaba en ese momento.

Nadie genera una autonomía de pensamiento y congruencia automáticamente. Es producto de un desarrollo, representa alcanzar una meta personal, es el producto de un crecimiento exitoso. El proceso progresa desde la infancia a la edad adulta, de la dependencia a la independencia y subsecuentemente a la interdependencia, del respaldo externo al propio respaldo, de la no responsabilidad a la responsabilidad. Este es el proceso de individualización y congruencia. En ese proceso de crecimiento el obtener la madurez física es la parte menos complicada. La madurez intelectual, psicológica y espiritual, donde podemos demostrar una congruencia, es otra cosa, especialmente cuando ese proceso se interrumpe o se frustra por un medio ambiente que en vez de respaldar nuestro crecimiento lo obstruye. Ejemplos no faltan de ambientes familiares que se nos presentan con ideas negativas, violencia, incertidumbre y miedo.

La elección de ejercer la conciencia, de pensar y ver el mundo a través de los propios ojos es el acto básico de congruencia, donde uno es lo que ve, percibe y acepta de uno mismo y no lo que otros definen. Eso significa poder escuchar los mensajes de otros, aunque siempre analizándolos sin aceptarlos como evidentes. La práctica de la congruencia es la expresión de haber alcanzado exitosamente nuestra madurez adulta, nuestra individualización, lo que también significa la manera de definir nuestra identidad transformando nuestro potencial en actuación. Quien sea puede entenderse en función de lo que estoy dispuesto a responsabilizarme: mis emociones, pensamientos y acciones. La congruencia se refiere también a autorregulación, control y dirección interna, en vez de autoridades externas. La congruencia no debe interpretarse como autosuficiencia en el sentido absoluto. No significa que uno viva fuera de un contexto social donde la interdependencia es necesaria. Tampoco es la congruencia vista como la negación del hecho que constantemente aprendemos de otros y en la que claramente nos beneficiamos de la interacción con ellos. Necesitamos la participación de otros para obtener nuestras metas. Sin embargo, la congruencia es por su naturaleza un acto privado. Somos, en el último análisis, individuos con perspectivas únicas; nadie puede pensar y sentir por nosotros; nadie puede darle significado a nuestra vida sino nosotros mismos.

Soy responsable de mis acciones, emociones y pensamientos y, por lo tanto, me responsabilizo de las consecuencias de estos tres elementos. Soy responsable de cómo manejo a otros individuos y no puedo alegar que alguien me hizo comportarme así. La práctica de la congruencia implica la disposición de hacerme responsable de los valores por medio de los cuales conduzco mi vida. Por tanto pienso por mí mismo y actúo basado en el juicio propio. Aprendo de otros, pero no atribuyo a otros la autoridad de mi propia conciencia, por lo cual, no sigo a otros ciegamente cuando no entiendo o estoy en desacuerdo y si lo hago, a mí solo puedo atribuir esa decisión.

Así como necesito saber de qué debo ser responsable, también necesito saber de qué no soy responsable. Necesito saber mis limitaciones, que son parte de mi identidad. Soy responsable de mis pensamientos, emociones y acciones, pero de nada más. Puedo influenciar, pero no puedo controlar la mente de otros. No puedo determinar lo que otros piensen, sientan o hagan. Si me hago responsable de cosas que están más allá de mi control, pondré a mi autoestima en peligro, ya que inevitablemente fallaré mis propias expectativas. Así como aprendemos que no tenemos control sobre otros y sus vidas, tenemos que entender que el control sobre nuestros pensamientos, acciones y sentimientos no es ilimitado. Congruencia y libertad de elección no significan omnipotencia. A veces nos vemos afectados por fuerzas políticas, sociales o del medio ambiente que no escogemos, sólo podemos escoger el modo en que respondemos frente a ellas.

Así como la congruencia es una manera de conducirse, que eventualmente se convierte en un estilo de vida en donde la conciencia es un factor esencial, es también una metodología que nos permite, al escuchar comentarios de otros, mantener una posición armónica con la definición que tenemos de nosotros mismos. Si podemos mantener esa congruencia es porque hemos cumplido con las siguientes condiciones:

1. No aceptamos la definición que otros tienen de nosotros, ya que somos conscientes de nuestra definición. En otras palabras, no aceptamos, por sobrentendidas y obvias, las opiniones de los otros sobre quiénes somos.

2. Buscamos evidencia, escuchando atentamente y corroboramos el trasfondo del mensaje recibido, dándole la responsabilidad del mensaje al mensajero. En otras palabras, no asumimos o interpretamos significados antes de asegurarnos qué es lo que se quiere decir, en vez de defendernos o justificarnos.

3. Estamos abiertos a cualquier interacción y no habrá palabras que nos puedan herir sin nuestro permiso. En otras palabras, al tener una definición clara de nosotros mismos no hay contenido que pueda ser excluido de una discusión, conflicto o diálogo.

4. Estamos dispuestos a ejercer la tolerancia ante la diversidad de opiniones, posiciones y aun ante comentarios personales dirigidos contra nosotros.

Como resultado podremos exhibir una gran flexibilidad y autoestima.

El **primer paso** para la congruencia es generar una definición clara de quién soy, incluyendo habilidades y aspectos que todavía no tengo a mi servicio. Entender que en el transcurso de nuestras relaciones interpersonales escucharemos muchos comentarios y críticas. Sin embargo, nunca se aceptará una crítica, comentario o mensaje personal por sobrentendido y obvio.

El **segundo paso** es entender quiénes son los individuos que nos comunican los diversos mensajes y que cada uno de esos mensajes tiene diversos significados. Por lo tanto, se hará un esfuerzo para no darle un significado de agresión o crítica como primera interpretación al mensaje verbal escuchado.

El **tercer paso** es estar dispuesto a analizar el mensaje, crítica o comentarios, y observar la posible validez del mensaje para nuestro aprendizaje y crecimiento.

El **cuarto paso** es mantener el diálogo constante a través de preguntas de corroboración, si lo que se está escuchando es lo que el mensajero de la crítica, posición o comentario quiere que se escuche.

¿Cómo se practica la congruencia?

El ejercicio de congruencia comienza con un contacto interpersonal, donde dos o más individuos establecen algún tipo de interacción que a los involucrados les es importante mantener. Cuando uno de los involucrados emite una opinión o crítica percibida inicialmente como una agresión o no entendida en su totalidad, es el momento de sacar de nuestra caja de herramientas la congruencia. En ese momento comenzamos a hacer preguntas de corroboración diciendo: ¿Tú lo que quieres decirme es ...? En ese momento esperamos que el individuo involucrado explique a qué se refería cuando emitió su comentario.

Aquí tenemos que ejercitar la paciencia y la confianza en lo que el individuo está explicando para aclarar lo que realmente quería decir.

Para comenzar a practicar pídele a algún individuo que te haga un comentario sobre tu persona. Si tu reacción es defenderte, justificarte inmediatamente, explícita o implícitamente, es porque te dijeron algo que tocó algún "botón" sensible en ti. En Venezuela se dice: "El que se pica es porque ají come".

Eso implica que no aceptas algún aspecto de tus acciones, tendencias o actitudes, o que no estás totalmente consciente y claro de la presencia de éstas. Sin embargo, continúa preguntando: ¿Tú lo que me quieres decir es...?, hasta conseguir tres afirmaciones. Aquí te darás cuenta de las múltiples interpretaciones que tiene un comentario. Al finalizar las preguntas, recibiendo eventuales respuestas negativas y las tres afirmaciones, pide evidencias y la elaboración del comentario hasta poder cerrar, a través de un diálogo continuo, la interacción.

Ejercer la congruencia es aceptar el comentario que se escucha cuando éste está dentro de la definición que tenemos de nosotros mismos. Aun en estos casos se debe mantener el diálogo pidiendo evidencias y la elaboración del comentario.

En seminarios sobre inteligencia emocional utilizo a alguno de los ejecutivos para ejercitar el concepto de congruencia y posteriormente me propongo como ejemplo. Cuando me dirijo al ejecutivo le hago un comentario ante el que, inicialmente supongo, no reaccionará emocionalmente, por lo general le digo: "Tú eres un astronauta ineficiente". Entonces le pregunto, si sintió rabia o está ofendido. La gran mayoría de los individuos me dicen no sentir nada ya que no son astronautas, y por lo tanto no sienten ninguna identificación con el mensaje. Sin embargo, cuando les hago un comentario más personal acerca de sus realidades, por ejemplo, "tú eres un gerente ineficiente", la gran mayoría reacciona emocionalmente defendiéndose, justificándose o cambiando su postura física. Cuando les pregunto por qué la diferencia de reacción, tratan de justificarse alegando que en este caso se les hizo un comentario que estaba cerca de sus realidades personales. Sin embargo, al mencionarles y hacerles tomar conciencia de que yo no los conozco en sus desempeños laborales y personales, pueden darse cuenta de que aceptaron un comentario por sobrentendido, y el comentario llegó directo sin antes pasar por el filtro de la congruencia, o averiguar el porqué de mi comentario. Tuvieron como primera reacción una necesidad de defenderse y hasta de atacar. Estoy convencido de que cuando esto ocurre, es porque nos están diciendo algo que se asemeja o identifica con algo que de todas maneras pensamos o sentimos hacia nosotros mismos sin haberlo procesado, aceptado e incorporado congruentemente en nuestra definición.

Posteriormente, en el seminario, me ofrezco como blanco de un comentario para dar ejemplo del ejercicio de la congruencia. Por lo general, los comentarios que se me dirigen tienen que ver con mi personalidad impetuosa, seria, y por la distancia interpersonal que ejerzo con los participantes en los seminarios. A veces se escuchan comentarios como: "Tú eres un individuo prepotente y distante". Yo conozco, dentro de mi definición personal, mis características de impetuosidad, dureza y distancia interpersonal, entre otras. En mi diálogo interno, si quiero actuar congruentemente, reconozco el comentario como conocido. No hay sorpresas. Por eso siempre menciono a los participantes de los seminarios cuando nos referimos a congruencia: "¿Qué podrán decirte que te sorprenda cuando has trabajado en tu propia definición? y ¿cómo podrán ofenderte si estás consciente y conoces esas características?"

Para continuar el ejercicio didáctico le pido al que emitió el comentario que sólo conteste **sí** o **no** a mis preguntas hasta conseguir tres afirmaciones, en caso de que no tenga más preguntas creativas y no haya conseguido las afirmaciones, le pido a los otros participantes que hagan preguntas complementarias, esto con la finalidad de que la audiencia se dé cuenta de que existen múltiples interpretaciones a un comentario, aun cuando sea un comentario fuerte y personal. Generalmente comienzo preguntando: "¿Tú lo que me quieres decir es que presento los conceptos en el seminario con fuerza e ímpetu?" **Sí,** es la respuesta. "¿Tú lo que me quieres decir es que te he irrespetado cuando has presentado tus opiniones?" **No.** "¿Tú lo que me quieres decir es que hubieras preferido que yo me acercara más y me hiciera más accesible a tus preguntas durante los intermedios?" **Sí.** "¿Tú lo que me quieres decir es que me percibes agresivo y por encima de los demás?" **No.** "¿Tú lo que me quieres decir es que has podido aprender en el seminario de manera significativa?" **Sí.**

Después de conseguir las tres afirmaciones pido la elaboración del comentario, para relacionarme con los posibles trasfondos y establecer un proceso de diálogo. Como podemos darnos cuenta en el presente ejemplo, y lo confirmarás en tu propia experiencia, aun cuando el comentario inicial no es percibido como apropiado y hasta puede estar acompañado con algún grado de agresión, lo que el individuo también tenía en mente era explorar un acercamiento con la figura de autoridad y no criticar la personalidad. Así mismo, les pregunto posteriormente cómo percibieron la interacción: ¿Se sintieron validados, escuchados, etc.? Después de cerrar el proceso de la interacción, también explico mi estilo particular, y por qué es para mí importante expresar los conceptos con fuerza e ímpetu.

Es importante enfatizar que ésta es una herramienta que se utiliza con aquellos individuos con los cuales estamos involucrados en relaciones interpersonales significativas y, a su vez, si el comentario es ofensivo a tal punto que percibimos falta de respeto, la asertividad es la herramienta que debe utilizarse.

CAPÍTULO 5

El único servicio
que un amigo puede ofrecerte
es ayudarte a mantener tu valor
mostrándote un espejo
en el cual puedas ver el reflejo de
una imagen noble de ti mismo.

George Bernard Shaw

La escalera de inferencia

Hemos mencionado antes que somos producto no de lo que nos ocurre, sino de lo que percibimos que nos ocurre y de cómo respondemos a esos eventos (*véase* el capítulo "Distorsiones cognoscitivas y pensamiento positivo"). Estas percepciones dependen de los modelos mentales que hemos desarrollado, los cuales son las imágenes, supuestos y construcciones de la realidad, que llevamos en nuestra mente sobre lo que somos, cómo vemos a los demás y, en general, sobre nuestro entorno. El cristal a través del cual interpretamos todos los estímulos en nuestra diaria interacción. Estos modelos determinan lo que vemos, lo que escuchamos, cómo nos relacionaremos y cómo responderemos a lo que percibimos con nuestros sentidos.

Necesitamos representaciones de la realidad. Por ejemplo, un mapa de una ciudad es una representación de la ciudad, sus calles, sus parques; sin embargo, no es la ciudad en su totalidad, en ese mapa no está cada árbol, cada uno de los edificios y casas. En caso de que fuese así, necesitaríamos una semana para doblar ese mapa. De igual manera necesitamos mapas mentales que se han convertido en conductas automáticas. Por ejemplo, el manejar; cuando entramos al carro no necesitamos estar conscientes de cada movimiento. No así cuando entramos en relaciones interpersonales, y menos cuando se generan conflictos. Las diferencias entre modelos mentales explican por qué dos personas pueden observar el mismo acontecimiento y describirlo de maneras distintas, prestando atención a detalles distintos, lo cual modelará las respuestas individuales a esos eventos. Por ejemplo, si pensamos que las mujeres son aptas para gerenciar, no tendremos dificultades en tener una mujer como supervisor en una organización, pero sí las tendremos si nuestro modelo mental es el opuesto.

Sin embargo, y quizás ésta sea la dificultad más patente en el proceso de cambio, los modelos mentales suelen ser tácitos y existen debajo del nivel de la conciencia, rara vez son sometidos a verificación y cuestionamiento. En general nos es difícil verlos, ya que se han convertido en hábitos o formas de pensar automáticos.

El propósito de la escalera de inferencia es llevar nuestros modelos mentales a nivel consciente, examinarlos y cuestionarlos sin utilizar mecanismos de defensa. De esa manera podremos examinar con el cristal a través del cual percibimos los estímulos externos e internos, cómo influyen en nuestra vida, y si no son funcionales y efectivos, modificarlos. Mediante la práctica del cuestionamiento de los modelos mentales existentes podremos crear otros diferentes que sirvan mejor para responder efectivamente a los estímulos internos y externos de nuestra vida.

Dos aspectos interesantes para enfatizar aquí son una definición y un cuento. La definición se relaciona con locura. Locura es: "seguir haciendo lo mismo, esperando resultados diferentes". Aunque sea una definición no muy ortodoxa, refleja la dificultad de los individuos para cambiar modelos mentales, esperando que las mismas acciones den resultados más funcionales y efectivos. Es muy difícil conseguir esos resultados si no cambiamos nuestras acciones, generadas a su vez por modelos mentales diferentes. El cuento se relaciona con una interacción entre un joven pastor y un viejo dueño de una tienda de cristales. El episodio está descrito en el libro de Paulo Coelho, *El Alquimista*. El joven constantemente le proponía cambios al viejo dueño de la tienda, esperando, por medio de estas innovaciones, generar mayores ingresos. En uno de los momentos en que el joven le ofrece un cambio, el viejo le responde:

–Hace treinta años que tengo esta tienda. Conozco el cristal bueno y el malo, y conozco todos los detalles de su funcionamiento. Estoy acostumbrado a su tamaño y a su movimiento. Si quieres poner té en los cristales, la tienda crecerá, entonces yo tendré que cambiar mi manera de vida.

–¿Y eso no es bueno? –preguntó el joven.

El viejo contesto: –Estoy acostumbrado a mi vida. Antes de conocerte, yo pensaba que había perdido mucho tiempo en el mismo lugar, mientras que todos mis amigos cambiaban, quebraban o progresaban. Esto me dejaba con una inmensa tristeza. Ahora sé que no era exactamente así; la tienda tiene el tamaño exacto que yo quise que tuviese. No quiero cambiar, porque no sé cómo cambiar. Ya estoy muy acostumbrado a mí mismo.

El joven no sabía qué decir.

El anciano prosiguió diciendo: –Tú fuiste una bendición para mí. Y estoy entendiendo una cosa: Toda bendición que no es aceptada, se convierte en una maldición. Yo no quiero más de la vida. Y tú me estás obligando a ver riquezas y horizontes que nunca conocí. Ahora que los conozco y que conozco mis posibilidades inmensas, voy a sentirme peor de lo que antes me sentía. Porque sé que puedo tenerlo todo, y no quiero.

Einstein menciona con frecuencia que no podemos cambiar nuestras acciones utilizando los mismos modelos mentales con los cuales las creamos en un principio. Esta resistencia la encontramos cotidianamente, empezando por nosotros mismos y por la dificultad de entender al otro o de explicarnos. Cuando nuestros modelos mentales excluyen la posibilidad de que otros puedan contribuir e influenciarnos, cada vez que tengamos una interacción y en que los argumentos presentados cuestionen profundamente nuestras percepciones, nuestra tendencia será la de defendernos. Según Argyris (1990), cuando mantenemos nuestros modelos mentales a ultranza, es cuando nos convertimos en expertos incompetentes.

El concepto, aun cuando antiguo, se le atribuye al psicólogo Kenneth Craik en la década de 1940; otros han usado el concepto de los paradigmas, de Kuhn.

Hemos mencionado antes que la manera como pensamos nos conduce a acciones y a respuestas emocionales. Sin embargo, también enfatizamos que podemos cambiar la manera en que pensamos, actuamos y respondemos emocionalmente. Existen dos tipos de aptitudes adicionales, que son esenciales al trabajo de cambio de los modelos mentales.

Una de las aptitudes es *la indagación,* con la que aprendemos a entablar conversaciones, con la que compartimos abiertamente nuestros puntos de vista, invitamos a otros al cuestionamiento de lo que hemos expuesto y procuramos así conocer las premisas de los demás; la segunda, es *el alegato,* con el que aprendemos a respaldar nuestras ideas y a disminuir el ritmo de nuestros procesos mentales para ser más consciente de la formación de nuestros modelos.

El valor de esas aptitudes se vuelve más evidente cuando estamos enfrascados en algún conflicto interpersonal, bien sea en el contexto laboral o personal-familiar. Aquí encontramos dificultades para escuchar lo que otros dicen y sólo escuchamos lo que esperamos que digan los demás. Surgen las dificultades para aceptar otras interpretaciones de la misma situación y sólo se respalda y aboga por la propia, y se gastan innumerables horas discutiendo lo mismo tratando de probar al otro que está equivocado. Al final, siguen disgustados y distantes o toman una solución intermedia, mediocre, después de tanta frustración y cansancio.

Al practicar con la escalera de inferencia, utilizando un balance entre la indagación y el alegato, llevamos de la superficie de nuestros pensamientos y respuestas inconscientes y automáticas a cuestionar lo repetitivo e ineficiente de nuestros modelos, lo que a su vez puede llevarnos a cambiarlos por otros más eficientes.

Tenemos tendencia a generar creencias que se autorrefuerzan y no se cuestionan. Basamos nuestros modelos en conclusiones que provienen de la información que observamos y filtramos, según nuestras experiencias pasadas, de la educación, de la religión y, en general, de nuestra interacción con nuestro entorno.

Sin embargo, el querer alcanzar objetivos en común (pareja, hijos, familia, sociedad) se dificultará cuando pensamos que nuestros modelos mentales:

- Son la verdad.

- Son evidentes y no necesitan explicación.

- Se basan en la realidad.

Argyris (1990) define la escalera de inferencia como un camino mental de creciente abstracción que conduce a creencias erróneas.

Por ejemplo, Pedro se sentía ansioso porque se había retrasado en regresar de la oficina a la casa. Llamó a su esposa para decirle que iba a llegar tarde ya que estaba terminando algo importante. Él pensó: "Ella se va a moles-

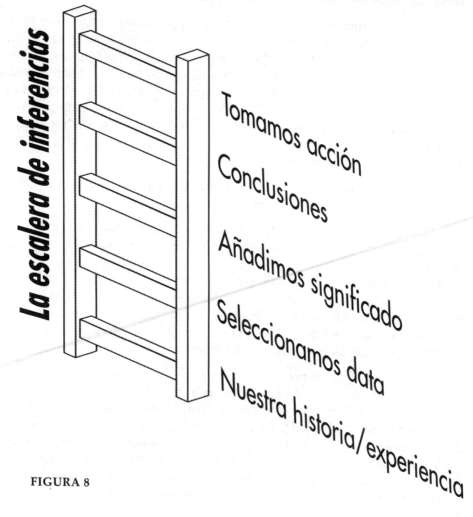

La escalera de inferencias

Tomamos acción

Conclusiones

Añadimos significado

Seleccionamos data

Nuestra historia/experiencia

FIGURA 8

tar porque me he retrasado, me va hacer la vida difícil". María, la esposa de Pedro, pensó: "Él siempre llega tarde. Es un desconsiderado. Él sabe que yo trabajo también fuera de casa; sin embargo, yo siempre llego a casa cuando digo que voy a llegar". Cuando Pedro llega a casa, María sugiere salir a comer fuera o pedir algo por teléfono. Pedro se molestó, pensando: "Ella se está desquitando porque llegué tarde". Después siguió pensando: "Ella no entiende mi trabajo y no se preocupa por ser una mujer que atiende su casa. Todo lo que le interesa es su carrera".

Como podemos darnos cuenta, los dos han subido en su escalera de inferencia.

Pedro comenzó con datos observables: "voy a llegar tarde"; sin embargo, concluyó que ella se molestaría sin ninguna evidencia.

A pesar de que es posible que una esposa pueda sentir rabia porque su marido no ha llegado a tiempo, lo relevante es cómo ella interpreta la situación y el significado personal que le atribuye a la situación: "es un desconsiderado", "siempre llega tarde". Otra esposa podría, por ejemplo, sentir alivio al tener más tiempo de terminar algo que tenía que finalizar. No le importó, para su conclusión actual, considerar que usualmente él llega a tiempo, pasando a los supuestos sobre la intención de Pedro: "es un desconsiderado". Del mismo modo actúa Pedro en sus conclusiones: "a ella sólo le importa su carrera" o "se está desquitando".

Finalmente, los dos llegan al peldaño superior de la escalera donde el uno está conspirando contra el otro.

Los modelos mentales de ambos parecen tan razonables, y la discusión sucede tan deprisa que ni siquiera se dan cuenta de lo que dicen. Todos los peldaños son de fuente personal e imaginarios, lo único que es visible para los demás son los datos observables del peldaño inferior "Pedro está llegando tarde" y la respuesta emocional producto del peldaño superior. El resto del trayecto: cómo seleccionamos los datos, cómo añadimos significado, cómo extraemos conclusiones, permanece, la mayor parte del tiempo, oculto, indiscutible y abstracto. Damos saltos de abstracción sin mucha reflexión.

La escalera de inferencia explica por qué la mayoría de la gente no recuerda de dónde han surgido sus actitudes más profundas. Los datos se han olvidado después de años de saltos deductivos. Cuando afirmamos algo y alguien nos pregunta ¿por qué?, nuestra respuesta, a veces, es que no sabemos, que así hemos pensado durante mucho tiempo, basados en estereotipos. De esa manera tomamos esos pensamientos como los datos, defendiéndolos y sintiendo la necesidad de defenderlos, aun cuando nos damos cuenta de que no tenemos una base sólida sobre la cual fundar esas posiciones.

El uso de la escalera de inferencia

Como mencionamos anteriormente, no podemos vivir sin añadir sentidos o extraer conclusiones. Sin embargo, pasar directamente a las conclusiones y recrudecer nuestros conflictos presentando conclusiones y sin querer investigar sobre las de la otra persona, daña de manera significativa nuestras relaciones. Por tanto, para mejorar nuestras comunicaciones utilizando la escalera de inferencia, lo haremos:

- Adquiriendo mayor conciencia de nuestros pensamientos y razonamientos.

- Presentando nuestros pensamientos y razonamientos y haciéndolos más visibles y explícitos a los demás.

- Indagando el pensamiento y el razonamiento de los demás e invitándolos a indagar nuestros pensamientos y razonamientos.

Cuando Pedro y María comprendan que su relación puede deteriorarse más allá de cualquier reconciliación posible, entonces podrían detener el ciclo de conflicto utilizando la escalera de inferencia y preguntarse:

- ¿Cuáles son los datos observables que respaldan nuestra afirmación?

- ¿Estoy presentando datos observables o conclusiones rígidas?

Para utilizar la escalera de inferencia sigue los siguientes pasos:

1. Selecciona un problema interpersonal que hayas tenido recientemente, que todavía te importe comprender y resolver. Este problema puede estar situado dentro de tu ámbito laboral o personal-familiar.

Escribe un párrafo breve describiendo la situación:

- ¿Qué tratabas de lograr?

- ¿Quién o qué te pone trabas?

- ¿Cómo pensabas alcanzar tus objetivos?

2. Recuerda una conversación que hayas tenido con relación al problema, o imagina la conversación que habrías tenido si hubieras tocado el tema.

Toma una hoja y traza una línea vertical en el medio.

En la columna derecha, escribe el diálogo tal como lo recuerdas, haz un esfuerzo para presentarlo sin interpretaciones, lo más similar a la conversación real.

En la columna izquierda, escribe lo que pensabas y sentías sin haberlo compartido con la otra persona; en otras palabras, el diálogo interno.

Cada vez que escribas lo que dijiste en la columna derecha, escribe en la izquierda lo que pensabas y sentías que no se dijo. Ese procedimiento es tanto para lo que tú dijiste como para lo que la otra persona dijo. Cuando escribas lo que dijo la otra persona, escribe en la izquierda lo que pensabas y sentías cuando la persona estaba hablando, así mismo lo que pensabas que la otra persona estaba pensando y sintiendo y que no estaba comunicando abiertamente.

DIÁLOGO INTERNO	LO QUE DIJIMOS
Yo:	Yo:

Haz un esfuerzo para, por lo menos, llenar una página siguiendo las instrucciones anteriores.

3. Reflexión de lo escrito ya que se puede aprender si se reflexiona en la situación como instrumento para examinar nuestros pensamientos y sentimientos.

Para ayudarnos en esa reflexión, pregúntate:

- ¿Qué me ha inducido a pensar y sentir de esa manera?
- ¿Cuál era mi intención?, ¿qué pretendía lograr?
- ¿Alcancé los resultados que buscaba?
- ¿Cómo influyeron mis comentarios sobre la situación conflictiva?
- ¿Por qué no dije lo que estaba en la columna izquierda?
- ¿Qué supuestos tenía sobre la otra persona?
- ¿Cuál fue el beneficio de tener la conversación como la tuve?
- ¿Qué me impidió actuar de otra manera?

- ¿Puedo utilizar mi columna izquierda como recurso para mejorar mis comunicaciones?

Cuando mostramos el diálogo interno a la otra persona, la intención no es sincerarse, tampoco se trata de establecer la columna izquierda redefiniendo los pensamientos y sentimientos con un toque cosmético de amabilidad. En la asertividad hemos aprendido que es importante pensar lo que decimos, pero no necesariamente decir lo que pensamos/sentimos, especialmente en situaciones conflictivas e intensas cuando estos pensamientos y sentimientos, al no pasar por un filtro, pueden causar mayor conflicto.

El propósito es plantear los supuestos y malentendidos que podrían, al presentarlos, contribuir más a una relación eficiente.

Cuando estamos ante situaciones de conflicto se nos presentan ciertos dilemas y dualidades como:

- Si digo lo que pienso y siento, el conflicto puede empeorar.

- Si no digo lo que pienso y siento, el conflicto no se resolverá por sí solo, me sentiré mal al posponer el enfrentamiento.

- Si ocasiono conflicto, puedo destruir la relación.

- Si no soy honesto, la relación puede eventualmente morir.

- Si no hago preguntas, no puedo aprender; si hago preguntas, puedo parecer estúpido.

A continuación presentaremos la importancia de mantener un equilibrio entre el alegato y la indagación; cómo los individuos respaldan sus posiciones, y la indagación, cómo los individuos investigan sobre los modelos mentales propios y los de los demás.

Al buscar ese equilibrio, exponemos nuestros razonamientos y alentamos a los demás a cuestionarlos. El equilibrio que se establece entre alegato e indagación cuestiona los modelos mentales establecidos, por esto resulta difícil el dominio de la escalera de inferencia. Sin embargo, una vez que se comienza a tener maestría sobre la técnica, la relación que se manifiesta posteriormente es muy eficiente. No se recomienda enfatizar sólo en uno de los aspectos. Individuos hábiles verbalmente e imponentes pueden entrar en el proceso de indagación mediante un interrogatorio, sin la menor consideración por la persona interrogada. En esa interacción habría que recordar a los dos interlocutores los conceptos de asertividad. Por un lado, el interrogador, conducta aparente agresiva; por otro, el cuestionado, si no establece los límites y sus derechos, presenta una conducta aparente pasiva.

El balance entre el alegato y la indagación

CUADRO 5

La escalera de inferencia es una herramienta que tiene como base el balance entre alegato (cómo los individuos respaldan sus ideas) e indagación (cómo los individuos investigan sus ideas). Sin embargo, el balance entre esos dos elementos, como se puede apreciar en el cuadro 5, es importante para mantener las comunicaciones interpersonales; el fruto se manifiesta en las alternativas que se generan y derivan de buscar múltiples perspectivas.

ALTO	• Se expresan conclusiones: "Esto es lo que digo y no importa por qué" (disfuncional). • No presenta un pensamiento explícito y no proporciona ejemplos. • Se explica y se ofrecen ejemplos, cuando se percibe amenazado pasa a las conclusiones. ALEGATO • Persuasión-funcional. Cuando se percibe amenaza, imposición de ideas.	• El pensamiento es explícito. • Se proporcionan ejemplos. • Se buscan otras perspectivas. • Se estimula el cuestionamiento. • Equilibrio entre *alegato* e *indagación,* curiosidad genuina. • Diálogo: suspensión del juicio. • Aprendizaje colectivo.
	• Observación atenta con comentarios sobre el proceso (funcional). • Cuando se percibe amenaza, distanciamiento y apatía (disfuncional).	• Interrogatorio que busca una confirmación (disfuncional). • Clarificación en forma de entrevista que busca otras perspectivas (funcional).
BAJO	INDAGACIÓN	ALTO

Los individuos, muy a menudo, tienen un punto de vista que expresar, sin embargo, es importante expresarlo en un contexto que permita aprender sobre las perspectivas de los demás mientras ellos conocen mejor la nuestra.

Por lo tanto es disfuncional sólo enfatizar la indagación o el inquirir. De la misma manera, utilizar afirmaciones donde no haya opciones, respaldando las opiniones o posiciones tomadas de manera rígida, enfatiza la importancia de no utilizar sólo el alegato. La forma disfuncional de la indagación se convierte en inquisición y la del alegato en la imposición de ideas o perspectivas.

CUADRO 6

	APRENDIZAJE COLECTIVO vs.	DEFENSAS RUTINARIAS
ESCALERA DE INFERENCIA	Se utiliza la información directamente observable.	Se hacen inferencias abstractas, no se ilustra cómo se llegó a esa posición.
RAZONAMIENTO	El razonamiento es explícito y abierto a cuestionamiento.	El razonamiento es implícito.
INDAGACIÓN Y ALEGATO	Se ponen a prueba públicamente las conclusiones. Balance entre los dos.	Las conclusiones son la realidad y no se permite cuestionamiento.
DIÁLOGO INTERNO	Se utiliza como recurso.	Se mantiene el lado izquierdo escondido.

La clave para conducir una conversación es hacer nuestro razonamiento explícito e invitar a otros a cuestionarlo; esto podrá facilitar el aprendizaje mutuo y los resultados serán los deseados, pudiendo llenar así nuestras expectativas y utilizando nuestro diálogo interno como recurso, balanceando el alegato y la indagación. Para lograr esto existe un número de preguntas iniciales que será importante hacerse:

1. ¿Estoy dispuesto a ser influenciado?

2. ¿Estoy genuinamente interesado en lo que la otra persona tiene que decir?

3. ¿Tengo la convicción de que podemos aprender juntos?

En caso de que las respuestas sean afirmativas en las tres preguntas, es el momento de sentarse con un tutor. Éste puede ser un amigo, la pareja o un colega, que esté dispuesto a cuestionar los modelos mentales existentes.

A continuación incluimos algunas preguntas que podrían servir de guía para el tutor:

1. ¿Qué esperabas alcanzar? Después de que el tutoreado presenta una breve descripción de los eventos, del conflicto que lo llevó a escribir el lado derecho/izquierdo, el tutor hace un esfuerzo para averiguar ¿cuál fue el propósito de la conversación y qué se quería alcanzar con ella? Así mismo, ¿qué resultados se alcanzaron?, ¿fue la comunicación fluida?, ¿se estableció un diálogo?, ¿hubo un balance entre el alegato y la indagación?, ¿qué evidencia hay de que así ocurrió? Las preguntas que involucran el alegato y la indagación se hacen cada vez que se avanza en el análisis de la conversación, especialmente cuando existe una brecha importante entre lo que se dijo (lado derecho) y lo que se mantuvo en el diálogo interno (lado izquierdo).

2. El tutor, después averigua del tutoreado ¿por qué no dijo lo que estaba pensando y sintiendo? ¿Qué pensaba que podía ocurrir si lo hubiese dicho? Recuerda que la asertividad no es decir lo que piensas y sientes, sino pensar lo que dices, decirlo con honestidad sensible. Por lo tanto, pregúntate si los individuos, en su mayoría, necesitan y aprecian la transparencia o prefieren hacer el esfuerzo de inferir qué es lo que estás pensando y sintiendo. Esto podría incrementar el uso de distorsiones cognoscitivas por parte del otro, al utilizar el pasar a conclusiones al tratar de leer la mente.

3. ¿Cómo afectó lo no dicho en tu comportamiento y en el de la otra persona?

Nosotros tenemos la convicción de que lo que no decimos verbalmente no es escuchado por los otros. Sin embargo, nuestro lenguaje corporal no siempre está bajo nuestro control, por eso a veces expresamos actitudes, sentimientos y prejuicios por medio de él. Los otros individuos atentos a mensajes de este estilo percibirán una brecha entre lo que decimos y nuestros mensajes corporales. En esas circunstancias se relacionará lo dicho con una escasa credibilidad, lo que podrá repercutir en lo que la otra persona sienta o piense y lo que quiera compartir con nosotros.

Si actuamos con poca transparencia, tendremos la tendencia a pensar que los otros están actuando de la misma manera. Supondremos que también ellos tienen una "agenda" oculta. Es importante enfatizar que la escalera de inferencia es una herramienta, aunque útil, difícil de implementar si no se practica.

Al practicar:

1. Identifica, durante la conversación, si tú o los otros están presentando conclusiones.

2. Si otros están presentando conclusiones, pregunta por los datos que los ayudaron a llegar a esas conclusiones. Si te das cuenta de que estás presentando conclusiones, refiérete a la evidencia o datos en que te basas, e invita a su cuestionamiento –balance entre alegato e indagación.

3. Indaga acerca del razonamiento que conecta los datos y las conclusiones. Así mismo, explica la relación entre los datos que te ayudaron a llegar a esas conclusiones.

4. Busca los trasfondos; qué posibles creencias o premisas están presentes. Relaciónate también con el contexto, no sólo con el contenido.

5. Presenta las inferencias que has percibido de ese contexto y verifica con la otra persona que sean correctas.

6. Pregúntate: ¿He sido capaz de entender genuinamente al otro en el total entendimiento de *su* realidad?

Polarización vs Complementariedad

¿Será posible, a pesar de venir de tradiciones, cultura y género diferentes, convivir y crear un futuro común, sin pretender cambiar al otro en función de nuestra imagen? Con frecuencia vemos cómo sociedades de trabajo que nacen para compartir objetivos comunes, intereses, visiones o amistad, pueden llegar a tener éxito profesional o comercial; no obstante, al cabo de un tiempo se manifiestan diferencias entre los miembros de esas sociedades y terminan en una ruptura. Desde la perspectiva del negocio, la sociedad ha podido ser un éxito, floreció y prosperó; sin embargo, desde la perspectiva personal de los participantes, cómo ellos vivenciaron la relación y a sí mismos fue un fracaso. Pensamos que explicar esa paradoja puede reforzar y complementar algunos de los aspectos que hemos planteado sobre liderazgo, liderazgo femenino y las nuevas tendencias de las organizaciones.

Las dos caras de la moneda

La posición básica es la siguiente: el éxito de un negocio y el fracaso de sus miembros son las dos caras de una misma moneda. El estilo conflictivo de los miembros de la organización o grupo, por un lado les causa un considerable dolor de cabeza, pero por otro les proveyó de la tensión creativa que permitió que el negocio prosperara. El fracaso de la relación no era un resultado inevitable; para ambos, relación y negocio, podría resultar exitoso. Para que esto ocurriese, los participantes de la relación necesitarían tener una perspectiva diferente: una perspectiva sistémica.

Perspectiva personal, interpersonal y sistémica

Las relaciones que comienzan con promesas y terminan en fracaso son muy comunes en sociedades de negocios, matrimonios, amistades, asociaciones religiosas, grupos organizacionales y otras agrupaciones de orden social. El deterioro de esas relaciones se explica usualmente en términos personales e interpersonales. Lo personal indica fallas en los individuos involucrados. La relación fracasó por la idiosincrasia de uno o más de los actores: debilidad de carácter o motivación, necesidades intrapsíquicas no manejadas, hábitos repulsivos, etc. Lo interpersonal propone que los actores tienen diferencias irreconciliables: un encontronazo de personalidades, una mala química, etc. La explicación personal supone que el culpable o la culpable sufre de fallas crónicas que traen a toda situación o relación en la cual se involucran. La explicación interpersonal supone que el problema es situacional, que sería conveniente para los participantes terminar la relación, que podrían buscar otro contexto con alguien con una personalidad más compatible.

Como en muchos otros casos, los factores personales e interpersonales juegan un rol importante. Uno o varios de los actores involucrados tienen sus idiosincrasias que molestan o ponen demandas estresantes al otro. También se presentan diferencias de estilo, energía, valores propios a uno de los individuos; sin embargo, en combinación con las del otro o la otra, pueden ser problemáticas. Más allá de lo personal e interpersonal, existen también otros factores que son menos reconocidos y entendidos, que contribuyen al deterioro del sistema social y las relaciones. Estos son los factores sistémicos. Para manejar estos factores debemos ser capaces de ver nuestro sistema –nuestras asociaciones, nuestra organización, grupos de trabajo, etc.–, no sólo como un colectivo de individuos o un grupo de relaciones interpersonales, sino como un sistema, como un todo que necesita sobrevivir, adaptarse, crecer, desarrollarse y llegar a ser más intensamente aquello que sean capaces de ser. Necesitamos ver los sistemas como sistemas.

Viendo el sistema: lo personal *versus* el sistema

Para entender el sistema social necesitamos, por un lado, ser capaces de ver el colectivo de individuos independientes con sus patrones característicos, todos tratando de sobrevivir en su medio, de desarrollarse, de superarse; por otro, y al mismo tiempo, ver los sistemas como entidades orgánicas integradas que, una vez formadas, están orientadas a sobrevivir, a mantenerse en su medio, desarrollarse, adaptarse, cambiar y poder superarse.

Cuando manejamos un sistema social, necesitamos reconocer que existen dos niveles en el drama que está ocurriendo simultáneamente: el de los individuos dentro del sistema, su esfuerzo individual, y el drama del sistema como un todo, sus procesos, sus esfuerzos de sobrevivir y desarrollarse en su medio. Paradojas como la que describiremos a continuación ocurren cuando hay un conflicto aparente entre los procesos de supervivencia y desarrollo de los individuos y el sistema, cuando el drama de un nivel causa tensión en el otro.

Un ejemplo clásico

Esta es la historia de dos personas, ambas ingenieros de sistemas, Tania y José, socios en un negocio de representación de sistemas de computación. Lo que comenzó cinco años atrás con una sola operación que luchaba por sobrevivir creció gradualmente y se convirtió en una exitosa red de agencias. Así como el negocio creció y prosperó, su relación personal se deterioró. Lo que comenzó con una amistad y determinación compartida de éxito evolucionó hacia una historia dolorosa de conflicto continuo hasta que la sociedad terminó. El patrón de conflicto, hacia el final, fue claro y consistente, cada actor podía ubicar al otro. José era el expansivo, agresivo, poco sensible. Tania era más conservadora y muy sensible a las necesidades de los otros. José, generalmente, quería tomar decisiones rápidas: expandirse, desarrollarse, abrir nuevas agencias, etc. Tania, generalmente, era más cautelosa: sensible a las necesidades del personal, a un desarrollo fiscal conservador, etc. Estos dos estilos cada vez entraban más y más en conflicto. Para José, Tania era el obstáculo del desarrollo tan necesario. Tania, por su parte, pensaba que José los iba a llevar al desastre, que no tomaba en cuenta a los otros y sentía que constantemente vivían al borde del precipicio. La ansiedad que José generaba era inaguantable. Más allá de los tópicos del negocio, los dos se veían irrespetados, no podían decir lo que pensaban o sentían, ya que el otro inmediatamente tendría una objeción. Después de años de turbulencia y conflicto, decidieron terminar la sociedad.

Análisis del caso

El deterioro de la relación entre José y Tania puede atribuirse en parte a ciertos factores personales e interpersonales: el temperamento impetuoso e insensible de José, la necesidad de Tania de tomar en cuenta otros factores; la diferencia de sus intereses, estilos personales; la necesidad de Tania de estar pendiente de factores no tan obvios, como las emociones y la capacidad de la gente para absorber los cambios y el crecimiento, y las expectativas de José de crecer y aprovechar las oportunidades. Estos factores son reales y jugaron sin duda una parte en el proceso de deterioro de la relación. Sin embargo, existen ciertos factores que pudieron ser vivenciados como personales y que en realidad no lo eran. Desde el momento en que la sociedad se estableció, algo comenzó a ocurrir en el sistema. La complementariedad de sus miembros se puso en evidencia. Desde la perspectiva del sistema, esa complementariedad era necesaria y funcional. Algunos aspectos de esa complementariedad pueden ser más funcionales y útiles que otros, esto es señal de que el sistema está vivo y desarrollando sus posibilidades, adaptándose a su medio, interaccionando efectivamente con éste. Cuando entendemos el proceso de los sistemas, le damos la bienvenida a la complementariedad y estamos preparados para manejarla, lo que contribuirá al mejoramiento individual y del sistema. Por lo tanto, el deterioro de la relación se origina también en factores sistémicos: en la inhabilidad de sus miembros de reconocer, entender y manejar la complementariedad que se evidencia en un sistema. Si no fuese por el carácter expansivo y el empuje de José, el crecimiento hubiese sido más lento; al mismo tiempo, si no hubiese sido por lo conservador de Tania y por su sensibilidad a las necesidades de otros, el crecimiento no hubiese sido tan estable y seguro. Esta complementariedad, desde el punto de vista del sistema, fue asertiva y funcional, aun cuando desde el punto de vista personal producía gran dolor y frustración a sus miembros. El crecimiento surgió de la tensión de esas dos fuerzas. Con el tiempo, esa tensión se comenzó a percibir como dañina, no funcional; se convirtió en una pesadilla.

Cuando no se maneja una perspectiva sistémica, explicamos el conflicto como consecuencia de debilidades y encontronazos personales, la mezcla desafortunada de dos patrones diferentes de motivación, temperamento y valores. Desde el punto de vista sistémico, se puede ver como algo que creció o fue exacerbado por funciones adaptativas del sistema. En el intento por desarrollarse y al mismo tiempo sobrevivir, la sociedad adquiere habilidades especiales para, por un lado, empujar más allá de sus límites (expansión) y frenar para no ir más allá de sus recursos y no llegar finalmente al punto de quiebra (conservación).

El problema no fueron las diferencias, ya que éstas fueron funcionales, el problema fue la manera como Tania y José las manejaron. Éstas fueron vistas como mutuamente exclusivas y no como la tensión, de la cual una nueva y más productiva dirección podía surgir. Se sentían amenazados por estas diferencias y, por lo tanto, estaban permanentemente a la defensiva, y personalizaron la posición. Está claro que José y Tania desarrollaron posiciones estereotipadas: José, el depositario de un estilo expansivo-riesgoso; Tania, la sensibilidad-cautelosa.

De complementariedad a polarización a complementariedad congruente

Con el desarrollo de la sociedad, emergen tópicos relacionados con la expansión *versus* la cautela. Cada uno de sus miembros comienza a expresar sus tendencias "naturales". Con cada nueva situación, cada uno se dirige "automáticamente" a su más fuerte inclinación y "contra" la inclinación del otro. Al final, se polarizan en una posición.

Cuanto más consistentemente un socio actúa dentro de una posición, más consistentemente el otro actúa en su inclinación para contrarrestarla. Para José, Tania era toda conservadora, y hasta cobarde. Tania ve a José todo expansión y hasta riesgoso y "loco". Cada confrontación probaba que ninguno de ellos podía contar con el otro para respaldarlo en su inclinación "natural", sólo podían contar con resistencia y así caminaban cada vez más hacia la polarización.

Complementariedad sin polarización

El reto entonces es fomentar la complementariedad sin que la polarización emerja. Para lograr esto, primero hay que entender que no existe en la otra persona una enfermedad personal, que el fracaso radica en no ver el proceso sistémico. Segundo, hay que ver la complementariedad en el sistema como funcional y productiva, usando esas diferencias como en un proceso de adaptación, donde las inclinaciones "naturales" tienen un valor legítimo para el sistema como un todo, y cada uno refleja un aspecto de la complementariedad. Tercero, entender que el sistema no comenzó polarizado: 100% conservador contra 100% riesgo.

Cuanto más reaccionan los actores ante alguna amenaza hacia sus tendencias, ignorando su lado débil representado en la tendencia/fortaleza del otro, más polarizado se vuelve el sistema. Por lo tanto, ver esas dificultades como sistémicas es verlas como reconciliables y manejables.

Si podemos aceptar que somos diferentes, que percibimos el mundo según influencias culturales profundas, que nuestras necesidades y expectativas tienen diferentes caminos para ser satisfechos, entonces hombres y mujeres no tendrán la necesidad de cambiar al otro conforme a su imagen, trabajarán esas diferencias, aceptarán al otro con total entendimiento de su realidad y generarán una complementariedad congruente.

¿Cómo mirar más allá de la persona ?

Es relevante recordar la película *El mago de Oz*, cuando el viejo Frank Morgan, personificando al mago, es desenmascarado y expuesto como un impostor. Dorotea y sus tres amigos, en actitud reverente, están en la habitación del mago escuchando su atronadora voz y contemplando el imponente rostro que aparece en la pantalla, cuando el perrito de la niña, Toto, se lanza hacia un cuartito encortinado y descorre la cortina, dejando al descubierto a Morgan, que está allí manipulando palancas, hablando por un micrófono y haciéndoles creer que la imagen proyectada era la del mago, que todo lo sabía y al cual había que tratar con respeto. Dorotea, enojada por el engaño, acusa al supuesto mago de ser un hombre malo. Este responde: "No soy un mal hombre; soy sólo un mal mago".

Esta frase, montada y encuadrada, sería una cita útil para colgar en la pared de la oficina de los gerentes, porque recuerda que lo que la gente hace está separado de lo que la gente es. En el campo de la gerencia tratamos con lo que las personas hacen, y no con lo que son. O al menos así es, en teoría, como deberíamos relacionarnos con la gente. Por desgracia, los gerentes a menudo caracterizan y califican a las personas por sus rasgos y personalidad, más que por su conducta.

Hace muchos siglos la Iglesia propagó un lema: "Ama al pecador; odia el pecado".

Muchos gerentes no creen que algunas de las personas con las que trabajan podrían ser sus aliados; los ven como pecadores o adversarios que podrían intentar perjudicarlos. El empleado que no parece estar motivado para trabajar bien, lo etiquetamos como "flojo". El gerente que manifiesta una opinión discrepante "hace politiquería y quiere triunfar a mi costa". El jefe con quien no me llevo bien "tiene favoritismos y comete injusticias". Tendemos a personalizar nuestras disidencias. Atacamos a la persona más que a la conducta o al problema que estamos tratando de resolver. Cuando nos interrelacionamos, el único aspecto de las personas que estamos realmente en condiciones de juzgar es su conducta. Usted puede observarla y valorarla. Puede oírla. Puede describirla. Usted es un experto en materia de sus propias percepciones. Esto no significa que otra persona vaya a estar de acuerdo con lo que usted ha percibido.

Su interlocutor no puede negar que usted haya tenido determinadas percepciones. Sólo podrá decir: "No estoy de acuerdo, eso no es lo que yo vi". No puede decir –y esto es realmente importante–: "Así no sucedió". Si bien puede haber ocasionales discrepancias acerca de lo que se vio y se oyó, a menudo hay algún terreno común en el que la gente puede ponerse de acuerdo. Pero cuando entramos en el mundo de las actitudes y las motivaciones, pisamos un terreno nebuloso. Después de haberse manifestado usted con vehemencia en una reunión, qué sucede si alguien le pregunta: "¿por qué está tan enojado?" Si usted no estaba enojado antes, probablemente se sorprenderá y le molestará esa pregunta, y especialmente si no se ha percibido a sí mismo enojado. Tratará de dar explicaciones, pero la otra persona continuará diciendo: "Sí, sí, pero yo te vi bien bravo". O en la misma reunión, cuando usted responde seriamente a la crítica que se hizo de una idea que usted presentó, y otra persona le dice: "No hay necesidad de ponerse a la defensiva", usted se pondrá a la defensiva. Esa gente le está analizando y catalogando. Quizás usted no crea haber estado enojado o a la defensiva. En tal caso, es probable que se ponga a argumentar que no lo estaba. Mientras tanto, el tema principal se pierde de vista. Y aun cuando estuviera enojado o a la defensiva, ¿qué importancia tiene eso? Recuerde que analizar y catalogar es un modo de desviarle a usted del tema y, al menos por el momento, de tornarlo menos eficaz.

En ocasiones, los gerentes afirman con bastante firmeza: "Cuando alguien cree que puede entrometerse o cuestionarme con impunidad, me hace sentir vulnerable. En el mejor de los casos, me siento expuesto a que me ofendan y en el peor, me siento violado. No siento que sea la manera adecuada de desarrollar intimidad. Debería tocar la puerta, y no irrumpir en mi territorio". Irónicamente, la persona "entrometida" puede estar actuando de buena fe y tener la mejor intención al decirle algo sobre sí mismo que debería saber y podría ayudarlo a reflexionar sobre algún aspecto actitudinal que necesita cambio. Sin embargo, la observación es percibida como una valoración negativa y crítica, que más que como ayuda es tomada como una ofensa, especialmente si esa observación se formuló frente a otras personas.

Este tipo de situaciones hace que un buen número de empleados le tengan pánico a las evaluaciones de su actividad. El objetivo de una evaluación debería ser el de ayudar al empleado a ser más eficaz. En lugar de esto, analizamos factores que poco tienen que ver con el desempeño, como las características de la personalidad, la madurez, el entusiasmo o la lealtad. Y estos son aspectos, además, que no pueden medirse objetivamente. Tenemos la tendencia a hacer comentarios diciendo, "déjame decirte algo objetivamente", sin darse cuenta que todos nuestros comentarios son subjetivos, ya que son moldeados por percepciones basadas en nuestros valores, modelos mentales e historia personal. Para que un comentario pueda ser "objetivo" tiene que originarse en un conocimiento compartido por una comunidad de individuos. De otro modo es una valoración. Si, por ejemplo, digo "yo soy alto", es una valoración sobre mi estatura, ya que todo dependerá de la comparación con la altura del interlocutor o del promedio local de estatura. Pero si digo, "yo mido 1,84 metros", es una observación sobre mi altura. No importa quién ejecute la medición, siempre será la misma. Esta es una de las razones por las que existen tantas dificultades en dar retroalimentación a la gente sobre su desempeño, ya que se les formulan comentarios de juicio de valor tratándolos como observaciones no cuestionables.

Se debe dar importancia a las acciones útiles que el empleado hace para la organización; a los resultados y no a su personalidad. Si en la evaluación el empleado resulta con deficiencias debería relacionarse y "conectarse" esa evaluación con un plan de acción para mejorar el desempeño. Describir a un trabajador diciendo que es simpático, cooperador o voluntarioso para asumir responsabilidades, informa muy poco al lector acerca de la capacidad de esa persona para alcanzar los objetivos acordados por la organización.

Un aspecto importante para la persona evaluada es pedir evidencias de lo que escucha. Por ejemplo: "Por favor, me puede dar evidencias de que mi conducta es...", "¿en qué situaciones, circunstancias usted vio que yo...?", "¿me podría decir más sobre...?" De este modo, sin rechazar el comentario inicial, se ayuda al que realiza la evaluación o comentario a enfocarse en acciones y dejar de lado los aspectos de la personalidad. Este tipo de preguntas también nos ayudará a descubrir aspectos que nos sean difíciles de ver en nosotros mismos. Sí, siempre, si lo que estamos escuchando proviene de una persona que nos quiere ayudar a mejorar, sin malas intenciones. Y, generalmente, esas observaciones se realizan de buena fe.

Los empleados habitualmente no tienen ninguna objeción contra las evaluaciones de rendimiento y las entrevistas que están destinadas y dirigidas a aumentar su eficacia. De hecho, lejos de objetarlas, la mayoría de los empleados acepta de buen grado una revisión y evaluación de sus logros. Pero rechazan, con toda razón, las evaluaciones que requieren una apreciación subjetiva por parte del jefe, o de las que se centran en actitudes y motivos que no pueden ser observados ni medidos de ningún modo. Únicamente se puede medir la conducta, y ésta debería evaluarse en función de las metas cumplidas y no de la inversión de tiempo y energía. Como empleado, puede haber fallado en alguno de sus proyectos u objetivos, pero no es aceptable que la evaluación señale que "es una persona" sin éxito. Existe una diferencia significativa entre juzgar a una persona por lo que es y por lo que puede hacer. No hay malas personas trabajando con nosotros, ni mal intencionados por causas inherentes a su carácter o personalidad. El supervisor, el gerente, tiene que ser capaz de ver la personalidad de la persona separándola de lo que hace o pueda hacer. Esta concepción encierra un desarrollo de más tolerancia hacia la gente, aunque puedan no gustarle algunas de sus conductas. Si usted analiza el concepto presentado, y lo puede aplicar, ciertamente podrá entonces relacionarse con la conducta del individuo influenciándola, pero no atacará a las personas. Critique usted la conducta de la gente. Detéstela, si quiere, pero respete a la persona que hay detrás de la conducta. Deje la personalidad y el etiquetamiento generalizado a un lado.

Las organizaciones y sus individuos serían lugares de trabajo más eficientes y productivos si quienes participan implementan la distinción. ¿Le parece a usted que Frank Morgan en *El mago de Oz* podría haber personificado alguna vez a un hombre malo? Yo pienso que no.

Los refuerzos de la conducta

Los refuerzos, positivos o negativos, tienen un efecto similar: ambos refuerzan la conducta. Obviamente, el *refuerzo positivo* aumenta la conducta positiva y el *refuerzo negativo* aumenta la conducta negativa. La regla fundamental, tanto con los hijos, como en las organizaciones, es decirle a la gente lo que *sí quieres* que haga. El refuerzo positivo, repetido a través del tiempo, dará resultados. No se puede reforzar positivamente con una conducta negativa porque la gente no toma en cuenta las palabras, sino la actitud. Cuando calificamos a un empleado y decimos "él es un flojo" estamos poniéndole una etiqueta a la totalidad de la persona, le estamos asignando un calificativo permanente, dificultándole la posibilidad de cambiar. La persona podrá pensar: "para qué hacer esfuerzos, si a pesar de todo seré juzgado en cualquier momento por un error temporal como si fuera una conducta permanente".

CAPÍTULO 6

*El sanear el mundo
es un trabajo interno personal.*

Gandhi

La inteligencia intrapersonal

Se refiere a conceptos sobre una de las inteligencias necesarias en el desarrollo de la inteligencia emocional: la inteligencia intrapersonal, el manejo de las emociones, el proceso de diferenciación, el desarrollo del pensamiento positivo y las distorsiones cognoscitivas. Estos conceptos proveerán una plataforma para desarrollar una entereza intrapersonal. Esto ocurrirá cuando podamos poner nuestras emociones a nuestro servicio, sin que nos dominen, y a no utilizar distorsiones cognoscitivas y, por lo tanto, a desarrollar pensamientos positivos, sin repetir historias, mitos y patrones negativos. Lo que nos ayudará a enfrentar cualquiera de las adversidades que enfrentemos para convertirlas en oportunidades de aprendizaje y exploración, en vez de amenazas.

Adicionalmente, y como parte del desarrollo intrapersonal, ofreceremos técnicas que proveerán la oportunidad de generar salud lo mismo que una reducción de la ansiedad producida en situaciones percibidas como estresantes. Con este fin introduciremos conceptos de psiconeuroinmunología, relajación progresiva, meditación, visualización guiada y autohipnosis, herramientas dirigidas al fortalecimiento del individuo y sus recursos.

> *Si lo escucho lo olvido, si lo leo*
> *lo recuerdo, si lo hago lo sé.*
> **Proverbio chino**

El conocimiento de la mayoría de las técnicas, aunque importante, es de poco valor si no van acompañadas por la experiencia personal; por tanto, es importante que te familiarices personalmente con ellas por medio de la práctica. En relación con la inteligencia intrapersonal y sus herramientas tú escogerás aquella técnica que más se ajuste a tu idiosincrasia. Es importante que primero las conozcas todas y luego practiques cada día la técnica de tu preferencia. Escoge un lugar tranquilo donde ejercitar sin que te interrumpan. Si ésta es una actividad nueva para ti, explícale a la gente a tu alrededor qué estás haciendo para que te ayuden a mantener tu privacidad. La práctica constante te ayudará a desarrollar un hábito que tendrá resultados positivos en tu vida. Probablemente has escuchado que: "la práctica es la madre de toda pericia". Si no has podido hacer tu ejercicio un día, trata esto como si no hubieras mantenido tu cita con alguien importante en tu vida, inmediatamente define una nueva cita contigo mismo para el próximo día. Si tienes una historia de poca automotivación o poca disciplina, haz tu ejercicio con otra persona, comparte este tiempo y experiencia con otra persona que pueda ayudarte a reforzar tu nuevo hábito. Consulta con tu médico, comunicándole que comenzarás un programa autodirigido de técnicas de reducción del estrés. Podrás así determinar si tus síntomas físicos son causados enteramente por el manejo inadecuado de tus relaciones, de tus emociones o si existe también una causa fisiológica. De ese modo podrás hacer un seguimiento de las posibles mejoras en tu condición.

El manejo de las emociones

*No hay nadie que te pueda ofender
sin tu permiso.*

Eleanor Roosevelt

La naturaleza de las emociones

Típicamente, el lenguaje de las emociones es un lenguaje de conceptos hidráulicos. La tristeza "nos llena"; la rabia "explota"; la alegría "se desborda"; el dolor "viene en olas". Todas estas sustancias fluyen hacia una represa –expresión de la conciencia– que puede elevar o bajar su nivel. Se dice que cuando las emociones son bloqueadas, desarrollan una presión y buscan escape a través de otros canales sustitutos. Esas descripciones tienden a concretar el concepto de las emociones y hacen que nos refiramos a ellas en términos de cantidad (Binstock, 1973).

Resulta frecuente conseguir descripciones que ilustran el uso de esa terminología en nuestro lenguaje. Veamos un ejemplo:

"Tres años después de casarse, el esposo de la señora Reyes murió en un accidente de tránsito. Su duelo y dolor fueron tan inmensos que la pobre mujer milagrosamente pudo aguantarlo. Para poder manejar su pérdida, ella reprimía su rabia y dolor, enterrando sus emociones muy dentro de ella. En los dos años siguientes a la muerte de su marido, pudo funcionar; sin embargo, debido a su soledad y ansiedad, buscó ayuda profesional. En el proceso de terapia, su dolor, mantenido dentro de ella por tanto tiempo, salió a la superficie y pudo descargarlo. Su represión se levantó y fue capaz de ventilar su dolor y rabia".

En esta descripción, se mencionan el dolor y la rabia como cosas que fueron guardadas, archivadas, así como lo hacemos con un archivo o unos zapatos en el armario, y después, finalmente descargadas. Pero, ¿dónde fueron guardados estos sentimientos?, ¿adónde se fueron cuando finalmente la señora los descargó? Si estas preguntas parecen absurdas, es porque revelan las implicaciones del mal uso de las metáforas para describir las emociones (Binstock, 1973). El problema no es el uso inadecuado de las metáforas, pues todas las teorías y conceptualizaciones de alguna manera utilizan algún tipo de metáfora. Pero las metáforas que se utilizan para definir las emociones como cosas o entidades concretas y separadas del pensamiento y la acción las aíslan de su completo contexto humano. Describir a los individuos como recipientes pasivos o depósitos de sus emociones contradice la meta básica de agrandar la esfera del conocimiento y responsabilidad personal. Cuando se dice que los individuos están "luchando con sus emociones", pareciera que las emociones están fuera o dentro de ellos, pero que no pertenecen a ellos. Esta expresión entra en conflicto con el propósito de ayudar a los individuos a darse cuenta de cuál es el grado en que ellos pueden activamente crear y determinar sus propias vidas, aun en dominios que las personas perciben típicamente como fuera de su control. La imagen de un individuo, víctima pasiva o llena y embotellada de emociones, no se reconcilia con la imagen de una persona como agente responsable y activo de su destino.

Es difícil tener en mente que nuestros conceptos emocionales expresan relación, no identifican posesión. Por ejemplo, sentir rabia no es tener algo, es relacionarse de una manera particular. Aun cuando decimos "la roca es dura", como si la dureza fuera una posesión de la roca, la dureza se refiere a su relación con otras cosas, quiere decir que si yo la golpeo será mi pie el que salga perdiendo; otro será el caso si utilizo un gran martillo para golpear la piedra (Bohart, 1980). Términos como rabia tienen implicaciones de disposición y actitud. La rabia de alguien no es algo dentro de ese individuo, pero sí describe su propensión a defender cierto territorio en ciertas circunstancias. Las emociones identifican primordialmente desempeños que ocurrirán en algún contexto. En particular, las emociones se refieren a una clase de acciones parcial o totalmente bloqueadas (Efran y Spangler, 1979).

¿Quién siente ansiedad: el espectador o el jugador que encesta la pelota?; ¿el gerente que espera entrar para presentar su proyecto a la junta directiva o el gerente involucrado en su presentación? En estos dos casos, los individuos que no están involucrados en una acción son aquéllos que estarán involucrados en una experiencia emocional, no tienen control sobre la continuidad de la acción.

La rabia, por ejemplo, es una respuesta a un bloqueo en la búsqueda de una meta; sin la obstrucción, la experiencia no se consideraría "emocional". Las acciones vigorosas, completas y efectivas, sin obstáculos particulares, podrían considerarse impetuosas o de connotación agresivas, pero la rabia sólo ocurre en la medida en que esas acciones son ineficaces o incompletas. La persona "rabiosa" es la que se queda frustrada y protestando, amenazando o fantaseando en venganza y retaliación. De la misma manera, otros términos de emociones se refieren a acciones dirigidas a una meta que no se ha completado o por la que todavía hay una anticipación o han sido temporal o totalmente restringidas (Berkowitz, 1962). Un ejemplo común y familiar es la "excitación" conectada con la expectativa de abrir un regalo de cumpleaños. A veces, el regalo mismo es un pobre sustituto para la experiencia de excitación, la anticipación de descubrir qué pueda ser el regalo. Después, a veces sucede que son sólo cosas. Tomando un ejemplo diferente, cuando pierdes las llaves del carro, te involucras en varias acciones de búsqueda. La meta es clara y los medios de restitución son usualmente obvios. Por su parte, cuando algún ser amado muere, entonces te involucras en una búsqueda sin contar con un medio apropiado, lógico y satisfactorio para obtener la restitución. A esta protesta sin satisfacción la llamamos duelo. Efran y Spangler (1979) sugieren que el duelo se refiere a nuestro esfuerzo por "encontrar" la persona perdida, restaurar un sentido de él o de ella o recrear la relación por medios sustitutos. La persona en duelo revisa repetidas veces las circunstancias en las cuales murió la persona amada, en un intento por renovar alguna forma de acción. Es importante hacer notar que esas acciones no son muy diferentes en el caso de las llaves perdidas, aun cuando las emociones involucradas en el duelo son más intensas ya que la pérdida es más significativa y los caminos de restitución son más limitados.

El comportamiento de escape o evasión sólo se convierte en "miedo" cuando la salida está bloqueada. En accidentes de automóvil, es típico escuchar que los individuos que salieron de él no sintieron ni miedo ni ansiedad hasta que las acciones efectivas de escape no culminaron satisfactoriamente. Así, aunque el peligro objetivo de la situación puede ser grande, se siente poco o ningún miedo durante un completo involucramiento en la acción. Mientras algún tipo de acción relevante es posible, hay poca experiencia de miedo. Los actores o los gerentes confiesan tener algún tipo de ansiedad cuando están esperando para presentarse ante una audiencia específica, pero no durante la presentación en sí; por lo tanto, deberíamos llamar a este fenómeno "miedo de la espera".

Hasta ahora hemos argumentado que las emociones se refieren a acciones parcial o totalmente bloqueadas. Sentir es una acción, no un sustantivo; por lo tanto, sentir es hacer algo, no tener. La rabia no reside en ningún lugar, es una meta que ha sido bloqueada; en otras palabras, si no hay equipo contrario, no hay juego y si no hay juego, no hay jugadores.

Las emociones: el proceso difásico

Para hacer un esfuerzo por entender los eventos que etiquetamos como emociones, es importante que involucremos las dos fases del proceso de adaptación para enfrentar obstáculos (Efran y Spangler 1979). Primero está la activación, cuando una meta ha sido bloqueada, y segundo, la recuperación, cuando el obstáculo es superado o la meta ha sido pospuesta o se ha renunciado a ella. Cada fase tiene señaladores fisiológicos y psicológicos diferentes.

La fase de activación tiende a ser asociada con las respuestas del sistema nervioso simpático y la recuperación representa un cambio al parasimpático (Kahn 1996).

En ocasiones hemos notado que ciertas manifestaciones más asociadas con los conceptos de emociones, como lágrimas y risa, ocurren en la segunda fase (parasimpático) y no en la primera. Los individuos no lloran o ríen durante el proceso de activación (simpático), lloran y ríen después de haberse excitado, durante la fase de recuperación de la excitación.

En la primera fase, en la activación, los recursos individuales están centrados en trabajar para resolver el problema. El niño perdido cuando está buscando a la mamá, el chofer al volante cuando está patinando y tratando de enderezar el carro, y el gerente tratando de convencer a su jefe o a su subalterno. Mientras están trabajando e involucrados en resolver el problema, están muy ocupados para sentir alguna emoción. Están en la primera fase. Sólo cuando la meta ha sido alcanzada o pospuesta o se ha renunciando a ella, entonces el sistema, nuestro organismo, cambia y vira hacia la recuperación. Con la recuperación, el sistema experimenta la sensación de estar "liberado". No son las emociones las que son descargadas, es la búsqueda activa de la solución al problema lo que amenaza al sistema.

No es de extrañar que los individuos estén confundidos sobre si las lágrimas y el llorar sean buenos o si indican problemas. Llorar indica resolución parcial o total; es la indicación de que el sistema ha sido capaz de virar hacia la recuperación y el problema ha sido pospuesto, cedido o resuelto. Llorar también es una señal de presión y sufrimiento, indica que el equilibrio del sistema ha sido amenazado y frustrado. Las lágrimas son una señal de reducción de la tensión. Llorar no es lo que hace que las personas se sientan bien, es la recuperación la que logra esa sensación.

Refiriéndonos a los términos de Piaget, en la fase uno, de activación, nos encontramos con un problema de asimilación, mientras que en la fase dos, de recuperación, observamos acomodación (Flavell 1963).

Nuestro lenguaje tiende a oscurecer las similitudes entre las diferentes manifestaciones de liberación, incluyendo las lágrimas, la risa, y los gritos de rabia. Muchos hemos tenido la experiencia de no estar seguros de lo que expresa realmente una persona cuando está riendo o llorando y, por supuesto, la risa puede terminar en lágrimas y viceversa. Todas las formas de "descarga emocional" tienen en común que están precedidas por un evento de reactivación (fase uno) y parte de un proceso de recuperación (fase dos).

Según Efran y Spangler (1979), la mayoría de las culturas establecen prohibiciones sustanciales en demostraciones emocionales (fase de recuperación). En la recuperación el organismo entra en "fuera de servicio" con relación a la meta que ha de alcanzar. Con niños (y / o niñas) pequeños eso es permisible. El niño (y / o la niña) está agobiado, es incapaz de asimilar, cede, rápida y fácilmente hace un viraje hacia la recuperación con lágrimas como una manifestación externa del viraje. Esto alerta a los padres para ir en su rescate, restaurando un ambiente en que puedan asimilar y quitando cualquier fuente de presión, a veces proveyendo un nuevo recurso adicional o mostrando una estrategia para resolver el problema. Los niños (y / o las niñas) pueden ceder más rápidamente cuando saben que el rescate está próximo o cercano.

Por lo tanto, el niño que está solo y perdido puede continuar trabajando en el problema y quedarse sin llorar hasta que un adulto aparezca y ofrezca ayuda, será entonces cuando el niño ceda y comience a llorar. El llanto comienza sólo cuando los esfuerzos de resolución son abandonados.

Pero lo que está permitido a los niños está prohibido a los adultos. No queremos que los gerentes "dejen de actuar / estén de asueto". Tradicionalmente se espera de los hombres que sean "cazadores " y "protectores", en consecuencia, muestren una particular resistencia a ceder en el enfrentamiento con los obstáculos. Por lo tanto, los niños aprenden el valor de inhibir los signos de debilidad y miedo y desarrollar técnicas para mantenerse en una pieza o retirarse antes de estar en situaciones de bochorno.

De las niñas se espera, como hemos mencionado anteriormente, que asuman roles de apoyo, y son castigadas si demuestran actitudes de rabia y protesta; aprenden a abstenerse de pelear y a no utilizar expresiones verbales agresivas. Es a ellas a quienes se les permite entrar más fácilmente en recuperación.

La fase de recuperación no necesita ser interrumpida y puede ayudar a señalar la naturaleza del bloqueo y el modo en que debe ser manejado; así mismo, no es necesario reforzar o alabar esas manifestaciones de recuperación. Llevar a las lágrimas, a la risa o a los gritos no debe ser una meta en sí misma. No hay necesidad de asumir la cantidad de lágrimas o el volumen del grito como medida del éxito; no son las lágrimas en sí lo valioso, sino los eventos que permitieron al organismo virar hacia la recuperación (Hart 1975).

El proceso difásico que hemos descrito es un proceso natural que no necesita tutoreo; es decir, los individuos no necesitan que se les enseñe cuándo llorar, reír o gritar por alegría o rabia. Quizás necesitan recibir la aprobación para permitirse la recuperación en vez de mantenerse tensos o escaparse, física o psicológicamente, del lugar para evitar demostraciones de recuperación. Por lo tanto, es importante aclarar que lo que ha sido bloqueado no son las emociones, sino la acción dirigida a alcanzar una meta (Chein 1972).

El manejo de las emociones

Las personas pueden relacionarse con sus emociones, estar conscientes de lo que están pensando y sintiendo y cómo poner las emociones a su servicio para que no les dominen. Esto no significa dejar de sentir, no tener rabia, tristeza, ansiedad, miedo; no se trata de convertirse en un autómata, sino de ser un maestro de las emociones, poniéndolas a nuestro servicio.

De alguna manera, se trata de la adopción de decisiones personales. Las personas están dotadas de un circuito que les permite reaccionar y actuar frente a estímulos externos o internos, a veces más rápidamente que en los procesos conscientes. Al relacionarse con estos procesos, es posible lograr que la reacción consciente se vuelva cada vez más cercana a la acción que está sucediendo y se puedan generar opciones que impidan reacciones automáticas. La proactividad, definida como la capacidad de anticipar acciones, es también la capacidad de separar la reacción del estímulo, de responder generando opciones. La diferencia entre nosotros los humanos y otros animales es nuestra capacidad de reflexionar y generar opciones frente a un estímulo.

Generar opciones
para poner las emociones a nuestro servicio

No hay emociones negativas. Todas son signos que nos ayudan a prepararnos para responder a diferentes situaciones o circunstancias. Si alguna situación nos produce miedo, nuestro cerebro, producto de nuestra herencia genética, está muy bien programado para responder por medio de dos reacciones: luchar o escapar. La glándula pituitaria en cierta forma tiene la responsabilidad de la supervivencia y, cuando percibe una amenaza, segrega hormonas que a su vez desencadenan efectos en el cuerpo que nos permitan responder a la situación. Por ejemplo, si el cerebro interpreta que la respuesta es el ataque, hace que se contraigan las vísceras y que la sangre vaya a las extremidades superiores para poder empuñar mejor el arma. Cuando la decisión es escapar, la sangre va a las extremidades inferiores para poder huir con más rapidez.

Cuando no se produce una reacción relacionada con la acción y se cae en la parálisis, la persona percibe que la situación está más allá de sus condiciones físicas o mentales, que no puede manejarla y produce entonces un distanciamiento que puede reflejarse en parálisis y a veces también se desmaya (neurosis de guerra) o se duerme. Se trata de una evasión, de la necesidad de evadir la situación interpretada como amenaza.

Modelo para el manejo de las emociones

Disponemos de opciones para manejar las emociones. Ellas no son algo que tengamos dentro o fuera, sino que deben verse en términos de relaciones y esas relaciones se pueden manejar. Las emociones, como vimos anteriormente, van a aparecer cuando haya una acción parcial o totalmente bloqueada, cuando no tengamos el control parcial o total de la situación o cuando no podamos involucrarnos en la acción.

El instrumento que nos permite manejar las herramientas que nos perjudican se relaciona con una intervención paradójica: prescribir el síntoma. En palabras más sencillas lo llamamos "judo emocional". Se trata de absorber la energía o fuerza y ayudarla a que continúe su movimiento. Por ejemplo, cuando un niño dice: "hay un monstruo en el armario", si simplemente le dices que los monstruos no existen, su miedo puede aumentar o mantenerse, pero jamás disminuirá. Nunca se puede decir ni a uno mismo ni a las otras personas "eso no existe". De alguna manera, todos tenemos algún monstruo, alguna emoción, que a veces no tenemos a nuestro servicio.

Para manejar las emociones debemos, en primer lugar, tener plena conciencia de lo que se está sintiendo, en qué circunstancias y a qué está asociado. Al niño se le responderá: "vamos a ver ese monstruo, vamos a ponerle un nombre, a ponerle colores". Se trata entonces de familiarizarse con el monstruo; que no sea tu enemigo; reconocer al monstruo, darle nombre y espacio. De la misma manera podemos reconocer la emoción, definir la situación en que sentimos incomodidad, aceptarla como válida, tanto la emoción como la situación.

Cuando las personas sienten, por ejemplo, ansiedad, la respuesta no es decirse "no, no, yo estoy bien, estoy controlado, como si nada estuviese sucediendo...". Las evasiones nunca producen resultados. La paradoja es prescribir el síntoma. Cuando se prescribe el síntoma, éste tiene la tendencia a desaparecer. Mientras más cabida se le da a una emoción, más rápido desaparece. Se trata entonces de absorberla, darle la bienvenida, utilizar la energía de esa emoción para ayudarla a que continúe su movimiento. No se puede luchar contra las emociones, son parte de la persona, de uno mismo. Se trata entonces de tenerlas a nuestro servicio, para que no nos agobien y dominen.

El segundo paso es aceptar la emoción y darle la bienvenida a ese "monstruo". Mientras más se hable sobre algo, menos importante se vuelve. Entender por qué la emoción está ahí, que la acción ha sido bloqueada, y al mismo tiempo saber en qué acción involucrarse, decirnos a nosotros mismos "ven ansiedad, acompáñame para seguir haciendo lo que tengo que hacer, yo sabía que ibas a aparecer". Así podremos tener la emoción a nuestro servicio y alcanzar nuestros objetivos. Si repetimos este mensaje, aun cuando la emoción siga ahí, resultará menos agobiante.

Por lo tanto, los posibles pasos para el cambio serían:

1. Concientizar en qué circunstancias y con qué individuos tengo la tendencia a involucrarme para que se generen emociones que son difíciles de tener a mi servicio.

2. Si puedes involucrarte en una acción para resolver un conflicto interpersonal o alcanzar algún objetivo, ese movimiento hacia la acción ejercerá una influencia en la intensidad de la emoción.

3. Si no puedes involucrarte en una acción en ese momento particular y, por lo tanto, no hay posible movimiento hacia una acción, ejercita la intervención paradójica.

CAPÍTULO 7

Si quieres sentir
la caricia del sol,
tienes que dejar
la sombra
de tu árbol genealógico.

Anónimo

El proceso de diferenciación

Cuando crecemos dentro de nuestras familias, somos influenciados por las tradiciones, mitos o modelos mentales transmitidos, algunos de generación en generación y otros creados por ese núcleo familiar actual. Algunos de esos mensajes son positivos, otros negativos y, aunque nunca fueron transmitidos con la intención de causar daño, algunos lo hacen.

El proceso de diferenciación es aquél en el cual podemos estar cerca de otras personas, incluyendo nuestra familia de origen, sin ser influenciados por ellos (Bowen 1974). Esta diferenciación nos ayudará a aceptar nuestra historia personal, entender que esos individuos, significativos en nuestra vida, hicieron su mayor esfuerzo y, por lo tanto, disculparlos si es necesario; y crear así nuestras propias tradiciones, conservando las positivas. Para internalizar este proceso es importante entender algunos aspectos fundamentales:

1. El proceso de diferenciación es un concepto intrapsíquico e interpersonal. La diferenciación intrapsíquica es la habilidad de separar las emociones de los pensamientos. Los individuos no diferenciados no pueden separar las emociones de los pensamientos, su intelecto está agobiado e "inundado" por emociones, tienen dificultad para pensar objetivamente y en ocasiones pierden las proporciones. Sus vidas están gobernadas por un incremento en las emociones de las personas que los rodean, adhiriéndose a ellos ciegamente o rechazándolos.

La persona diferenciada, por su parte, no es un ser frío que sólo piensa y no siente, sino que es capaz de balancear pensamientos y sentimientos, emociones fuertes y espontaneidad, también puede contener emociones y tenerlas a su servicio. Las personas no diferenciadas tienden a reaccionar emocionalmente, de manera positiva o negativa, a los dictados de miembros de la familia o de su entorno laboral, cultural, religioso, etc.; tienen poca identidad autónoma y, por lo tanto, están fusionados, tienen dificultad para separarse de los demás, especialmente en asuntos importantes. Asumen una seudoindependencia a través de la contra conformidad o complacencia. Por el contrario, los individuos diferenciados son capaces de asumir posiciones firmes sobre temas de importancia, pues son capaces de pensar en los procesos, decidir y actuar basados en sus creencias; esto les permite estar en contacto con otros sin estar moldeados por ellos (Guerin 1976).

2. El proceso de diferenciación es aquél por el cual entendemos la transmisión de tradiciones, mitos, patrones de conducta; por el cual podemos distinguir los positivos de los negativos y, por lo tanto, cambiar o eliminar los negativos y modificar los positivos para ajustarlos a las necesidades nuevas. Por ejemplo, es positivo el mensaje de autorrealización, esfuerzo personal y la no dependencia de otros para alcanzar nuestros objetivos. Sin embargo, es negativo el mensaje que siempre lo ha acompañado y que dice que nunca le pidas ayuda a nadie, que la vida es dura y que la gente está pensando únicamente en sus necesidades y que por eso hará cualquier esfuerzo para derrotarte, si así lo exigen sus objetivos (Fogarty 1976, Bowen 1974).

El problema relacionado con la expresión de tradiciones con mensajes negativos es que son transmitidas de generación en generación. Viéndolo de esta manera, el problema no reside en el individuo, sino en una secuencia multigeneracional de tradiciones donde todos en la familia se convierten en actores y reactores. Podemos observar, por ejemplo, que en algunas familias las mujeres han ocupado por generaciones un papel secundario en el ámbito público, han desempeñado el papel de satisfacer las necesidades emocionales de los hombres y no han sido tomadas en cuenta con respecto a las decisiones familiares importantes. En esas familias, las madres transmitirán mensajes a sus hijos e hijas que mantendrán y reforzarán esa posición. A pesar de los cambios y avances en el contexto social y aun queriendo cambiar, esos hijos e hijas establecerán relaciones interpersonales profundamente moldeadas por la fuerte influencia familiar. Aun sabiendo que existen patrones diferentes en otras familias y hasta añorando a veces haber nacido en ellas o prometiéndonos no repetir esos patrones negativos, tendemos a repetir la historia y expresar con asombro esos mismos patrones, ya que eran esos los que estaban en el repertorio de la conducta.

3. Podemos cambiar por medio del proceso de diferenciación y no repetir tradiciones ni patrones de conducta negativos.

I. El proceso de diferenciación comienza con actos de conciencia, reconociendo cuáles fueron los patrones, mitos, modelos y tradiciones transmitidos; reconociendo cuáles queremos mantener porque nos ayudan a crecer y desarrollarnos, y también cuáles nos hacen daño. Por ejemplo, una joven que, sin importar los esfuerzos que haga, los éxitos logrados, las posiciones alcanzadas, tiene la sensación de que nunca nada es suficientemente bueno y siente insatisfacción. Muy a menudo, en contacto con sus padres, todo es percibido por ella como crítica e insuficiente. Sus decisiones son enfrentadas con juicios de valor o menospreciadas.

II. El segundo paso es la reconciliación con el pasado. Esto puede hacerse por medio de preguntas: ¿Hicieron mis padres su mayor esfuerzo?, ¿pudieron ellos haberlo hecho diferente?, ¿pudieron ellos haber evitado críticas, juicios, menosprecios?, ¿puedo cambiarlos en su actitud o conducta?, ¿qué piensan y sienten de sí mismos un padre y una madre que no pueden evitar criticar o juzgar?

Cuando, por medio de nuestras respuestas, nos damos cuenta de que ellos hicieron sus mejores esfuerzos, que si lo hubieran podido hacer diferente sin duda lo hubiesen hecho, pero en ese momento no tenían otras herramientas de conciencia o conocimiento, que quizás ellos fueron tratados de modo similar y eso simplemente es lo que ellos sabían hacer para expresar preocupación o amor, o que pensaban que esa era la manera correcta de actuar. Aun cuando no lograron satisfacer nuestras expectativas y necesidades, debemos entender que lo que tenemos que cambiar son nuestras expectativas hacia ellos, y no a ellos mismos; que en lugar de quejarnos de lo que no pueden dar, debemos aceptar lo que sí pueden y saben dar, aun cuando eso sea a menudo la crítica y el juicio. Porque cuando hay claridad de expectativas, no puede haber decepción.

Si logramos, profunda y genuinamente, estar convencidos de estas respuestas, podemos entonces comenzar a perdonar todos los daños sufridos y con ello crear nuestras propias tradiciones: podremos hacer todo lo que nos propongamos, merecer amor, asumir riesgos, independientemente de que éstos nos lleven al éxito o al fracaso, si son lo suficientemente buenos ya que también nosotros, en ese momento particular, estamos haciendo nuestro mayor esfuerzo. Si lo hubiéramos podido hacer mejor, ya lo hubiésemos hecho.

Eso indica que estaremos dispuestos a analizar nuestras acciones a fin de mejorar; sin embargo, el análisis se hará para comprender con actitud de explorador, no de juez autoflagelante.

Las escogencias de cambio sólo se pueden hacer en el presente. Esto significa que es recomendable ver con claridad la posición actual. Naturalmente, se puede entender el hecho de sentir dolor y pena por los errores del ayer, pero sería una equivocación permitir que el pasado se convierta en una prisión.

El pasado sólo es un banco de información del cual podemos aprender, no una red donde estamos atrapados. Podemos caminar sólo un camino a la vez y nunca sabremos qué hubiese sucedido, si hubiéramos tomado otro. Así, aunque esa decisión haya sido tomada con todas las precauciones o haya sido escogida con espontánea impetuosidad, era la mejor que en ese momento pudimos tomar. De otra manera, hubiésemos tomado otra, y entonces esa hubiese sido la mejor que hubiéramos podido tomar, y así hasta la eternidad...

Autoestima

Primero está la soledad,
en las entrañas
y en el centro del alma:
ésta es la esencia, el dato básico,
la única certeza,
que solamente tu participación
te acompaña,
que siempre bailarás con tu sombra,
que esa tiniebla eres tú...
...Acaso una noche aparece el amor
y todo estalla
y algo se ilumina dentro de ti
y te vuelves otra...
Pero no olvides,
especialmente entonces,
cuando llegue el amor y te calcine,
que primero está tu soledad
y luego nada,
y después, si ha de llegar,
está el amor.

Darío Jaramillo Agudelo

De los juicios que hacemos en nuestra vida, ninguno es tan importante como el que hacemos sobre nosotros mismos.

Nuestra vida evoluciona en medio de una red infinita de relaciones interpersonales. Sin embargo, cuando estamos solos, establecemos la conciencia de que la relación más poderosa y más íntima de la cual no podemos escapar es la relación con nosotros mismos.

Todos los aspectos de nuestros pensamientos, emociones y acciones está influenciada por nuestra autoevaluación. Nos evaluamos, nos cuestionamos permanentemente, nos preguntamos: ¿Quiénes somos?, ¿qué queremos?, ¿cuál es nuestro propósito?, ¿es mi comportamiento apropiado para alcanzar el(los) propósito(s) de mi vida?, ¿estoy orgulloso de mis acciones?, ¿qué puedo aprender de mis errores?, y así un sinnúmero de preguntas.

Ese encuentro con nosotros mismos afecta cada una de nuestras experiencias significativas desde el nivel de la autoestima que desarrollaremos, la persona que escogemos para compartir nuestra vida, las ambiciones y metas que establezcamos, por quién nos dejaremos influenciar y qué conducta ética estableceremos. Por lo tanto, en el curso de nuestro desarrollo inevitablemente enfrentamos una variedad de cuestionamientos que se centran en último lugar en: ¿Soy congruente?, ¿estoy comportándome fielmente con mis principios y con lo que quiero ser?, ¿es el propósito esencial de mi vida alcanzar mi potencial y llenar mis expectativas o es vivir en complacencia con otros y llenar sus expectativas?, ¿vivo de acuerdo con mi visión o con la de otros?, ¿es mi preocupación mi propia aprobación o la de otros?

El modo en que nos relacionamos con nosotros mismos afecta cómo nos relacionamos con nuestro entorno social y qué tipo de relaciones establecemos lo que a su vez afecta cómo nos relacionamos con nosotros. Empezamos con nosotros y terminamos con nosotros. Uno de los pasos y quizás el primero para alcanzar un alto nivel de autoestima es la escogencia de vivir conscientemente en relación con cada una de nuestras decisiones, acciones, emociones, deseos y necesidades. Es la escogencia de pensar independientemente y tener el valor de hacernos dueños de nuestros propios juicios y percepciones. Para esto se requiere una gran integridad y congruencia, lo cual tendrá una repercusión en el estado mental general del individuo, así como la autoestima tendrá influencia sobre el comportamiento del individuo en sus relaciones interpersonales, laborales y familiares.

> *La más grande maldición*
> *que puede caer sobre un hombre*
> *es cuando comienza a pensar*
> *negativamente*
> *sobre sí mismo.*
>
> **Goethe**

Una de las grandes barreras para alcanzar el éxito y la sensación de autorrealización, no es la falta de talento o de inteligencia, sino que la posibilidad de éxito y autorrealización esté fuera del autoconcepto o de la imagen que ese individuo tiene de sí mismo; la profecía de autocumplimiento constituye uno de los elementos más poderosos que influyen en la manera como actuamos, donde el individuo se impondrá barreras en su intento de alcanzar sus objetivos ya que no percibe la autorrealización y satisfacción personal como parte de su destino. Por lo tanto es importante entender lo que significa autoestima.

La autoestima puede entenderse mejor como la integración de la autoconfianza y el autorrespeto. La autoconfianza es conciencia en la evaluación de la eficacia de nuestras acciones en el manejo de las tareas en nuestras circunstancias y realidades. En cambio el autorrespeto es la sensación de valor personal, la capacidad de disfrutar de los resultados de nuestros esfuerzos, por un lado, algo como, ¿soy competente en mis escogencias, en satisfacer mis necesidades?, y, por el otro, complementariamente, ¿puedo y tengo el derecho de ser feliz?, algo como, ¿puedo y tengo el derecho de que otros me quieran?, ¿puedo y tengo el derecho de exigir que me traten con respeto? Por lo tanto, autoestima es la evaluación que hago de mi persona, no es la evaluación de un éxito o un fracaso particular, ni tampoco la evaluación de alguna habilidad o conocimiento puntual. Existen individuos que son muy capaces en ciertas situaciones, y aunque evaluados como competentes y hasta admirados por otros, no lo son para sí mismos. Una de las reglas fundamentales de la autoestima que pudiera ejemplificar lo mencionado arriba es: "Si tu autoestima depende de factores externos a ti, estás en problemas". Eso quiere decir que si tu autoestima depende de quién te quiere, de quién te tiene miedo, del dinero, del celular, del carro, de la posición social, etc., estás enfatizando aspectos pasajeros externos inconsistentes.

Autoestima es la experiencia personal de sentirse apropiado para la vida y las exigencias y retos que ella presenta. Es la disposición positiva de vivir de acuerdo con mis posibilidades de crecimiento y desarrollo definiendo y alcanzando mi propósito. Por el contrario, poca autoestima es la experiencia de sentirse inadecuado para enfrentar las exigencias y retos de la vida respondiendo con acciones que reflejan mediocridad o desesperanza. Por eso nuestra admiración está dirigida hacia aquellos individuos que son leales a su visión y perseveran aun enfrentando obstáculos y retos complejos. Los individuos con gran autoestima buscan el estímulo que proporcionan las metas exigentes, por lo tanto, sólo perseveraremos mientras confiemos en la eficacia de nuestras acciones, pensamientos y emociones.

Aun cuando la autoestima es sólo uno de los elementos necesarios para cumplir exitosamente con nuestro propósito de vida y no garantiza felicidad en sí misma, un alto nivel de autoconfianza y de autorrespeto está relacionado estrechamente con la habilidad de disfrutar de nuestros esfuerzos y de encontrar así fuentes de satisfacción en nuestra existencia.

Es importante enfatizar que el concepto de autoestima no es competitivo ni comparativo, no está definido en términos de superioridad ni de sobrestimación de las habilidades personales.

Podemos resumir la autoestima como:

1. Hacer bien – confianza en nuestra habilidad de pensar y manejar los retos básicos de nuestra vida.

2. Sentir bien – confianza en nuestro derecho de ser felices, de sentir que valemos la pena, junto con el derecho de llenar nuestras necesidades y deseos y disfrutar de los resultados de nuestros esfuerzos.

Sin embargo, no existe técnica eficiente para enseñar el desarrollo del segundo punto, sentir bien, sin antes enseñar a hacer bien. Por lo tanto las emociones asociadas con la autoestima son producto de hacer bien.

Sentir bien es un estado placentero de vivir, sin embargo tratar de alcanzar este aspecto directamente, antes de alcanzar una buena interacción con el entorno social puede confundir los propósitos con el final.

Aristóteles presentó esa opinión cuando mencionaba que la felicidad es una emoción que no puede separarse de lo que hacemos. Todas las evidencias muestran que la autoestima es causada por todo el rango de éxitos o fracasos que tenemos en nuestra vida. Por un lado, de disfrutar los resultados de los éxitos, y por el otro, la convicción de que podemos sobreponernos a los fracasos, aprender de ellos y generar alternativas. La poca autoestima se reforzará, especialmente, si los mensajes tempranos de otros en nuestra infancia se basan en los fracasos en nuestras decisiones y acciones. La autoestima es una consecuencia del éxito o fracaso, no su causa. Será por lo tanto importante para padres y maestros, promover el hacer bien enfrentando éxito y fracaso, enseñando habilidades interpersonales e intrapersonales para así manejar los retos de nuestra vida. Estas herramientas son la esencia de este libro.

La historia está llena de ejemplos de hombres y mujeres que han alcanzado sus objetivos a pesar de haber enfrentado situaciones y circunstancias difíciles que fácilmente podían haber aplastado su espíritu. Sin embargo, se elevaron por encima de esos obstáculos para cumplir con sus sueños. Moisés fue un tartamudo. Sin embargo, guió una nación a la tierra prometida. Helen Keller era ciega, sorda y muda; sin embargo dejó un legado importante en la sociedad. Una mujer llamada Helena Valero, quien ha escrito un libro llamado *Yo soy Nabe Yoma*, en el que describe cómo a los 13 años fue raptada, mientras estaba con su familia en un paseo, por una tribu Yanomami, y cómo durante veinticinco años trata de escapar de sus captores y regresar a su hogar. En veinticinco años es capturada y raptada por otras tribus, engendrando siete hijos de cinco caciques Yanomami, recibe varias heridas de flecha en sus intentos de fuga, y así hasta que por fin lo logra, después de veinticinco años perseverando en sus acciones. ¿Cómo ella e innumerables otros lograron lo que se propusieron? Por medio de la profunda creencia de que podían lograrlo (optimismo), convicción en sus habilidades (autoestima) y fortaleza de carácter. No por medio de milagros, ni de recetas preformadas.

La gran mayoría de nosotros no estaremos, por lo general, en circunstancias donde se nos exija esfuerzos y sacrificios de la índole de lo que vivieron Valero, Moisés o Keller. Su legado se relaciona con los tiempos y las circunstancias en que vivieron. Sin embargo, es importante tener presente a individuos que mostraron esas capacidades. Aprendiendo como esos y otros individuos desarrollaron los aspectos que los ayudaron a alcanzar sus objetivos y de esa manera, como modelo, aplicarlo a nuestras circunstancias.

La adversidad requiere que evaluemos nuestra responsabilidad en la situación para determinar las lecciones que podemos aprender de ella. Creamos nuestro propio futuro basándolo en nuestras decisiones, tanto las que tomamos como las que no tomamos. Sin embargo, algún tipo de fracaso es inevitable. La pregunta crucial es: ¿qué hacemos y aprendemos de esos fracasos momentáneos?

Todos, tarde o temprano enfrentaremos alguna adversidad personal. En esos tiempos podemos pasar por toda una gama de emociones. A veces pensamos que nuestros sueños no son suficientemente importantes como para seguir luchando.

CAPÍTULO 8

SI

Si puedes conservar tu cabeza, cuando a tu alrededor
todos la pierden y te cubren de reproches,
Si puedes tener fe en ti mismo, cuando duden de ti los demás
hombres, y ser indulgente para su duda,

Si puedes esperar y no sentirte cansado con la espera,
Si puedes, siendo blanco de falsedades, no caer en la mentira
y, si eres odiado, no devolver el odio, sin que te creas por eso
demasiado bueno ni demasiado cuerdo,

Si puedes soñar, sin que los sueños imperiosamente te dominen;
Si puedes pensar, sin que los pensamientos sean tu objetivo único;

Si puedes encararte con el triunfo y el desastre,
y tratar de la misma manera a esos dos impostores;
Si puedes aguantar que a la verdad por ti expuesta
la veas retorcida por los pícaros para convertirla en lazo de los tontos,
o contemplar que las cosas a que diste tu vida se han deshecho,
y agacharte y construirlas de nuevo aunque sea con gastados instrumentos;

Si eres capaz de juntar en un solo haz todos tus triunfos y tus ganancias
y arriesgarlos a cara o cruz, en una sola vuelta
y si perdieras, empezar otra vez, como cuando empezaste
y nunca más exhalar una palabra sobre la pérdida sufrida;

Si puedes obligar a tu corazón, a tus fibras y a tus nervios
a que te obedezcan aun después de haber desfallecido,
y que así se mantengan, hasta que en ti no haya otra cosa
que la voluntad gritando "persistir es la orden"

Si puedes hablar con multitudes y conservar tu virtud,
o alternar con reyes y no perder tus comunes rasgos;
Si nadie, ni enemigos ni amantes amigos, puede causarte daño
Si todos los hombres pueden contar contigo, pero ninguno demasiado

Si eres capaz de llenar el inexorable minuto
con el valor de los sesenta segundos de la distancia final,
tuya será la tierra y cuanto ella contenga
y lo que vale más ¡serás un hombre, hijo mío!

Rudyard Kipling

Optimismo: un estilo de vida

En el arte de vivir, el hombre es, al mismo tiempo, artista y objeto de su arte, es el escultor y el mármol. Según Seligman (1990), las características que definen a los individuos con tendencias pesimistas es que piensan y creen que los eventos adversos duraron mucho tiempo, minimizan sus esfuerzos o posibles éxitos culpándose por esos eventos; los optimistas que confrontan eventos adversos piensan en términos temporales y confinan los eventos como específicos sin culparse por las causas; sin embargo, son capaces de responsabilizarse por ellos, diseñando estrategias para solventarlos. Los individuos optimistas, confrontados por situaciones adversas, las perciben como un reto y por lo tanto movilizan mayores recursos. Seligman pudo observar en sus estudios que los pesimistas tienen tendencia a ceder más rápidamente y deprimirse más a menudo. Así también que los optimistas tienen mayor éxito en el campo educativo, laboral y deportivo. Una actitud pesimista aparece tan profundamente enraizada en la personalidad del individuo que pensamos que es permanente. Seligman sugiere que es posible cambiar por medio de habilidades que pueden ser aprendidas y que han sido validadas en investigaciones científicas (Seligman, 1990).

Nuestro desarrollo es un proceso continuo desde nuestro nacimiento, marcado por una disminución de facultades en nuestra vejez, y de acumulación de maestrías personales. El optimismo es definido por Seligman (1990) como la habilidad de ver el cambio de hábitos, rutinas y actitudes no relevantes como un reto alentador por medio de acciones voluntarias. Así, aunque muchos aspectos de nuestra vida no estén bajo nuestro control, como el color de nuestros ojos, nuestra raza, nuestros padres, existe un sinfín de acciones y opciones que pueden ser el resultado de nuestras decisiones. Tenemos la opción de tomar la acción o ceder el control a otros o al destino. Depende de las acciones que tomemos o no, lo que determina cómo vivimos nuestra vida, cómo manejamos los conflictos, cuáles son nuestras relaciones o cómo y cuándo expresamos nuestro potencial. Nuestras acciones en general se relacionan con nuestras escogencias. Así también, la manera en que pensamos de nuestras habilidades y limitaciones tendrá una relación directa con las oportunidades y eventos que encontremos. La autoestima crea un número de expectativas implícitas sobre lo que es posible y apropiado para nosotros, así como sobre lo que aprendemos y alcanzamos. Esas expectativas tienden a generar las acciones que se convierten en realidad. A su vez esas realidades confirman y refuerzan las creencias originales.

Torrance (1983) sugiere que las percepciones y presunciones implícitas que tenemos sobre nuestro futuro afectan la motivación y las acciones que llevaremos a cabo para convertir esas percepciones en realidad. La profecía de la realización personal o la profecía de autocumplimiento refuerzan los conceptos de Seligman (1990). En otras palabras, seremos, actuaremos, alcanzaremos lo que decidamos de nosotros mismos. La habilidad de aprender a actuar en forma optimista es una escogencia. La forma como el individuo piense sobre las causas de los eventos que le suceden es el factor importante y crucial de cómo enfrenta los eventos que la vida ofrece.

Si el pensamiento es desesperanzado eso será lo que esté a nuestro alcance; de igual modo, si nuestro pensamiento es optimista, aun en situaciones de adversidad y enfrentando obstáculos, alcanzaremos nuestros objetivos.

Según Seligman (1990), el éxito no es el producto del deseo de tener éxito, o del talento y de las habilidades personales; de acuerdo con su enfoque el optimismo es un elemento importante, quizás central, ya que el fracaso también puede ocurrir cuando talento y deseo están presentes.

Según Seligman, la visión optimista o pesimista son dos componentes que dependerán del estilo como los individuos se explican habitualmente los eventos que les ocurren en la vida. Un estilo optimista de explicar los eventos y circunstancias cotidianas o especiales de la vida nos protegerá contra la desesperanza, aumentando nuestra posibilidad de éxito, y nuestra capacidad inmunológica convirtiéndose en un estado mental más placentero en el cual estar.

Existen tres dimensiones relacionadas con los estilos de explicar los eventos que nos ocurren en nuestro diario vivir. Los tres elementos por medio de los cuales explicamos esos eventos son:

I.   Permanencia del evento: a veces *versus* siempre
II. Generalidad del evento: específico *versus* global
III. Personalización del evento: interno *versus* externo

I. Permanencia: a veces *versus* siempre

Podemos explicar los eventos que nos ocurren en términos de permanencia temporal del evento (a veces) o permanencia más ocurrente del evento (siempre), por lo tanto la permanencia es un elemento relacionado con el tiempo. Este elemento se relaciona con los eventos que nos ocurren tanto negativos como positivos. Si cuando le ocurren eventos negativos el individuo tiende a pensar en términos de siempre, esto significa que tiene una tendencia o un estilo pesimista de explicar esos eventos. Si el individuo piensa que la causa de los eventos negativos es permanente, éstos persistirán y tenderán a estar presentes para afectar su vida. Por su parte, los individuos positivos creen que las causas de esos eventos negativos son temporales, cuando encuentran un obstáculo o una adversidad, están convencidos de que esos eventos son parte de la experiencia que los ayudará a crecer y medir sus fuerzas y convicciones. Por ejemplo, un individuo pesimista puede expresar la permanencia de una dificultad como: "las dietas nunca funcionan", "los profesores son injustos con su evaluación"; los optimistas definirán: "las dietas no funcionan cuando uno come afuera o va a una fiesta", "los profesores son lo que son, yo me prepararé mejor la próxima vez y no habrá duda de cuál sea mi actuación en el examen". De la misma manera los optimistas interpretan, perciben, que los eventos positivos tienen permanencia en el tiempo, mientras que los negativos son temporales y a veces atribuibles a la suerte. Cuando los optimistas tienen éxito saben disfrutar del esfuerzo y saben que ese éxito se debe al esfuerzo que hicieron; los negativos, pesimistas, piensan que la suerte, circunstancias favorables, son los elementos centrales del éxito.

II. Generalización: específico *versus* universal/global

Generalizado es un concepto relacionado con el espacio. Los individuos que tienen la habilidad de encapsular sus dificultades o traspiés sin afectar el resto de sus actividades podrán continuar sin verse muy afectados por la eventualidad del obstáculo; los pesimistas tienden a ser catastrofistas y por eso cuando en un área de sus vidas tienen dificultades el resto colapsa, no tienen en ese momento la capacidad de diferenciar y mantener la proporción. Los primeros, los optimistas, pueden explicar sus fracasos en términos específicos y aun cuando tengan dificultades en un área de sus vidas, continúan actuando en las otras, los segundos, los pesimistas, tienen explicaciones globales de estos eventos negativos y no pueden encapsularlos, dejando que esos pensamientos se filtren a otras situaciones. Por ejemplo, los individuos que explican el fracaso eventual ocurrido en términos generales: "¡Yo soy un fracasado, siempre me ocurren cosas como esas!", *versus* "me duele no haber alcanzado ese objetivo; sin embargo, algo aprenderé de ello, me recuperaré". En relación con los eventos positivos, los negativos los perciben en términos específicos; los positivos, en términos globales. El negativo cuando le ofrecen un trabajo o cumple con un objetivo lo explica: "¡Qué suerte que necesitan a alguien, seguro que no encontraron a otro!", el optimista: "Tengo mucho que ofrecer, con mi contribución verán que fue una buena decisión contratarme". El individuo con actitud pesimista ve e interpreta en los eventos positivos la influencia de la suerte y las circunstancias y no solamente como producto de su esfuerzo.

III. Personalización: interno *versus* externo

Es el factor que identifica cómo el individuo toma decisiones y evalúa los resultados de sus acciones y la adjudicación, énfasis de la culpa. La autoestima, como hemos mencionado anteriormente, se define por dos aspectos importantes: hacer bien y sentir bien. Hacer bien se relaciona con nuestros éxitos, los que obtenemos como resultado de nuestras acciones. Sentir bien, es el elemento definido como el disfrutar de los resultados de nuestras acciones exitosas. La autoestima es influenciada por la persona a quien atribuimos la responsabilidad de los resultados de nuestras acciones. Los individuos que tienden a culparse por los resultados negativos que obtuvieron reflejan poseer un estilo de explicar el evento negativo como personalizado interno. Este individuo, sin buscar evidencia o analizar las circunstancias por las cuales llegó a esos resultados, se culpa y a veces pierde la proporción, tiende a ser catastrofista. Los individuos que explican el evento negativo que les ocurre manteniendo la proporción, buscando las razones que lo llevaron a esos resultados, asumiendo la responsabilidad personal en el caso que así lo indique el análisis, tienen un estilo optimista de personalizado externo. En otras palabras, sabrán atribuirse responsabilidad sin culpa y sin la necesidad de menospreciar sus esfuerzos. Los individuos que habitualmente se culpan, tendrán en consecuencia una poca autoestima, y a menudo se sentirán avergonzados en comparación con los individuos que aprenden de sus errores y saben diferenciar entre sus acciones exitosas, los fracasos y su persona. En los optimistas, cuando fracasan, no se hace evidente una herida en su esencia como individuos; los pesimistas, cuando fracasan, cuestionan su validez humana. Como ejemplo de personalizado interno es aquel individuo que saca a bailar a alguien, y al recibir una negativa se dice: "Seguro que ella sabe que no bailo muy bien". El personalizado externo podrá decir: "Probablemente estaba cansada, probaré más tarde". El primero se juzga personalmente; el segundo puede diferenciar la acción y su resultado de su personalidad.

Locus de control

Un concepto complementario al de optimismo es el de locus de control. El locus de control es la percepción que tiene el individuo de cuánto control personal cree tener con relación a los eventos que afectan su vida; en otras palabras, es la relación que existe entre el esfuerzo ejercido y el resultado de ese esfuerzo en alcanzar los objetivos deseados. La palabra locus significa en griego énfasis. El locus de control se divide en: *locus de control externo* y *locus de control interno*. Los individuos con locus de control externo creen que tienen poco o ningún control sobre los eventos que afectan su vida, por lo tanto no perciben que existe una relación entre su esfuerzo y el resultado obtenido. Estos son individuos que hablan de la siguiente manera: "El profesor me reprobó", "tuve mala suerte en mi matrimonio", "la felicidad es cosa del destino". Los individuos con locus de control interno ven una relación directa entre su esfuerzo y el resultado. Pueden expresarse diciendo: "Yo puedo decidir la dirección de mi vida", "si no salí bien en la prueba es porque no me preparé de acuerdo con las necesidades del examen y la materia; la próxima vez tengo que hacer un esfuerzo diferente", "la felicidad en mi vida es una decisión personal y depende de mi esfuerzo", (Seeman y Evan, 1962).

Cuestionario locus de control

Por favor, marca con un círculo la respuesta que mejor describa tu comportamiento. No dejes ninguna de las preguntas sin contestar.

1. a. Las notas son una función de la cantidad de trabajo que un estudiante hace.

   b. Las notas dependen de la amabilidad del profesor.

2. a. Las promociones se ganan trabajando duro.

   b. Las promociones son el resultado de estar en el lugar adecuado, en el momento adecuado.

3. a. Encontrar a alguien a quien amar es pura suerte.

   b. Encontrar a alguien a quien amar depende de salir lo suficiente como para conocer mucha gente.

4. a. Vivir por mucho tiempo es función de herencia.

   b. Vivir por mucho tiempo es una función de adoptar hábitos de vida sanos.

5. a. El tener exceso de peso está determinado por el número de células adiposas al nacer, o las que se desarrollan en los primeros años de vida.

   b. El tener exceso de peso depende de qué y cuánta cantidad de comida se ingiere.

6. a. Los individuos que hacen ejercicio regularmente arreglan su horario para que sea así.

   b. Algunos individuos nunca tienen tiempo para hacer ejercicio.

7. a. Ganar en el póker depende de apostar correctamente.

   b. Ganar en el póker es una cosa de suerte.

8. a. Permanecer casado depende de cuánto se trabaje en el matrimonio.

   b. El rompimiento matrimonial es un asunto de mala suerte al escoger la persona equivocada.

9. a. Los ciudadanos pueden tener alguna influencia en su gobierno.

   b. No hay nada que un individuo pueda hacer para afectar las funciones de su gobierno.

10. a. Ser habilidoso en deportes depende de haber nacido bien coordinado.

b.Aquellos que son habilidosos en deportes trabajaron arduamente
para aprender esas destrezas.

11. a.Las personas con amigos cercanos son afortunados de haber encontrado a alguien con quien tener intimidad.

b.Desarrollar amistades cercanas requiere esfuerzo.

12. a. Mi futuro depende de a quién conozco y de la suerte.

b. Mi futuro depende de mí.

13. a. La mayoría de los individuos están tan seguros de sí mismos que
sus mentes no se pueden cambiar.

b. Un argumento lógico puede convencer a la gran mayoría.

14. a. Las personas deciden la dirección de su vida.

b. Por lo general, tenemos poco control sobre nuestras vidas.

15. a. Las personas a quien no les caes bien, simplemente no te entienden.

b. Puedes caerle bien a quien tú así lo decidas.

16. a. Puedes hacer de tu vida una vida feliz.

b. La felicidad es cosa del destino.

17. a. Yo evalúo la retroalimentación y tomo las decisiones basado en ello.

b. Tengo la tendencia de ser fácilmente influenciado por otros.

18. a. Si los electores estudiaran los récord de los candidatos, podrían
elegir políticos honestos.

b. La política y los políticos son corruptos por naturaleza.

19. a. Los padres, maestros y jefes tienen mucho que decir en relación
con nuestra felicidad y autosatisfacción.

b. Si soy feliz o no, depende de mí

20. a. La contaminación ambiental puede ser controlada si los ciudadanos se preocupan de ello.

b. La contaminación ambiental es un inevitable resultado del progreso tecnológico.

Has completado la escala que mide el locus de control. Recuerda que locus de control es la percepción que tiene el individuo de cuanto control cree que tiene sobre los eventos que afectan su vida. Los individuos con locus de control externo creen que tienen poco control sobre dichos eventos, mientras que los individuos con locus de control interno creen tener una buena medida de control sobre los eventos que les ocurren en su vida. Para determinar tu locus de control, si aparecen señaladas a continuación, da un punto por cada una de las respuestas que diste en el cuestionario. Por ejemplo, si la respuesta a la pregunta 1 es la letra a, date un (1) punto, si contestaste b, cero (0) puntos y así sucesivamente.

Ítem	Respuesta	Ítem	Respuesta
1	a	11	b
2	a	12	b
3	b	13	b
4	b	14	a
5	b	15	b
6	a	16	a
7	a	17	a
8	a	18	a
9	a	19	b
10	b	20	a

Una puntuación por encima de 10 indica que actúas con un locus de control interno y una puntuación por debajo de 11 indica un locus de control externo.

Algunos estudios indican que individuos con locus de control externo tendrán menos tendencia a tomar acción para controlar sus vidas, piensan que esas acciones no darán los frutos esperados, y no verán una relación directa entre sus esfuerzos y los resultados alcanzados. Los individuos con locus de control externo atribuyen sus fracasos o éxitos a la suerte, circunstancias o cualquier otra fuerza externa. Los individuos con locus de control interno pueden atribuírselo a ellos mismos, sin quitar mérito al apoyo puntual que recibieron de otros. Seeman (1963), demostró que los pacientes de un hospital que tenían la tendencia a una actitud definida como locus de control externo preguntaban menos sobre su condición y los procedimientos médicos a los cuales eran sujetos, que lo que lo hacían los enfermos con locus de control interno. Como consecuencia los individuos caracterizados con locus de control externo tenían menos información sobre procedimientos, reglas, etc. Así mismo, los pacientes con locus de control interno sabían más sobre su condición médica al pedir información y segundas opiniones. Esto a su vez les proveía con una sensación importante de control del servicio médico recibido y les hacía realizar menos procedimientos innecesarios.

Tom y Rucker (1975) y Rodin y Slochower (1976) encontraron una relación entre la obesidad y el locus de control externo. Aparentemente el individuo obeso se siente con menos control de sí mismo y más controlado por estímulos externos que por estímulos internos de hambre, como, por ejemplo, el olor y la apariencia de la comida. Los individuos con locus de control interno responden a estímulos internos comiendo por hambre no por "gula". Por lo tanto estos últimos comerán cuando tengan hambre, y no sólo porque la comida está presente y apetecible frente a ellos. Un punto importante es el concepto de responsabilidad. Los individuos con locus de control externo tienden a no asumir completamente la responsabilidad de sus acciones y sus resultados, por lo tanto lo atribuyen a circunstancias externas y a la suerte, mientras que los individuos caracterizados con locus de control interno asumen la responsabilidad de sus éxitos y fracasos, atribuyéndolos directamente a sus esfuerzos.

¿Cómo generar pensamiento positivo?

¿Qué crees que te hará alcanzar las metas que te propones y a la vez producir cambios significativos en tu vida?

En mi práctica clínica, he tenido la oportunidad de trabajar con hombres y mujeres de todos los niveles socioeconómicos y con una gran variedad de problemas. He encontrado individuos que han respondido rápidamente a las exigencias del cambio y otros que han requerido un esfuerzo más persistente para cambiar. Uno de los elementos más importantes, sin diferencias de género, edad, raza y educación, fue la disponibilidad de esos individuos de pagar el precio del esfuerzo, y a veces con sacrificio.

Los individuos no son perturbados
por los hechos,
sino por la percepción
que tienen de ellos.

Epicteto

En casi cada minuto de nuestra vida consciente, estamos involucrados en conversaciones y diálogos internos que tenemos con nosotros mismos. Son las descripciones y las interpretaciones de los eventos cotidianos, fantasías, expectativas y sueños que tenemos. Si el diálogo interno es positivo, convencidos de que tenemos la fuerza para manejar las oportunidades que se nos presentan, podremos actuar cumpliendo nuestros objetivos. Si en cambio, nuestro diálogo es negativo, pensando que no tenemos los recursos personales, experimentamos perturbación emocional convencidos de que no tenemos la capacidad psicológica y/o física para solventar las circunstancias que enfrentamos. Por lo tanto percibimos nuestras dificultades como obstáculos insalvables.

Cuando experimentamos soledad entendemos y sentimos que esta situación puede ser dolorosa, no deseada y frustrante; sin embargo, algunos individuos con actitud pesimista se dicen: "Me moriré por esta soledad". Esta afirmación es un ejemplo de diálogo interno irracional y desproporcionado. Sin embargo, si la percepción de nosotros mismos es optimista y con recursos, podemos aprender a vivir con ella, sobrevivirla y hasta aceptarla como parte transitoria en nuestra vida. Por medio de la herramienta que se presentará a continuación podrás generar pensamientos positivos, descartar los negativos y cambiar la manera en que sientes y piensas de los eventos y circunstancias que se presentan y que enfrentas en tu vida.

Existen cuatro habilidades básicas, prerrequisitos, para generar pensamiento positivo:

1. Concientizar y reconocer los pensamientos que aparecen en los momentos en que sentimos rabia, tristeza, dolor o ansiedad. Esos pensamientos aunque a veces no son concientizados, afectan profundamente el estado de ánimo y el comportamiento.

2. Evaluar esos pensamientos automáticos. Eso significa reconocer que lo que el individuo se dice a sí mismo no es necesariamente correcto. Son hipótesis que necesitan ser probadas. Recoger y considerar las evidencias para determinar la veracidad de esas creencias definidas por esos pensamientos automáticos.

3. Generar explicaciones más exactas y precisas cuando las cosas son percibidas como negativas y usarlas para retar y descartar los pensamientos negativos.

4. No ser catastrofista y buscar opciones. En vez de rumiar sobre la peor de las consecuencias posibles, mantener la proporción, también cuando enfrentamos situaciones difíciles, buscando soluciones alternativas.

Es importante señalar tres premisas fundamentales:

1. Sientes como resultado de la manera en que piensas. Podrás observar que ansiedad, tristeza, rabia y miedo no son resultantes de lo que te ocurre, sino de la manera como interpretas lo que te ocurre.

2. La gran mayoría de las emociones que catalogamos como negativas y que tenemos dificultades para tener a nuestro servicio, son resultado de pensamientos irracionales. Llamaremos a estos pensamientos irracionales distorsiones cognoscitivas. Conceptos basados en las teorías de Beck (1976) y Ellis (1979).

3. Puedes cambiar la manera como piensas y sientes. Sin embargo, para llegar a esta premisa, tienes que estar convencido de que es tu responsabilidad lo que piensas y sientes. Aun cuando es difícil, puedes decidir responder de modo diferente a lo habitual, tienes opciones. Comúnmente se utiliza la palabra proactividad como la capacidad de anticipar por medio de la planificación, acciones que nos ayudarán a cumplir nuestros objetivos. Sin embargo, proactividad también es la capacidad de generar opciones de respuesta ante situaciones conocidas o no.

Científicos y filósofos han discutido y especulado sobre la causa de las emociones durante siglos. Algunos han pensado que es una condición biológica, un desbalance hormonal, químico o vitamínico.

No hay duda de que esa puede ser una buena causa para algunos. Por lo tanto se han desarrollado medicamentos que alteran la química cerebral creando un balance para estos individuos y ayudándolos así, en la manera como piensan y sienten para que puedan comportarse más de acuerdo con las exigencias de su vida. Como ya hemos mencionado anteriormente, las emociones dependerán de la percepción y de cómo cada uno construye la respuesta a esa circunstancia. Los negativos, son influenciables por las circunstancias, no tienen una definición clara de sí mismos y piensan que no pueden ejercer control sobre sus pensamientos y emociones, especialmente en situaciones de adversidad y además basan su autoestima en aspectos externos.

El dicho "si tu autoestima o bienestar emocional depende de aspectos externos a ti, estás en problemas", significa que si el individuo depende del dinero que tiene, del celular, de quien le tenga miedo o le aplauda, de la posición jerárquica en la organización, etc., no tiene una base sólida y perdurable.

CAPÍTULO 9

*La vida del hombre no puede ser
dividida repitiendo los patrones
de su especie; es él mismo quien
debe vivir. El hombre es el único
animal que puede estar fastidia-
do, que puede estar disgustado,
que puede sentirse expulsado del
paraíso.*

Erich Fromm

Distorsiones cognoscitivas y pensamiento positivo

El individuo que utiliza primordialmente el enfoque donde no existe una percepción de control generará la tendencia a ser víctima de las circunstancias. Sabemos que no podemos controlar completamente la composición química del organismo, a menos que ayudemos tomando una medicación, y no podemos prevenir en su totalidad que eventos negativos ocurran o que no enfrentemos adversidades de tiempo en tiempo. Es importante mencionar que en ciertas circunstancias la ayuda de medicación es necesaria y favorable. Por ejemplo, en ciertas condiciones de depresión se ha observado que la combinación de medicación junto con psicoterapia es más eficiente que la psicoterapia o la medicación solamente. Sin embargo, el énfasis de este libro está referido a la forma en que piensas de los eventos, no en los eventos en sí, que es la que crea tus estados de ánimo, y a que la manera en que percibimos esos eventos es lo que influencia primordialmente la manera en que sentimos.

En muchas ocasiones cuando sientes tristeza, ansiedad, rabia, o miedo, son los pensamientos los que exacerban esa manera de sentir, que se vuelve automática. Son las distorsiones cognoscitivas que usas, a pesar de que parecen reales, son los lentes que influencian tu visión del mundo y que te hacen reaccionar con poca efectividad, Ellis (1975), Beck (1976).

El proceso de aprendizaje para descartar convincentemente esos pensamientos negativos, facilita cambiar la manera automática de sentir. A continuación podrás aprender cuáles son las distorsiones cognitivas, las ideas irracionales más frecuentes y la metodología para descartar esas distorsiones.

Guía general
Puedes cambiar la forma en que sientes

Es importante que te des cuenta de que:

- Cuando estás deprimido o ansioso de manera crónica, generalmente estás pensando en forma negativa o ilógica.

- Los pensamientos automáticos y pesimistas producen estados de ánimo desagradables, los cuales, a su vez, generan más pensamientos pesimistas y acciones negativas, estableciéndose un círculo vicioso.

- Con un esfuerzo consciente y técnicas específicas que se pueden aprender, los patrones de pensamiento negativos se pueden modificar.

Al comenzar a pensar sobre ti mismo de una forma más realista y humana, empezarás a sentirte mejor y a ser más productivo. Empezarás a respetarte y a gustar más de ti mismo y, en consecuencia, mejorarán tus relaciones con los demás. Por lo tanto, como punto de partida para el cambio, será importante identificar la situación problemática y el significado psicológico que le atribuyes. Como ejemplo, supón que tu jefe, tu esposa o esposo te hablan en un tono "regañón". Tu pensamiento automático puede ser: "… está disgustado conmigo". Tienes que estar particularmente atento para darte cuenta de las emociones asociadas, a veces subyacentes, o dudas. Por lo tanto, pon atención a la posible reacción en cadena y a las emociones asociadas con cada uno de los pensamientos:

Pensamientos:	Emoción asociada:
¿He hecho algo mal?	Ansiedad / Miedo

↓

Él / Ella no tiene derecho a hablarme así	Rabia

↓

Conclusiones:

Él / Ella es una persona hostil

↓

Él / Ella me hará la vida difícil

↓

¡No puedo aguantar eso!

↓

¡Nuestra relación no funciona!

↓

¡No podré ser feliz!

Resiste la tendencia natural a aceptar esos pensamientos como verdaderos, simplemente porque parecen "sentirse correctos" o parecen razonables.

Examínalos y busca evidencias que respalden esa presunción, así como evidencias contradictorias y explicaciones alternas. Oponte a la tentación de caer en reacciones de autoderrota como defensa, venganza o alejamiento, ya que de esa manera validarás tus interpretaciones negativas. Contraatacando, actuando con la presunción de que el otro es malo o está equivocado, justificarás las reacciones punitivas. De esa manera, las interpretaciones negativas se convertirán en convicciones rígidas. Por lo tanto, éstas se autorreforzarán y, como consecuencia, la próxima vez que un evento similar ocurra, existirán más posibilidades de que se llegue a las mismas conclusiones, y así sucesivamente, lo que hará más difícil corregirlo en el futuro, convirtiéndose en un hábito.

A continuación encontrarás una guía detallada para evaluar si tus interpretaciones y las acciones que construyes sobre ellas son efectivas. Encontrarás reglas que podrán ayudarte en caso de que tus interpretaciones reflejen el uso de las distorsiones cognoscitivas.

¿Qué y cuáles son las distorsiones cognoscitivas?

Las distorsiones en el pensamiento, a las que llamaremos distorsiones cognoscitivas, no tienen ninguna relación con la inteligencia. Los individuos que muestran altos niveles de coeficiente intelectual en el manejo de problemas retadores en circunstancias diversas, pueden revertirse por la presión de amenazas, frustraciones, a utilizar distorsiones cognoscitivas.

Algunos individuos cometen errores típicos en su manera de pensar cuando perciben amenazas a aspectos vitales de sus vidas, como su seguridad, relaciones, autoestima, integridad psicológica. Por ejemplo, pueden en ciertos momentos exagerar una enfermedad menor, otros pueden magnificar las consecuencias de un conflicto puntual con un superior, o alarmarse con una ansiedad de abandono por un desacuerdo superficial.

Con cierto esfuerzo es posible darse cuenta de cuándo se está reaccionando a un estímulo con significado exagerado fuera de proporción, y de esa manera tomar las medidas para disminuir lo extremo de la reacción. Toma tiempo y persistencia cambiar hábitos psicológicos de desproporción, sin embargo es posible cambiar.

A continuación presentamos algunas de las distorsiones cognoscitivas más comunes:

1. **Pensamiento todo o nada**: es el tipo de pensamiento en términos absolutos, utilizando categorías de blanco o negro, donde no hay matices intermedios; por ejemplo: "los hombres son desleales", "las mujeres son incapaces de manejar sus emociones, son hipersensibles".

2. Generalización: es una de las distorsiones más comunes, en la cual el individuo toma un incidente en el comportamiento de otro individuo con el que tiene un conflicto y lo convierte en un patrón típico y general de comportamiento. Es la percepción del individuo de que los eventos que ocurren son globales. Por ejemplo, un empleado que sólo ocasionalmente llega tarde al trabajo es juzgado por su supervisor como: "siempre llega tarde".

La generalización es particularmente común, en medio de un conflicto o tensión, "nunca te importó cómo me sentía yo". Estos pensamientos llevan a veces a conclusiones catastróficas: "La situación nunca se mejorará", "no tenemos nada en común", "soy un fracaso como madre/padre". Entre las palabras claves que sugieren generalización están palabras como: nunca, siempre, todo, jamás. El impacto de estos comentarios absolutistas puede ser devastador en aquellos casos en que el individuo, que trata de hacer esfuerzos para cambiar, percibe que sus esfuerzos no son suficientemente buenos para satisfacer las expectativas del otro. Existen algunas distorsiones cognoscitivas que son como trampas mentales capaces, al utilizarlas, de complicar las relaciones que tenemos con otros y con nosotros mismos. Esas distorsiones ocurren automáticamente, a veces en fracciones de segundo.

3. Filtro mental o visión de túnel: es la distorsión del individuo que tiende a enfatizar los aspectos negativos de los eventos y, a su vez, a ignorar lo positivo; por ejemplo: "A mí me ocurren todas las tragedias". Los individuos con visión de túnel sólo ven lo que se ajusta a sus actitudes, posiciones o estado de ánimo e ignoran lo que no. Pueden, basados en un solo y pequeño detalle, interpretar un evento. Otros detalles importantes son ignorados, censurados o minimizados. Por ejemplo, el caso de la pareja que saliendo de vacaciones tiene una discusión y a pesar de que las vacaciones y el resto del viaje fueron placenteros, el marido, con ocasión de otra discusión, menciona que no pueden llevarse bien y que hasta en las vacaciones lo único que hicieron fue pelear, ignorando los buenos momentos.

4. Saltar a conclusiones: el individuo que utiliza esta distorsión tiene la tendencia a sacar conclusiones de los hechos en términos negativos, pesimistas, sin tener una evidencia definitiva. Esta distorsión se subdivide en dos:

a. Lectura de la mente: es el suponer, prejuzgar, los pensamientos de otros antes de que éstos sean enunciados; por ejemplo: "...yo sé lo que estabas pensando, yo te conozco desde hace mucho tiempo...".

b. Lectura del futuro: es la predicción de eventos especialmente en términos negativos; por ejemplo: "mañana voy a tener un día terrible...".

5. Magnificación o minimización: es la tendencia del individuo a perder proporción con relación al evento o dificultad enfrentada. Esto puede hacerse magnificando o minimizando su importancia y consecuencias; por ejemplo: "... si tuvimos ese conflicto, es porque no me ama...". Esos pensamientos catastróficos se inician cuando una situación amenazante parece no controlable, la expresión intensa de emociones genera en el que usa esta distorsión tendencia a magnificar el evento e interpretar sus consecuencias fuera de proporción. Por ejemplo, la expresión intensa de un jefe es interpretada como un ataque personal y como un posible despido inmediato. Este pensamiento catastrofista está relacionado con el miedo de no tener la habilidad de manejar relaciones interpersonales y poca tolerancia a las frustraciones.

6. Etiquetar: es la tendencia de algunos individuos a utilizar etiquetas para definirse personalmente o a otros ante eventos adversos. Es un ejemplo de la profecía de autocumplimiento que hemos explicado anteriormente. A veces al individuo se le ha repetido tantas veces un juicio sobre su conducta que lo asume como parte de su esencia y personalidad, llegando a creer que así es en su totalidad. Llega al punto de definirse con esa característica. Es la tendencia de los individuos a querer tener razón en lo que creen de ellos mismos y, por lo tanto, actúan de acuerdo con esa definición, y así cumplen con lo que esperan de sí mismos, y con lo que otros esperan de ellos. Por ejemplo: "Yo soy muy nervioso..." (etiqueta propia), "él es un irresponsable..." (etiqueta a otros).

7. Frases debo: consiste en tratar de motivarse con "debo, no debo", "tengo que", "debería". La consecuencia emocional es de culpa, lo que crea un estado negativo, especialmente cuando las acciones son inducidas por presiones externas, sociales, familiares y no por el propio convencimiento.

A estas distorsiones cognoscitivas se pueden añadir ciertas creencias comunes que los individuos mantienen como resultado de la influencia social-familiar:

1. Perfeccionismo emocional: es la tendencia a pensar que la ansiedad, la rabia, el miedo, son negativos y, en consecuencia, si sentimos esas emociones significa que hay algo malo, no positivo, que está ocurriendo en nuestras vidas. "Siempre tengo que sentirme feliz y en control de mis emociones". (*Véase* el capítulo 6, La inteligencia intrapersonal).

2. Desempeño perfeccionista: es la tendencia generalizada a pensar que los individuos son contratados para hacerlo siempre bien, y es inaceptable aprender, a veces, por medio de los errores. "Nunca puedo cometer errores", "a ti te contrataron para que lo hagas bien, no para que cometas errores".

3. Miedo al rechazo o crítica: es la necesidad que tienen algunos individuos de ser aprobados, y sólo así pueden sentir que valen algo. Cuando sienten que no pueden congraciarse o llenar las expectativas de otros, se perciben incompletos y no suficientemente buenos. Como resultado, les es difícil sentir satisfacción con los resultados de sus acciones.

4. Miedo a la soledad, a lo desconocido, a lo potencialmente peligroso; "felicidad y placer sólo pueden ocurrir en presencia de otros", "yo no puedo...". Es la tendencia de los individuos que, ante eventos y situaciones desconocidas, se juzgan de antemano como incapaces de manejarlas, aun antes de probar o poner a prueba su capacidad creativa para buscar opciones.

5. La creencia de que los individuos tienen la necesidad de estar acompañados por alguien más fuerte o más grande como apoyo. Es la tendencia de los individuos a tener una dependencia emocional con una figura de autoridad.

6. El pasado determina el presente: aun cuando el pasado tiene una fuerte influencia en nuestras actitudes y comportamientos, no necesariamente tenemos que seguir repitiendo la historia y las tradiciones. (*Véase* el capítulo El proceso de diferenciación).

7. Fobia al conflicto: es la distorsión en la percepción de que la gente que se quiere no tiene conflictos. Por lo tanto, si se tienen conflictos algo anda mal en la relación. No aceptan que el conflicto es parte integral de cualquier relación, ya que ayuda a definir lealtades, ideas, posiciones. Lo negativo del conflicto se encuentra en el respeto o no de las posiciones contrapuestas y en su manejo inadecuado. (*Véase* el capítulo La escalera de inferencia).

8. Expectativas distorsionadas: es la tendencia de algunos individuos de querer o esperar que otros cambien de acuerdo con sus necesidades personales. Es importante enfatizar la premisa de que los otros sólo cambiarán si lo perciben como una necesidad o así lo deciden. Por tanto lo que tenemos que cambiar son las expectativas que tenemos de los demás, no cambiarlos a ellos.

9. Los eventos externos son los que causan la miseria humana, los individuos simplemente reaccionan y son víctimas de esos eventos. Es la creencia de que debemos o podemos controlar todos los eventos externos, sin darnos cuenta de que lo único que realmente podemos controlar son nuestras respuestas a esos eventos.

Emociones sanas y proporcionadas *versus* desproporción emocional

Hemos mencionado el impacto significativo que ejercen nuestras percepciones en nuestros pensamientos y, en consecuencia, en la manera en que sentimos y en las acciones que ejecutamos para sobrepasar los obstáculos. ¿Cuándo debemos hacer un esfuerzo para cambiar nuestras emociones? ¿Son algunas emociones negativas y desproporcionadas y otras no? La posición de este libro es que no es lo mismo sentir tristeza, y miedo momentáneo que llegar a la parálisis permanente en las acciones que quisiéramos realizar para cumplir nuestros objetivos. Igualmente, no es lo mismo sentir rabia, sentimiento que nos puede agudizar los pensamientos en un debate conceptual, que prejuicios hacia los demás o menospreciar los derechos ajenos.

Algunas diferencias entre emociones sanas *versus.* desproporción emocional:

EMOCIONES SANAS	DESPROPORCIÓN EMOCIONAL
TRISTEZA VS.	DEPRESIÓN
*Triste pero no pérdida de autoestima. *El compromiso con las metas continúa.	* Desesperanzado y poca autoestima por la pérdida. * Ceder y pérdida de interés, hay deterioro profundo en las relaciones, metas.
RABIA VS.	AGRESIÓN
* Aun cuando hay conflicto existe respeto por las ideas del otro. *Aun cuando hay desacuerdo se escucha la posición del otro. *Aun cuando no existe todavía acuerdo se examina y reflexiona el propio comportamiento.	*Argumentación defensiva, no validando el comentario contrario. * Culpabilidad para con la otra persona.

PASO 1. Relaciona reacciones emocionales con pensamientos automáticos

La estrategia central aquí es identificar una reacción emocional no placentera, relacionarla con la situación o evento relevante y determinar las conexiones, el pensamiento automático, que los une.

Considera los siguientes incidentes:

- El jefe mira el reloj y siente rabia.

- Él está manejando hacia la casa y de repente siente ansiedad.

- Ella está hablando con su esposo y de repente siente tristeza.

Las emociones mencionadas, ansiedad, rabia y tristeza no aparecen de la nada, aunque pueden, a veces, dar esa impresión, ocurren en un contexto específico. Por ejemplo, el jefe siente rabia cuando mira el reloj y se da cuenta de que su secretaria no ha llegado a tiempo. Al mostrar el contexto de la reacción emocional del jefe podemos darnos cuenta:

SITUACIÓN O EVENTO	REACCIÓN EMOCIONAL
El jefe observa que su secretaria llega tarde	• Rabia

Aunque aparece razonable que el jefe pueda sentir rabia si la secretaria llega tarde, es la forma en que él interpreta la situación, en vez de que la situación misma sea la que determine lo que siente. En esa situación, podrá sentir una variedad de emociones, dependiendo del significado personal que le atribuya al hecho. Otro jefe, por ejemplo, puede sentir miedo de que algo le pudiera haber pasado en el camino. La parte más difícil de este paso es identificar el pensamiento automático o la interpretación de la situación y el significado simbólico que se le da a la situación.

Por ejemplo:

SITUACIÓN O EVENTO	PENSAMIENTO AUTOMÁTICO	REACCIÓN
El jefe observa que su secretaria llega tarde	Ella no está comprometida con la empresa	• Rabia

Para practicar trata en una hoja aparte de atribuir un pensamiento diferente a los eventos descritos antes.

Relación pensamiento automático y reacción emocional

SITUACIÓN O EVENTO	PENSAMIENTO AUTOMÁTICO	REACCIÓN
Él se da cuenta de que está llegando tarde	"Mi esposa se pondrá furiosa"	• Ansiedad
El esposo no invita a salir a cenar a su esposa	"Él ya no me quiere"	• Tristeza

Aunque cada uno de estos pensamientos puede ser correcto, son sólo hipótesis y adivinanzas que necesitan ser verificados, ya que esas interpretaciones tendrán una influencia en las relaciones interpersonales de los involucrados y en las reacciones posteriores.

Practica, identificando pensamientos automáticos, utilizando la siguiente situación:

I. Imagínate que estuviste todo el día ocupado en el centro de la ciudad, acordaste con tu esposa que te buscara en una intersección específica a las 5 de la tarde, tú llegas a tiempo, pero tu esposa no ha llegado a buscarte. El tiempo pasa y tu esposa no llega. Te das cuenta de que se está haciendo tarde, ya son las 5:25. Si pudiste imaginarte el evento, escribe tu pensamiento automático o interpretación del evento y tu reacción emocional.

SITUACIÓN O EVENTO	PENSAMIENTO AUTOMÁTICO	REACCIÓN EMOCIONAL
Esposa no llega a	1.	1.
buscar a su esposo	2.	2.
a la hora convenida	3.	3.

Los individuos que se han relacionado con este evento, han tenido diferentes pensamientos y emociones. Unos sintieron ansiedad y pudiendo identificar el pensamiento dijeron: "Quizás algo le pasó en el camino". Otros sintieron tristeza diciendo: "Estoy solo, sabía que me embarcarían, es la historia de mi vida". Otros reportaron rabia, pensando: "Típico de ella, nunca llega a tiempo a una cita".

Continuando con el evento.

II. La situación se complica:

Ves el reloj y son las 5:30, de repente ves un carro que se acerca, es tu esposa que dice: "Disculpa, se me olvidó que tenía que venir a buscarte, me acordé cuando iba camino a casa". Ahora escribe tus pensamientos automáticos y tus reacciones emocionales.

Situación o evento	Pensamiento automático	Reacción emocional
Esposa llega 1 hora tarde,	1.	1.
se disculpa	2.	2.
ya que se olvidó.	3.	3.

Es relativamente fácil identificar tus reacciones y pensamientos cuando estás enfocándolas sin distracción en un ejercicio guiado. Sin embargo, en situaciones reales de la vida, aun cuando puedes tener los mismos pensamientos, ocurren tan especialmente rápido que están coloreados por tus reacciones emocionales. Por tanto, es importante practicar identificando los pensamientos automáticos y las reacciones automáticas.

Esos mensajes internos inician reacciones emocionales; la mayoría de los individuos creen que sus emociones vienen originadas directamente de la situación, sin poner atención en los pensamientos automáticos que conectan la situación con las reacciones emocionales.

Aprender a reconocer los pensamientos automáticos es una habilidad importante para contar con la posibilidad de tener las emociones al servicio propio y no ser esclavo de ellas.

PASO 2. Identifica cuál de las distorsiones cognoscitivas se está utilizando

Una vez que reconoces los términos y los aplicas a los pensamientos automáticos puedes darte cuenta de la interpretación exagerada del comportamiento propio o del otro o de la importancia atribuida al evento. Para desarrollar el hábito de usar y reconocer las distorsiones cognoscitivas indica en cada una de las situaciones la distorsión utilizada (*véase* Respuestas, p. 137).

Distorsiones utilizadas:	Distorsión cognoscitiva:
1. Desde que me mintió, yo nunca más le he creído.	1.
2. Mi esposo, o me quiere a mí o a sus padres.	2.
3. Cuando mi esposo está bravo, pienso que es por mi causa.	3.
4. Cuando me mira así, estoy seguro de que me está criticando.	4.
5. Me hubiera divertido en la fiesta, pero mi esposo llegó tarde.	5.
6. Él no ha hablado mucho últimamente, es señal de que la relación no está funcionando.	6.
7. A ella no le gustó la película como a mí; no tenemos nada en común.	7.
8. Él me contradice, esto demuestra que no me respeta.	8.
9. Tuvimos otro desacuerdo; eso es terrible.	9.
10. Ella es una irresponsable por haberme hecho esperar.	10.

Es útil habituarse a escribir el esquema donde presentamos el evento, el pensamiento automático, la respuesta emocional y la distorsión cognoscitiva utilizada, de esa manera, cuando lo tenemos frente a nosotros explícito y escrito, podemos, a veces, poner mayor distancia a la situación y, de esa forma, lograr mayor objetividad al asumir una posición de observador y, quizás, involucrarnos menos.

Por ejemplo:

Identificar la Distorsión cognoscitiva

SITUACIÓN RELEVANTE	PENSAMIENTO AUTOMÁTICO	REACCIÓN	DISTORSIÓN COGNOSCITIVA
Mi esposa repentinamente me criticó mientras comíamos	Está loca	*Ansiedad	Etiquetar negativo
	Ella siempre se molesta	*Rabia	Generalización
	Nunca podremos llevarnos bien	*Tristeza	Catastrofismo

Cuando un individuo comienza a interpretar las circunstancias de su vida como negativas, tiene más dificultades en moderar sus interpretaciones extremas y regular el modo de expresar sus emociones. En esas circunstancias esos individuos están sujetos a pensamientos distorsionados fuera de proporción.

Reflexiona sobre las siguientes preguntas:

1. ¿Has identificado correctamente el problema o cuento perturbador?

2. ¿Es la descripción del problema específico?

3. ¿Has identificado los pensamientos y sentimientos automáticos adecuadamente?

4. ¿Has identificado la distorsión cognoscitiva?

Respuestas. Distorsiones utilizadas: 1. Generalización, 2. Todo o nada, 3. Personalización, 4. Bola de cristal, 5. Visión túnel, 6. Catastrofismo, 7. Generalización, 8. Bola de cristal, 9. Catastrofismo, 10. Etiquetar negativo.

PASO 3. Generar pensamientos positivos

En este punto, podrás preguntar en qué forma podrá mejorar tu estado de ánimo el reconocer los pensamientos negativos en respuesta a una situación y, consecuentemente, tu relación con tu entorno. Para determinar si tus pensamientos automáticos son exagerados o estás utilizando distorsiones cognoscitivas es necesario que los pongas a prueba. Para esto haz las siguientes preguntas:

- ¿Cuál es la evidencia a favor de mi interpretación?
. • ¿Cuál es la evidencia en contra de mi interpretación?
- ¿Se pueden deducir lógicamente los motivos que atribuyó al comportamiento del otro?
- ¿Existen explicaciones alternas a su comportamiento?

Toma como ejemplo la esposa que alzó la voz o que su actitud de alguna manera molestó al esposo durante la cena.

Pregúntate:

- ¿Se puede deducir lógicamente de la voz y actitud de la esposa que está molesta con el esposo?
- Existen explicaciones alternas de la voz y actitud de la esposa.
  Por ejemplo: ¿Está de mal humor porque tuvo un conflicto con sus padres u otra persona?

Aun cuando está molesta con él se puede deducir que:

- ¿Ya no le quiere?
- ¿Siempre está molesta?
- ¿Siempre le agriará la cena?
- ¿El esposo hizo algo que contribuyera al conflicto?
- ¿Qué evidencia existe en el otro lado del espectro?
- ¿Existieron tiempos, recientemente, en que ella era amistosa y cariñosa?

Así, aun cuando es fácil identificar los pensamientos automáticos negativos asociados con nuestros sentimientos de rabia, tristeza, miedo o ansiedad, es difícil descartar esos pensamientos ya que aparecen tan sólidos y válidos en ese preciso momento de desequilibrio e incertidumbre. Sin embargo, el practicar el análisis de la situación o evento vivido puede enseñarnos a desarrollar la maestría necesaria para enfrentar eventos futuros.

A continuación algunos enfoques que pueden utilizarse como herramientas en descartar el pensamiento negativo y generar uno más positivo.

I. Análisis costo-beneficio

Después que identificaste el evento, el pensamiento automático, la reacción emocional y la distorsión cognoscitiva, lista los beneficios de sentir en la manera en que estás sintiendo, dale a cada beneficio un puntaje que representará el grado de beneficio. Haz lo mismo en relación con los costos de pensar y sentir así. Compara el peso de las ventajas y costos.

Evento	Pensamiento automático	Reacción emocional	Distorsión cognoscitiva	Costo	Beneficio	Plan de acción
Despido	Soy un fracaso	*Tristeza	Generaliza	Rechazo	Descanso	
	No conseguiré otro empleo a mi edad	*Rabia	Bola de cristal	Falta de ingreso	Otros se ocuparán de mí	

El trasfondo de buscar el beneficio de una emoción y pensamiento negativo es que toda conducta, aun siendo negativa, tiene un beneficio llamado ganancia secundaria. Por ejemplo, sentir tristeza puede tener un beneficio o ganancia secundaria al hacer que otros se preocupen por uno y lo protejan. Aun cuando el costo de sentirse como víctima sea a su vez muy alto. Cuando anotamos el beneficio, es importante estar conscientes de ese beneficio, a pesar de que no estemos muy orgullosos de recibir atención de esa manera. Igualmente, en relación con los costos, tenemos que estar convencidos de que los costos son genuinos y contundentes.

Es importante darse cuenta del peso relativo de las ventajas frente a las desventajas. Las preguntas que hay que contestar en este análisis son aquellas que te ayuden a reflexionar sobre el balance entre los costos y los beneficios de esos pensamientos automáticos y la respuesta emocional desproporcionada. Por ejemplo: ¿Cómo me ayudará responder emocionalmente así?, ¿cómo me dañará?, ¿cuáles son las consecuencias? Para contestar estas preguntas y hacer que sea este ejercicio de utilidad, tanto los beneficios como los costos tienen que ser convincentes y genuinos, y que al hacerlo realmente exista un involucramiento emocional con las preguntas y respuestas.

Esta herramienta puede ayudar al individuo a darse cuenta de motivaciones y trasfondos que lo mantienen estancado. Por ejemplo, asumamos por un momento que ese despido es una contrariedad en la carrera del individuo, se siente triste, inadecuado y frustrado y se dice que es un fracasado. No hay duda de que cuando se está generalizando no hay espacio para el cambio, especialmente cuando el juicio es en términos generales. Sin embargo, si se concientiza de que el costo del rechazo y juicio de otros por asumir una posición de víctima, aunado a la decepción personal es muy alto, es posible que actives la búsqueda de las causas del problema y llegues a concretar planes de acción.

Análisis costo/beneficio

Ventajas de creer / pensar así	Desventajas de creer / pensar así
*Esa crítica me motivará a hacer un mayor esfuerzo la próxima vez.	No podré proveer adecuadamente a mi familia.
Así puedo tomarme unas buenas vacaciones por tanto esfuerzo.	Pensarán que soy una víctima.
	Falta de autoestima.
Otros van a ocuparse de mí.	Mi energía está dirigida a mi respuesta emocional.
	Enfermedad.
	Rechazo de otros y propio.

Plan de acción y seguimiento

Para usar el análisis costo-beneficio e involucrarte en generar opciones concretas que te ayuden en el proceso de cambio, imagínate qué acciones puedes tomar, sin pensar en este momento en su factibilidad inmediata, que puedan propulsarte a cumplir los objetivos deseados.

Por ejemplo:

Acción	Tiempo
Escribir el currículo.	Es importante ponerse fechas
Lista de compañías donde	concretas para así ejercer una disciplina
me interesaría trabajar.	propia y la responsabilidad .
Buscar compañías de colocación	
que me ayuden a buscar trabajo.	

Examen de las evidencias

Por medio del examen de las evidencias se evalúan los datos en los cuales te basas para llegar a las conclusiones negativas a las cuales llegaste.

El primer paso es hacer una lista de los éxitos que has tenido previos al incidente actual. La intención es descartar la distorsión cognoscitiva de generalización donde no hay memoria de eventos positivos y sólo se enfatiza lo negativo. Las preguntas que podrán hacerse enfatizan: ¿Cómo alcanzaste el objetivo en esa oportunidad?, ¿qué fuerza y recursos utilizaste para alcanzarlo?, ¿qué aprendiste de ti en esa situación?, ¿qué recursos utilizaste en ese entonces que pudieras utilizar ahora? Subsecuentemente haz una lista de situaciones recientes que podrías catalogar como no exitosas y pregúntate: ¿Cómo te sobrepusiste a esa adversidad?, ¿qué recursos utilizaste para salir de esa situación difícil?, ¿qué aprendizaje de ti mismo puedes derivar de esa situación y cómo la afrontaste?, ¿qué recursos has relacionado con tu persona que podrías utilizar ahora al enfrentar esa nueva situación de adversidad?

ÉXITOS	¿RECURSOS?	¿APRENDIZAJE?
1.	1.	
2.	2.	
FRACASOS	¿RECURSOS?	¿APRENDIZAJE?
1.	1.	
2.	2.	

De la misma manera, lista las situaciones recientes que consideres éxitos, de las que piensas que tienes los recursos necesarios para evaluarlas como tal. Pregúntate: ¿Qué las hizo exitosas?, ¿qué recursos utilizaste?

Después de examinar las evidencias y de tener más presente los recursos disponibles, intenta ahora generar un nuevo plan de acción con su respectivo seguimiento.

La búsqueda de evidencias concretas sobre los recursos utilizados y los posibles aprendizajes en situaciones pasadas, provee la posibilidad de reconocer la amplia fuente de recursos disponibles que posees y de esta manera descartar el uso de alguna distorsión cognoscitiva y de pensamientos automáticos. Puedes así concientizar que la dificultad que estás experimentando es, aunque dolorosa, temporal, y si recurres a esos recursos podrás sobreponerte y satisfacer tus necesidades y expectativas.

CAPÍTULO 10

*Muchos individuos tienen
una idea equivocada de lo que
constituye la verdadera felicidad.
No es el alcanzar gratificación
inmediata sino por medio de la
fidelidad a un propósito superior.*

Hellen Keller

Estrés:
el síndrome general de adaptación

Estrés es el síndrome general de adaptación. En otras palabras, son los cambios continuos a los cuales tenemos que ajustarnos. A pesar de que pensamos de los eventos estresantes, de la enfermedad, de la muerte de alguien significativo en nuestra vida, del divorcio, como si fueran estímulos o eventos de naturaleza netamente negativa, también los eventos positivos pueden generar una necesidad de adaptación. Por ejemplo, empezar un nuevo proyecto o una promoción, una nueva relación interpersonal, un nuevo hijo en la familia, el comienzo de la universidad de un hijo. Estos eventos traen consigo la incertidumbre del cambio de posición y nuevas responsabilidades. El enamorarse puede ser estresante para algunos, del mismo modo que terminar una relación significativa para otros. Por lo tanto, la exigencia de ajuste o cambio en nuestras vidas no es negativa, sino esencial, ya que así podemos alcanzar nuestros objetivos. Aun cuando tu experiencia y aprendizaje es el resultado de un cambio significativo en tu vida, o a veces del efecto acumulativo de una preocupación cotidiana constante, la respuesta de ansiedad dependerá de cómo interpretes y reacciones ante esa experiencia; como resultado puedes crear una respuesta estresante, donde existe la percepción de que no se tienen las condiciones psicológicas y/o físicas de enfrentar la situación.

Experimentamos estrés desde tres focos básicos:

1. El medio ambiente o el contexto social en que convivimos.

2. Nuestro cuerpo.

3. Nuestros pensamientos y percepciones.

El primer foco, nuestro medio ambiente, nos bombardea con exigencias de ajuste. Tenemos que ajustarnos al clima, al ruido, a exigencias interpersonales, a presiones de tiempo, a estándares de actuación, a amenazas a nuestra seguridad personal y autoestima. Si vivimos en países subdesarrollados donde hay un deterioro en las instituciones, en la autoridad, los servicios públicos, inseguridad personal, hay una exigencia adicional de ajuste: se debe aceptar y aprender a vivir en esas circunstancias.

El segundo foco fuente de estrés es fisiológico: el cambio corporal de las diferentes edades, menopausia en la mujer, envejecimiento, enfermedad, accidentes, falta de ejercicio y nutrición inadecuada; todos estos factores repercuten en nuestro cuerpo. Nuestra reacción a amenazas percibidas en nuestro medio ambiente produce cambios corporales, a veces estresantes, que ejercen presión sobre nuestro sistema.

El tercer foco fuente de estrés es psicológico, el cerebro interpreta y traduce cambios complejos en nuestro medio ambiente y determina si debe reaccionar a esos eventos apretando el botón de la supervivencia. El modo en que interpretamos, percibimos y etiquetamos nuestra experiencia presente y cómo predecimos el futuro puede influir en la reacción estresante. Como consecuencia, y dependiendo de nuestra estructura psicológica o de nuestro entrenamiento, podremos sentir una de dos opciones: no tener a nuestro servicio una emoción y, a su vez, tener dificultades en mantener una buena proporción y equilibrio, o tener la convicción de que tenemos las fuerzas psicológicas y/o físicas para manejar la situación y, por lo tanto, mantener nuestras emociones a nuestro servicio. Esto se hace más complicado por nuestra tendencia a rumiar y seguir viviendo en nuestra memoria fantasías y experiencias pasadas sin resolverlas. Si hacemos un análisis de sangre a un animal que ha pasado por una situación de peligro inminente, tres minutos después de que ha podido escapar del ataque, este análisis revelará que el animal ha metabolizado todas las hormonas segregadas, lo cual le ayudó a actuar y a escapar del peligro. Salvo esto, aparentemente no hay memoria o interpretación del animal atacado que busque el porqué del ataque, o por qué le suceden esas cosas a él. Así, a pesar de que tenemos la misma capacidad del animal de metabolizar las hormonas segregadas, nosotros tenemos dificultad al resolver y cerrar capítulos; por el contrario, seguimos rumiando, interpretamos sin evidencia y saltamos a conclusiones que nos preparan para el ataque o el escape aun cuando no "exista" en la realidad tal ataque. En la cultura budista existe un cuento que ejemplifica este aspecto:

"Había una vez un monje budista, maestro de una secta que por tradición no podían tocar a las mujeres, transitaba por los caminos de la región con un discípulo en camino a su monasterio. Un día, pasando por un río crecido, se percataron de que una vieja mujer se estaba ahogando; el maestro se lanzó al agua sin titubear y la puso a salvo al otro lado del río. El discípulo, perplejo y confundido al ver a su maestro romper la tradición de muchos años, no pudo decir nada. Durante tres días el discípulo pensó en el incidente; sin embargo, no se aventuraba a decir palabra. Al final del tercer día, antes de acostarse se acercó al maestro que reflexionaba frente a la hoguera en la intemperie: "Maestro, hace tres días usted cargó a esa anciana, rompiendo nuestra tradición, ¿no entiendo?" El maestro, al escuchar esto le dijo: "Yo recuerdo haber cargado a esa mujer hace tres días, ¿tú todavía la cargas?"

El cerebro segrega las hormonas necesarias para que el organismo pueda solventar las situaciones que enfrenta. Sin embargo, es importante enfatizar que la acumulación de esas sustancias (catelominas, por ejemplo) en la sangre reprime el sistema inmunológico, lo que tendrá repercusiones dañinas para el organismo. Yo menciono en muchas ocasiones que el cerebro no sabe lo que es verdad o no. Si interpretamos que nos están atacando, el cerebro reaccionará con una respuesta de ataque segregando las hormonas adecuadas para que el cuerpo se adapte a esa situación, lo que quiere decir que el cerebro responde a lo imaginado, no considera si existe en la realidad. Para ejemplificar esto cierren los ojos, imagínense que están comiendo un limón, o que alguien con sus uñas largas está rayando la pizarra de un aula. ¿Hubo alguna reacción corporal? Si hubo salivación o escalofrío significa que su cuerpo reaccionó ante un estímulo de la imaginación. Interpretar una mirada del jefe como un juicio a una actuación inadecuada puede ser fuente de ansiedad. Interpretar la misma mirada del jefe como cansancio, preocupación o dolor físico no tendrá el mismo efecto. Así como podemos ser influenciados, esta influencia puede ser negativa o positiva, dependiendo de nuestra interpretación.

Lazarus (1966, 1984) ha enfatizado que la situación estresante comienza con nuestra interpretación de la situación. Primero nos preguntamos qué está pasando y por qué, buscando causalidad; a continuación determinamos el significado de la situación en relación con nuestro bienestar, nos preguntamos cuán peligrosa es la situación y qué recursos tenemos para manejarla. Los individuos negativos o pesimistas que responden con desproporción y, por lo tanto, con gran ansiedad, deciden que el evento es muy peligroso, difícil, doloroso, y que no tienen los recursos para solventarlo. Sin embargo, los individuos optimistas deciden aventurarse a buscar recursos personales y hacer esfuerzos en el cumplimiento de los objetivos. Esto lo ejemplifica la cita que dice: "No seas duro contigo mismo si hiciste tu mayor esfuerzo y no lo lograste, pero sé duro contigo mismo si ni siquiera lo intentaste".

Walter Canon, un fisiólogo de la universidad de Harvard que al comienzo del siglo XX dio inicio y definió estrés como un problema psicológico, fue el primero que describió la respuesta de ataque o escape como una serie de cambios bioquímicos que nos preparan para manejar la amenaza. Los hombres cazadores primitivos necesitaban rápidos surgimientos de energía para enfrentar o escapar a los depredadores. Actualmente costumbres sociales de buena conducta nos impiden escapar o atacar, aun cuando literalmente no faltan ocasiones en que así quisiéramos manejar algunas situaciones. Como consecuencia, el estrés inicia una respuesta que no necesariamente es útil o adecuada a la situación presente. Una respuesta continua, desproporcionada, de lucha o escape puede causar daño en gran medida tanto física como emocionalmente, Selye (1956, 1974).

Hans Selye fue el primer investigador del estrés. El pudo reconocer e indicar qué sucede exactamente en nuestro cuerpo durante la respuesta de escape o lucha. Selye encontró que cualquier problema, imaginario o real, puede hacer que nuestra corteza cerebral, que es nuestro sector pensante del cerebro, mande señales de alarma al hipotálamo, que a su vez es el sector principal relacionado con la respuesta del estrés y localizado en el cerebro medio.

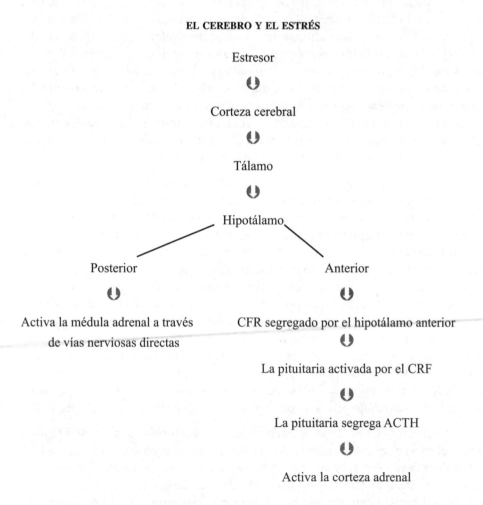

EL CEREBRO Y EL ESTRÉS

Estresor

Corteza cerebral

Tálamo

Hipotálamo

Posterior

Anterior

Activa la médula adrenal a través de vías nerviosas directas

CFR segregado por el hipotálamo anterior

La pituitaria activada por el CRF

La pituitaria segrega ACTH

Activa la corteza adrenal

El hipotálamo estimula el sistema nervioso simpático para producir una serie de cambios en nuestro cuerpo. Cuando el ritmo cardíaco, el volumen de sangre y la presión arterial aumentan, comenzamos a sudar, nuestras manos y piernas se enfrían, ya que la sangre es dirigida a nuestras extremidades y a los músculos mayores que pueden ayudar en los movimientos relacionados con escape o lucha. Si la interpretación del evento es que tenemos las condiciones físicas de enfrentar la situación en cuestión, la sangre fluye a las extremidades superiores (agresión) para asir mejor el arma; si por el contrario, la interpretación es que necesitamos huir, la sangre fluye a las extremidades inferiores para facilitar la rapidez de la huida. El diafragma y el ano se contraen, las pupilas se dilatan para agudizar la visión y nuestro sentido del oído se vuelve también más agudo. Mientras todo esto está ocurriendo, algo está a su vez ocurriendo a nivel psicológico y fisiológico que puede tener una repercusión negativa a largo plazo. En estas situaciones la glándula adrenal segrega corticoides (adrenalina, epinefrina, norepirefrina) que inhiben la digestión, la reproducción, el crecimiento y la reparación de tejidos, así como la respuesta inmunológica; en otras palabras, algunas funciones vitales que nos ayudan a mantenernos sanos comienzan a funcionar ineficientemente. Es importante enfatizar que el mismo mecanismo que inició la respuesta a la situación estresante puede terminarla, porque tan pronto como se decida que la situación no representa un peligro para el organismo, nuestro cerebro dejará de mandar señales de sobrevivencia a nuestro sistema nervioso.

Las hormonas y químicos que generaron en nuestro cuerpo un estado de excitación son rápidamente metabolizados; tres minutos después de haber dejado de mandar mensajes de peligro volvemos al estado normal, y en nuestro sistema sanguíneo no queda presencia de esos químicos y hormonas. Desafortunadamente, si no apagamos ese mensaje de emergencia y seguimos psicológicamente percibiendo que todavía la situación amenazante perdura y está presente, las hormonas y las sustancias bioquímicas continúan segregándose, de manera que podemos comenzar a sufrir las consecuencias a través de dificultades físicas serias. Si el estilo de vida es incongruente, si existe dificultad en mantener un manejo adecuado de las emociones, las percepciones que tenemos de los eventos exigen constantemente del cerebro que mande señales de alarma, especialmente cuando las situaciones son percibidas como amenazas, y así no se le está dando al cerebro la oportunidad de hacer su trabajo primario de mantener la salud (Ornsteim y Sobel, 1987).

Ornsteim y Sobel (1987) enfatizan que la función fundamental de nuestro cerebro es el mantenimiento de la salud, y no el pensamiento racional, el lenguaje o la poesía. Los mismos centros cerebrales que aceleran el proceso bioquímico cuando estamos en situación de alarma, pueden desacelerar esos procesos. La respuesta de relajación es el proceso opuesto a la respuesta de alarma, reflejada esta respuesta al regresar el cuerpo a un estado de equilibrio: las pupilas, audición, presión arterial, ritmo cardíaco, respiración y circulación regresan a un estado normal de equilibrio en que los músculos se relajan. Las respuestas de relajación tienen un efecto de recuperación, ya que normalizan los procesos físicos y emocionales.

No tenemos que mantenernos como víctimas de las reacciones de lucha o escape, podemos aprender a estar conscientes de nuestras reacciones y conductas para así manejarlas. Podemos aprender a tener nuestras emociones a nuestro servicio, actuar asertiva y congruentemente, generar pensamientos positivos, compartir nuestro diálogo interno de una forma que nuestras relaciones puedan ser transparentes y genuinas, manteniendo un nivel de salud óptimo, respetando y fortaleciendo ese único cuerpo que recibimos en este período. Selye (1956) y, posteriormente, Pelletier (1977) concluyeron en sus investigaciones con ratas que, independientemente de la fuente de estrés, el cuerpo reaccionará de la misma manera: un agrandamiento sustancial de la glándula adrenal producirá atrofia o reducción del timo, bazo, nódulos linfáticos y otras estructuras linfáticas, desaparición casi total de las células eosinófilas (una forma de glóbulos blancos) y sangramiento de la mucosa estomacal y el duodeno.

Selye (1956) resume la reacción a una situación percibida como estresante en un proceso trifásico:

Fase 1: Reacción de alarma

El cuerpo muestra los cambios característicos al estar expuestos a un evento estresante (interno o externo), al mismo tiempo, su resistencia disminuye y, si el estresor es suficientemente fuerte y presenta temperaturas extremas o quemaduras severas, hasta la muerte puede ocurrir.

Fase 2: Etapa de resistencia

Si la exposición al estresor continúa y es compatible con la adaptación, una etapa de resistencia es activada, los signos corporales característicos de la reacción de alarma han desaparecido y la resistencia aumenta a niveles anormales.

Fase 3: Fase de exausción

La energía que ha mantenido al organismo respondiendo al evento estresante como un ejercicio de adaptación, eventualmente se consume. Si continuara la presencia del evento estresante la señal de alarma reaparece, sin embargo no es reversible y el individuo puede hasta morir.

Selye (1974) define el estrés como "la respuesta no específica del cuerpo a cualquier exigencia que se le presenta" (p. 14). Esto significa que los eventos positivos, como una promoción a la cual tenemos que adaptarnos, así como los eventos negativos, como la muerte de un ser querido a la cual también tenemos que adaptarnos, son experimentados fisiológicamente de la misma manera. Uno de los seguidores de Selye, Simeons (1961) sugiere que nuestro cerebro, especialmente el diencéfalo, no se ha desarrollado al ritmo necesario para manejar los eventos estresantes simbólicos del siglo XX. Por ejemplo, cuando nuestra autoestima es amenazada, el cerebro prepara el cuerpo a la respuesta de lucha o ataque. Si la amenaza a nuestra autoestima proviene, por ejemplo, del miedo al bochorno, a equivocarnos o a la pena de enfrentar una audiencia en alguna presentación, ni la lucha, ni la fuga son reacciones apropiadas. En consecuencia, nuestro cuerpo se prepara fisiológicamente para hacer algo que nuestra psicología prohíbe.

Varios estudios han añadido conocimiento a estas investigaciones iniciales en un esfuerzo por entender la relación entre estrés y procesos fisiológicos y psicológicos. El propósito de esos estudios era prevenir las consecuencias negativas para nuestra estructura psicológica y fisiológica y de esa manera contribuir con el manejo más apropiado de nuestras emociones y relaciones interpersonales. Como ejemplo de esos estudios se encuentran los de Wolh (1953), quien encontró en sus investigaciones que el manejo del estrés emocional fue determinante en la supervivencia de prisioneros de guerra. Wolf (1965) demostró los efectos del estrés en las funciones digestivas. Leshan (1966) estudió los efectos del estrés en el desarrollo del cáncer. Friedman y Rosenman (1974) identificaron la relación entre estrés y enfermedades coronarias del corazón. Simonton (1975) ha añadido un componente al tratamiento estándar del cáncer, consistente en la visualización guiada con el propósito de generar salud. Benson (1975), un cardiólogo, primero interesado en el estudio de la meditación trascendental, desarrolló una técnica para reducir la presión arterial en sus pacientes. Otros investigadores: Schultz (1953) con su entrenamiento autogénico y su alumno Luthe (1965), y Jacobson (1938) quien desarrolló la relajación progresiva.

A raíz de estos estudios surgió toda un área relacionada con el desarrollo de metodologías para el manejo de los cambios a los cuales necesitamos adaptarnos y los efectos que esos cambios ejercen sobre nuestra salud. Holmes y Rahe (1967) mostraron que mientras percibamos los cambios en nuestra vida como perturbadores, mayor será la probabilidad de desarrollar enfermedades. Lazarus (1984a) y De Long *et al* (1982) demostraron que las presiones y preocupaciones cotidianas son más perjudiciales para nuestra salud que los cambios mayores que ocurren eventualmente en nuestra vida, como la muerte de un ser querido o un divorcio. Las probabilidades de que comencemos a sentir efectos dañinos en nuestra fisiología y/o psicología dependerán de si nuestra reacción a los eventos estresantes genera un desequilibrio fisiológico que perdure alejándose de la medida base de nuestro equilibrio acostumbrado, al mismo tiempo que el grado de la presión y exigencia de cambio se mantiene en el tiempo. Quiere decir que los dos factores: duración y grado o intensidad del evento estresante son elementos en los cuales hay que poner atención para el manejo apropiado del estrés. Los individuos que han aprendido las habilidades que ofrecen las diferentes herramientas para el manejo del estrés, regresarán más rápidamente a la medida base fisiológica y psicológica que aquellos que no han aprendido o aplicado esas herramientas. Un ejemplo similar sería el del corredor en buen estado de entrenamiento que al interrumpir el esfuerzo su corazón regresará a su estado cardíaco de reposo más rápidamente que el de aquellos corredores con bajo grado de entrenamiento. Es importante enfatizar que el objetivo de las herramientas en el manejo del estrés no es eliminarlo. Es necesario y satisfactorio ajustarse a situaciones y circunstancias de la vida ya que es la motivación que nos impulsa para llegar a desempeños superiores y más allá de las expectativas. Al enfrentar metas retadoras es necesario la excitación que nos prepara para cumplir con esos objetivos y así prepararnos mejor. Por lo tanto, eliminar en su totalidad esa excitación traería como resultado la apatía ante objetivos retadores.

No son muertos los que yacen en esas tumbas frías,
muertos son los que andan con sus almas frías,
que viven todavía.

Esa cita que se encuentra en el portal del cementerio de Tabay, estado Mérida, representa la importancia de mantenernos alertas, comprometidos, excitados ante objetivos retadores que ponen a prueba nuestras habilidades y maestría personal. Nuestra meta es limitar los efectos dañinos del estrés, mientras mantenemos, al mismo tiempo, nuestra calidad de vida y nuestra vitalidad.

La siguiente escala se relaciona específicamente al estrés ocupacional. Si estás trabajando actualmente, contesta las preguntas con relación a tu empleo. Si no estás trabajando actualmente, contéstalas con relación a tu último empleo. Si eres ama de casa, ese empleo es quizás el más difícil ya que es el que peor paga y el que recibe menos reconocimiento, por tanto contesta las preguntas con relación a esa ocupación.

Por cada pregunta, pon el valor que representa tu respuesta en el espacio provisto. Utiliza los valores señalados a continuación. Las preguntas fueron elaboradas por Weiman (1978).

Nunca, 1 / A veces, 2 / Frecuentemente, 3 / Siempre, 4

___ 1. ¿Con qué frecuencia percibes que tienes muy poca autoridad para asumir tus responsabilidades?

___ 2. ¿Con qué frecuencia percibes que tienes poca claridad sobre cuáles son las responsabilidades y el alcance de tu trabajo?

___ 3. ¿Con qué frecuencia no sabes las oportunidades de progreso o promoción que existen para ti?

___ 4. ¿Con qué frecuencia percibes que tu carga de trabajo es muy pesada, que no podrás terminar en un día regular de trabajo?

___ 5. ¿Con qué frecuencia percibes que no podrás llenar las exigencias, a veces conflictivas, de varios individuos a tu alrededor?

___ 6. ¿Con qué frecuencia percibes que no estás calificado para manejar tu trabajo?

___ 7. ¿Con qué frecuencia sabes lo que piensan los individuos a los cuales les provees un servicio en tu trabajo?

___ 8. ¿Con qué frecuencia te encuentras en posición de no tener la información necesaria para cumplir con tu trabajo eficientemente?

___ 9. ¿Con qué frecuencia estás preocupado sobre decisiones que afectan la vida de individuos que conoces?

___ 10. ¿Con qué frecuencia percibes que no eres aceptado y apreciado?

___ 11. ¿Con qué frecuencia percibes que no eres capaz de influenciar las decisiones que toma tu supervisor y que te afectan a ti?

___ 12. ¿Con qué frecuencia no sabes lo que la gente con la cual trabajas espera de ti?

___ 13. ¿Con qué frecuencia piensas que la cantidad de trabajo que tienes que hacer interfiere con la calidad de los resultados?

___ 14. ¿Con qué frecuencia percibes que tienes que hacer cosas en el trabajo que están en contra de tu mejor juicio?

___ 15. ¿Con qué frecuencia percibes que tu trabajo interfiere con tu vida personal-familiar?

Para saber cuál es tu nivel de estrés ocupacional, suma los números de tus respuestas y divídelos entre 15. Mientras más alta sea la puntuación, más es el estrés ocupacional.

TABLA 1

PUNTUACIÓN	No. DE PERSONAS	PORCENTAJE	PROMEDIO RIESGO / PACIENTE (0.2 0.4 0.6 0.8)
1.0 – 1.3	70	4.5	
1.4 – 1.6	148	9.6	
1.7 – 1.9	314	20.4	
2.0 – 2.2	308	20.0	
2.3 – 2.5	328	21.3	
2.6 – 2.8	222	14.4	
2.9 – 3.1	115	7.5	
3.2 – 3.4	24	1.6	
3.5 – 3.7	9	0.6	
3.9 – 4.0	2	0.1	

La tabla 1 muestra la relación existente entre las puntuaciones de la escala, que acabas de finalizar, y los incidentes de enfermedad en 1.540 empleados que fueron estudiados por Weiman, 1978. La expectativa de que grandes cantidades de estrés percibido está asociada con mayores incidentes de enfermedad fue respaldada por Weiman. Sin embargo, pequeñas cantidades de estrés también fueron asociadas con mayores incidentes de enfermedad. En otras palabras, existe una cantidad óptima de estrés asociada con la salud. Una explicación probable es que una baja puntuación en el instrumento significa que los individuos que respondieron de esa manera se perciben no utilizados o no necesitados, pensando que tenían pocas responsabilidades y creyendo que sus trabajos no eran importantes. Pensar en ser fácilmente remplazable genera mucho estrés; sin embargo, este tipo de estrés no fue medido por esta escala.

Patrón de comportamiento tipo A

Existen individuos que muy a menudo parecen estar ocupados, corriendo a algún lugar, no disminuyendo la presión de trabajo. Percibimos a esos individuos como los ejecutivos de grandes corporaciones, trabajando tiempo extra, con sus escritorios llenos de documentos, y con subalternos pidiendo atención. Sin embargo, como nos daremos cuenta, otros individuos también podrán entrar en esa categoría, llamada patrón de comportamiento Tipo A.

Sería importante que antes de proceder a la lectura, pudieras diagnosticarte y reconocer si tu comportamiento entra en esa categoría. Para tal efecto, lee los ítems mencionados a continuación y señala, en el espacio indicado, si el comportamiento describe o no el tuyo. Esta escala está basada en Friedman y Rosenman (1969).

Sí   No

1. Yo acentúo, cuando estoy hablando explosivamente, ciertas palabras.

2. Yo digo, cuando estoy hablando, las últimas palabras de una oración más rápido que las primeras.

3. Yo siempre me muevo, camino y como rápido.

4. Yo siento una impaciencia con el ritmo de cómo se mueven las cosas.

5. Yo apuro la conversación de otros diciendo "sí, sí" o "ajá, ajá", o terminando las frases y oraciones por ellos.

6. Yo me molesto mucho cuando un carro delante de mí va a una velocidad que yo considero muy lenta.

7. Yo me angustio de esperar en cola.

8. Encuentro intolerable observar a otros desempeñar una tarea que yo sé que puedo hacer más rápido.

9. Me doy cuenta de que apuro mi lectura o intento obtener condensaciones o resúmenes de literatura interesante.

10. Yo frecuentemente intento pensar o hacer dos o más cosas a la vez.

11. Me doy cuenta de que me es difícil no hablar o traer a la conversación los temas que son especialmente importantes para mí.

___ ___ 12. Me siento vagamente culpable cuando me relajo o no hago algo durante varias horas o días.

___ ___ 13. Yo ya no le pongo atención a los objetos más interesantes o importantes que encuentro.

___ ___ 14. No tengo tiempo de sobra para preocuparme de ser lo que valdría la pena ser ya que estoy muy preocupado de tener las cosas que vale la pena tener.

___ ___ 15. Yo intento poner en mi agenda más y más tareas en menos tiempo.

___ ___ 16. Siempre estoy apurado.

___ ___ 17. Cuando me encuentro con otra persona impetuosa y competitiva siento la necesidad de retar a esa persona.

___ ___ 18. En conversaciones, frecuentemente cierro mi puño con fuerza, o golpeo la mesa, o golpeo con el puño la palma de la mano para enfatizar lo que estoy diciendo.

___ ___ 19. Habitualmente presiono mis mandíbulas, fricciono mis dientes o expongo mis dientes llevando los ángulos de mi boca hacia atrás.

___ ___ 20. Yo creo que el éxito del cual gozo, se debe en parte a mi habilidad de hacer las cosas más rápido que los demás.

___ ___ 21. Me doy cuenta de que frecuentemente evalúo en términos económicos, no sólo mis actividades sino las de otros.

Si te das cuenta de que la mayoría de esos ítems te describen, tú probablemente posees algún grado de patrón de conducta Tipo A. Este tipo de conducta es una tendencia de personalidad compleja que incluye un deseo de competencia excesivo, agresividad, impaciencia y un sentido desarrollado de la urgencia. Así mismo, un grado de hostilidad bien racionalizada y una sensación de inseguridad. Este patrón de conducta ha sido asociado con el desarrollo de enfermedades cardíacas. Este tipo de comportamiento es exhibido también por mujeres con consecuencias similares. En un estudio realizado por Haynes y Feinleib (1980), mujeres con patrón de comportamiento tipo A tenían la probabilidad de desarrollar enfermedades coronarias cuatro veces más que otras mujeres. Estudios relacionados con la agresividad han encontrado que individuos que no han aprendido a expresar su rabia adecuadamente, negándola o evadiéndola sin encontrar la oportunidad de expresarla, desarrollaron enfermedades cardíacas en mayor grado que aquellos que asertivamente la expresaban (Shekelle, 1983). Barefoot, Dahlstrom y Williams, 1983, reportaron que individuos en las áreas de negocios con patrón de comportamiento tipo A sufrían siete veces más enfermedades coronarias que otros individuos en profesiones similares. Aparentemente, y confirmado por estudios posteriores, hostilidad y rabia son las conductas centrales asociadas a enfermedades coronarias (Friedman y Ulmer, 1984). Barefoot, Dahlstrom y Williams hicieron un seguimiento de veinticinco años a 255 estudiantes de medicina y encontraron que independientemente de factores de riesgo, como la edad, el fumar y una historia familiar de hipertensión, la hostilidad produjo incidentes de enfermedades coronarias y fatalidad como consecuencia de ello.

Es importante, y a pesar de lo dicho anteriormente, darse cuenta de que la conducta descrita por el patrón de comportamiento tipo A, del mismo modo que otros comportamientos, es aprendida. Esta conducta pudo haber sido aprendida de los padres, maestros o supervisores y encuentra un refuerzo por medio de nuestra sociedad. Una manera de comenzar a modificar este tipo de patrón es utilizar muchas de las herramientas señaladas en este libro. Algunas recomendaciones para disminuir el patrón de comportamiento tipo A han sido sugeridas por Friedman y Rosenman:

1. Reconoce que la vida es un proceso incompleto. Es poco realista creer que podrás terminar todo lo que necesitas hacer sin que algo se presente a continuación y que tenga que hacerse.

2. Escucha atentamente la conversación de otros, no interrumpas o trates de apresurar la conversación.

3. Concéntrate en una cosa a la vez.

4. Si delegaste una tarea, no interfieras en el trabajo de otros, aun cuando pienses que lo puedes hacer más rápido. Si interfieres no estás permitiendo el desarrollo de otros. El aprendizaje de ellos es también por medio de errores.

5. Cuando enfrentes una tarea, pregúntate: ¿Tendrá esto relevancia dentro de cinco años?

6. Antes de intervenir en una conversación, pregúntate:

    a. Lo que voy a decir, ¿tiene un valor agregado a la conversación o lo estoy diciendo simplemente para figurar?
    b. ¿Es esto lo que otros quieren escuchar?

7. Cuando estés esperando en una cola, utiliza el tiempo para conocer mejor a esa persona con la cual estás esperando o considera ese tiempo como una oportunidad de alejarte de las presiones cotidianas.

8. Recuérdate diariamente que no importa cuántas cosas hayas adquirido, si no contribuyen con tu desarrollo espiritual, son relativamente sin valor.

9. Utiliza algunas de las técnicas de relajación o meditación mencionadas en este libro.

10. Considera tus opiniones como temporalmente correctas, mientras mantienes una mente abierta a nuevas ideas.

11. Busca practicar silencio y tiempo contigo mismo a solas. Recuerda que sólo a través de la reflexión podemos llegar al entendimiento.

12. Consolida tus relaciones interpersonales.

13. Maneja tus emociones, actúa asertivamente.

CAPÍTULO 11

¡Recuerda que ese cuerpo que tienes,
te guste o no,
es el único que recibirás en este período,
cuídalo!

Anónimo

Aspectos fisiológicos y psicológicos

El cerebro y sus funciones

Cuando hablamos del manejo de nuestras relaciones interpersonales, de las emociones y en general de cómo interpretamos las circunstancias de nuestra vida, estamos hablando del manejo de elementos psicológicos y fisiológicos. Estamos enfatizando los elementos intrapersonales e interpersonales, a pesar de que estemos consciente de que las presiones pueden ser causadas por elementos biológicos, como virus y bacterias, o por aspectos del medio ambiente, cambios en la temperatura, la iluminación, el ruido, etc.

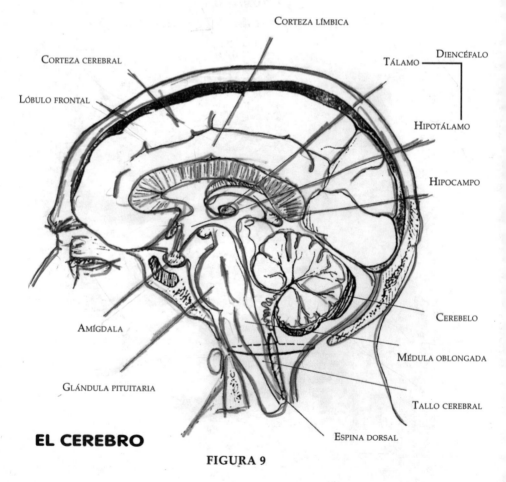

CORTEZA LÍMBICA

CORTEZA CEREBRAL

DIENCÉFALO

TÁLAMO

LÓBULO FRONTAL

HIPOTÁLAMO

HIPOCAMPO

CEREBELO

AMÍGDALA

MÉDULA OBLONGADA

GLÁNDULA PITUITARIA

TALLO CEREBRAL

EL CEREBRO

ESPINA DORSAL

FIGURA 9

Estos factores psicológicos y fisiológicos son percibidos y traducidos por nuestro cerebro, dando éste las instrucciones necesarias al resto del cuerpo de cómo ajustarse efectivamente.

El cerebro está compuesto por dos componentes mayores: la corteza cerebral y la subcorteza.

La figura muestra las estructuras del cerebro y su localización.

La subcorteza incluye:

1. El cerebelo, que coordina los movimientos del cuerpo.

2. La médula oblongada, que coordina la respiración, las pulsaciones del corazón y otras funciones fisiológicas básicas.

3. El puente de Varolio, que regula el ciclo del sueño.

4. El diencéfalo, que tiene muchas funciones, entre ellas la regulación de las emociones, está compuesto por:

 – el tálamo

 – el hipotálamo

 – otras células nerviosas

El hipotálamo es una estructura clave, ya que es un activador primario del sistema nervioso autonómico que controla los procesos corporales básicos como el balance hormonal, la temperatura, la dilatación y contracción de vasos capilares.

5. El sistema límbico, llamado la silla de las emociones, está interconectado con el diencéfalo y es responsable primordialmente de las emociones y su expresión corporal. El sistema límbico en apariencia produce emociones como el miedo, la ansiedad y la alegría en respuesta a señales psicológicas y físicas. De esta manera, el sistema límbico es una estructura importante y para tomar en cuenta cuando se explican los factores psicológicos de nuestras respuestas de adaptación.

 Cuando el diencéfalo reconoce el miedo, la corteza cerebral, que controla las funciones de abstracción como el lenguaje y el juicio, puede usar el juicio, y generar opciones para reconocer el estímulo como no amenazante y sobreponerse o minimizar el miedo.

6. El sistema de activación reticular es el sistema de conexión neurológica que permite que la corteza y la subcorteza cerebral puedan pasar, mandar y recibir información. El sistema de activación reticular es como una autopista donde los mensajes transitan en ambos senti-

dos, donde un estímulo estresante simbólico percibido por la parte del cerebro que tiene a su cargo funciones de alto orden de racionalidad y pensamiento puede influenciar y generar respuestas neurofisiológicas, de la misma manera que un estresor físico puede influenciar a la corteza cerebral, Kenneth (1977).

Cuando percibimos un estresor, nuestro cuerpo a través de algunos de sus órganos como los músculos, ojos, nariz, oídos, trasmite el mensaje al cerebro a través de una estructura nerviosa. Estos mensajes pasan a través del sistema de activación reticular hacia el sistema límbico y el tálamo. El sistema límbico es donde las emociones evolucionan y donde el tálamo, actuando como tablero de control, determina qué hacer con los mensajes recibidos. El hipotálamo entra ahora en el juego. Cuando esto ocurre, el hipotálamo activa el sistema endocrino y el sistema nervioso autónomo. Para activar el sistema endocrino, el hipotálamo (su porción anterior) segrega CRF (Corticotropin Releasing Factor, el cual da orden a la glándula pituitaria que está en la base del cerebro para que segregue la hormona adrenacorticotropina (ACTH), que activa la corteza adrenal. Para activar el sistema nervioso autónomo, un mensaje es enviado por la parte posterior del hipotálamo hacia la médula adrenal utilizando un conjunto de células nerviosas para este propósito. Otras funciones del hipotálamo comprenden la segregación de Thyrotropic Releasing Factor (TRF) de su porción anterior que instruye a la pituitaria para segregar la Thyrotropic Hormone (TTH), que a su vez estimula la glándula tiroidea para segregar la hormona tiroxina. El hipotálamo anterior también estimula la glándula pituitaria para segregar oxitocina y vasopresina Makara, Palkorito y Szentagothal (1980). Las funciones de estas hormonas serán discutidas posteriormente.

El sistema endocrino

Una de las partes más importantes del cuerpo, relacionada con nuestras percepciones y respuestas a estímulos internos y externos, es el sistema endocrino. El sistema endocrino incluye todas las glándulas que segregan hormonas, y que alteran la función de otros tejidos corporales que son transportados a través del sistema circulatorio. El sistema endocrino incluye la pituitaria, tiroides, paratiroides, glándula adrenal, páncreas, ovarios, testículos, glándula pineal y timo.

Cuando el hipotálamo segrega CRF y como consecuencia la capa exterior de la glándula adrenal, el córtex adrenal, segrega glucocorticoide y mineralocorticoide. El glucocorticoide primario es la hormona cortisol y el mineralocorticoide es la aldosterona. El cortisol, cuya función primordial es aumentar el azúcar en la sangre, provee el combustible para la conducta de escape

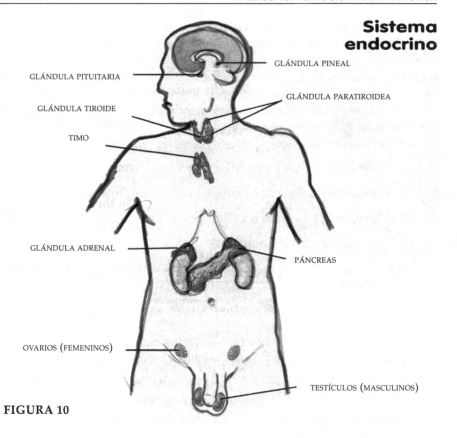

Sistema endocrino

GLÁNDULA PINEAL

GLÁNDULA PITUITARIA

GLÁNDULA PARATIROIDEA

GLÁNDULA TIROIDE

TIMO

GLÁNDULA ADRENAL

PÁNCREAS

OVARIOS (FEMENINOS)

TESTÍCULOS (MASCULINOS)

FIGURA 10

o huida, de tal manera que tengamos energía para la acción. Esta conversión de aminoácidos a glicógenos ocurre en el hígado. Cuando los glicógenos se agotan, el hígado puede producir glucosa a partir de aminoácidos. Este proceso es llamado gluconeogénesis. Adicionalmente, el cortisol moviliza ácidos grasos libres de tejido adiposo, descompone la proteína y aumenta la presión arterial. Todo esto está diseñado para prepararnos a correr o enfrentar un estímulo percibido como estresor. Sin embargo, es importante enfatizar que el cortisol así como cumple su papel fundamental de facilitar la respuesta de huida y lucha, también causa la disminución de linfocitos segregados del timo y los nódulos linfáticos, que son los elementos esenciales para la efectividad de nuestro sistema inmunológico y en la lucha contra organismos invasores como bacterias, virus y hongos. Consecuentemente un aumento de cortisol disminuye la efectividad de la respuesta inmunológica. La aldosterona también nos prepara para la acción. Su propósito principal es aumentar la presión arterial y así transportar oxígeno y alimentos a las partes activas de nuestro cuerpo, órganos y miembros. La manera como la aldosterona aumenta la presión arterial es incrementando el volumen sanguíneo; esto ocurre de dos maneras: primero, la disminución en la producción de orina y segundo el aumento en la retención de sodio. Ambos mecanismos dan como resultado en una baja eliminación de fluidos del cuerpo, mayor volumen sanguíneo y subsecuente aumento de la presión arterial. La parte interna de la médula adrenal es activada a través de conexiones nerviosas directas de la parte posterior del hipotálamo. Así la médula adrenal segrega epirefrina, comúnmente conocida como adrenalina y norepirefrina conocida como noradrenalina. Estas hormonas influyen en cambios corporales que pueden incluir:

- Aceleración de las pulsaciones del corazón.

- Aumento de la fuerza de bombeo de la sangre al corazón.

- Dilatación de las arterias coronarias.

- Dilatación de los bronquios.

- Aumento de la tasa metabólica donde la mayoría de los procesos corporales aumentan.

- Contracción de los vasos capilares en los músculos.

- Aumento del consumo de oxígeno.

La glándula tiroides también está involucrada en la reacción a situaciones estresantes. Activada por la TTH de la pituitaria agrega tiroxina que influye en los siguientes factores:

- Aumento del ritmo de los procesos metabólicos.

- Aumento de los ácidos grasos libres.

- Aumento de la tasa gluconeogénesis.

- Aumento de la motilidad gastrointestinal.

- Aumento del ritmo y profundidad de la respiración.

- Aceleración del ritmo cardíaco y de la presión arterial.

- Aumento de la ansiedad.

- Disminución de la sensación de cansancio.

En resumen, durante el estrés, el hipotálamo activa la glándula adrenal y la tiroides que a su vez segregan cortisol, aldosterona, epinefrina, norepinefrina y tiroxina. Estas hormonas afectan numerosos procesos corporales que preparan por un lado al individuo a responder psicológica o fisiológicamente y así adaptarse a diversas situaciones; sin embargo, y paradójicamente, la continua concentración de alguna de estas hormonas en el torrente sanguíneo disminuye la respuesta inmunológica.

El estrés
y el hipotálamo anterior

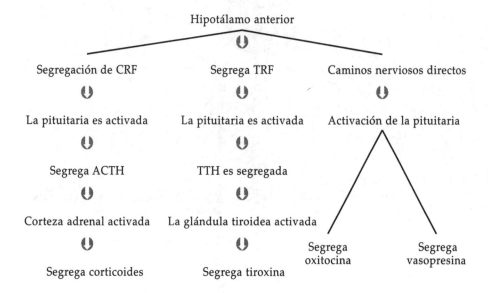

El sistema nervioso autónomo

Las funciones involuntarias del cuerpo están controladas por el sistema nervioso autónomo; el ritmo cardíaco, la presión arterial, la regulación de fluidos corporales, la respiración. Ese control es mantenido por dos componentes:

a) el sistema nervioso simpático, y

b) el sistema nervioso parasimpático.

El primero está a cargo del aumento en el consumo de energía, del aumento del ritmo respiratorio, y el parasimpático, de conservar la energía y de la disminución del ritmo respiratorio, por ejemplo. Por lo tanto, cuando percibimos una amenaza o un estresor, el sistema nervioso simpático activado por el hipotálamo regula al organismo produciendo:

• Aumento del ritmo cardíaco.

• Aumento de la fuerza de contracción del corazón.

• Dilatación de las arterias abdominales.

• Dilatación de las pupilas.

• Dilatación de los tubos bronquiales.

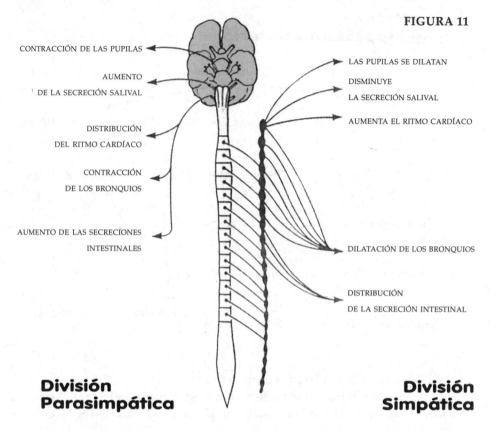

FIGURA 11

CONTRACCIÓN DE LAS PUPILAS

AUMENTO
DE LA SECRECIÓN SALIVAL

DISTRIBUCIÓN
DEL RITMO CARDÍACO

CONTRACCIÓN
DE LOS BRONQUIOS

AUMENTO DE LAS SECRECÍONES
INTESTINALES

LAS PUPILAS SE DILATAN

DISMINUYE
LA SECRECIÓN SALIVAL

AUMENTA EL RITMO CARDÍACO

DILATACIÓN DE LOS BRONQUIOS

DISTRIBUCIÓN
DE LA SECRECIÓN INTESTINAL

División Parasimpática

División Simpática

- Aumento de la fuerza de los músculos esqueléticos.
- Segregación de la glucosa del hígado.
- Aumento de la actividad mental.
- Aumento significativo del ritmo metabólico.

CARA TRANQUILA,
LEYENDO

CARA DE SUSTO

FIGURA 12

Debido a estos cambios fisiológicos, algunos individuos han sido capaces de acciones extraordinarias en situaciones de emergencia, como saltar un muro o pared al escuchar a un ser amado al otro lado en apuros, lo que indica el poder de activación del organismo a través de la respuesta de lucha o escape. El sistema parasimpático es generalmente responsable de regresar al organismo a un estado de relajación. Es importante mencionar que las funciones involuntarias de nuestro cuerpo no son totalmente involuntarias. En otras palabras, podemos aprender a controlar la presión arterial, el ritmo cardíaco y la respiración, emitir ciertas ondas cerebrales y dilatar ciertos vasos capilares. El conocimiento de herramientas que pueden influenciar no sólo las funciones fisiológicas de nuestro cuerpo sino también los aspectos psicológicos es fundamental. Por lo tanto, nos permite poder ejercer control sobre nuestro propio cuerpo, pudiendo así llegar al grado de maestría personal dé prevenir enfermedades y no permanecer como víctima de ellas.

El sistema cardiovascular

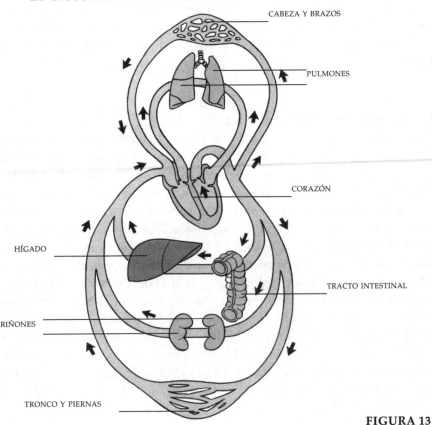

FIGURA 13

El efecto del estrés sobre el sistema circulatorio es pronunciado. Cuando el hipotálamo reacciona a un estresor, le da una señal a la pituitaria para segregar oxitocina y vasopresina, ambas hormonas causan contracción de los músculos lisos produciendo la contracción de las paredes de los vasos capilares. La vasopresina también aumenta la permeabilidad de los vasos capilares al agua produciendo un aumento del volumen sanguíneo. Al mismo tiempo la aldosterona genera una retención de sodio, por lo tanto la contracción de los vasos capilares y el aumento de la permeabilidad da como resultado un aumento de la presión arterial causada por una reacción a un evento percibido como estresante. Adicionalmente, el corazón es afectado cuando reaccionamos ante circunstancias y situaciones donde percibimos que hay una exigencia de acción y ajuste. Como consecuencia existe un aumento en la fuerza de contracción y por lo tanto se bombea más sangre por parte del corazón. Si esta condición se prolonga y, aunada con otras circunstancias físicas, se aumenta la posibilidad de que las arterias que suplen el corazón se tapen, lo que aumenta la posibilidad de muerte de las áreas del corazón que no reciben un flujo regular de sangre. No es de extrañar que algunos individuos inmediatamente antes de un ataque al corazón hayan experimentado un severo conflicto interpersonal, especialmente la presencia de emociones como rabia y hostilidad.

El sistema gastrointestinal

Eventos percibidos como estresantes tienen un efecto significativo en el sistema gastrointestinal. Disminuye la cantidad de saliva en la boca, de manera que algunos individuos están tan nerviosos ante una presentación en público que sus bocas están demasiado secas como para hablar. Así mismo existen reacciones ante eventos estresantes que como resultado provocan que el individuo experimente contracciones incontrolables de los músculos del esófago haciendo el tragar muy difícil. Como consecuencia de reacciones a situaciones estresantes existe un aumento del ácido hidroclórico en el estómago que provoca úlceras y fisuras pequeñas en la pared del estómago. Estas reacciones pueden alterar el movimiento rítmico del intestino delgado y grueso –peristalsis– necesario para transportar alimento. Si este movimiento es muy rápido puede producir diarrea, o estreñimiento si es muy lento. McQuade y Aikman (1974) enfatizan que el estreñimiento se relaciona con la depresión y la diarrea con el pánico. Giordano y Everly (1986) mencionan en sus estudios que el bloqueo de los ductos pancreáticos y la bilis ha sido asociado con esas reacciones a eventos estresantes.

Sistema gastrointestinal

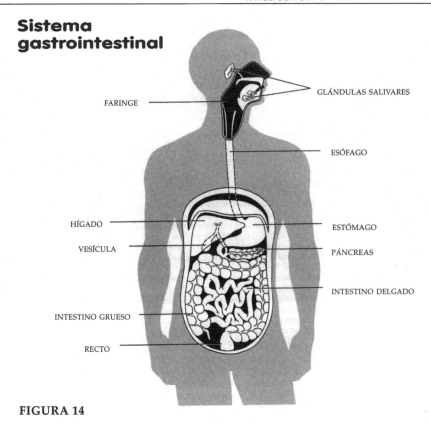

FARINGE

GLÁNDULAS SALIVARES

ESÓFAGO

HÍGADO

ESTÓMAGO

VESÍCULA

PÁNCREAS

INTESTINO DELGADO

INTESTINO GRUESO

RECTO

FIGURA 14

El aparato muscular

Al involucrar nuestros músculos en acciones para cumplir objetivos particulares, nuestro sistema interactúa de tal manera que mensajes de nuestro cerebro son mandados para contraer el número adecuado de músculos que permitirá cumplir el propósito requerido. La percepción de la necesidad de actuar genera contracciones musculares. Algunos individuos presentan apariencia de que están muy a menudo listos para defenderse o para agredir, a veces sin un estímulo aparente. Esta tensión puede generar dolores de cabeza o espalda en algunos individuos. Esta contracción muscular puede involucrar los músculos del esqueleto, o aquellos que controlan la contracción de órganos internos. Cuando percibimos una situación como estresante, las hormonas oxitocina y vasopresina de la pituitaria generan un aumento en la presión arterial debido a la contracción de los músculos en las paredes de los vasos capilares. De esta manera, podemos explicar la hipertensión. Cuando los músculos en las paredes del estómago se contraen podemos sentir dolor estomacal.

CAPÍTULO 12

Aquí tienes una prueba
para darte cuenta
de si tu misión en la tierra
está terminada:
si estás vivo,
eso significa que no.

Richard Bach (Ilusiones)

Psiconeuroinmunología

En la Universidad de Rochester, en los inicios de 1980, Robert Adler propuso un nuevo concepto, el de *Psiconeuroinmunología*, para describir la interacción entre el cerebro, el sistema endocrino y el sistema inmunológico. El foco de la investigación en ese campo es la influencia que podemos ejercer sobre nuestro organismo y así aumentar la posibilidad de generar salud y establecer procesos de sanación. Aun cuando el término era nuevo, el tópico en sí, ha sido tratado desde tiempos inmemoriales. Hipócrates veía la mente, actitudes y el cuerpo como una sola entidad. En 1852, dos investigadores, Friedrich Bidder y Carl Schmidt, observaron cambios gástricos en perros expuestos a diversas condiciones emocionales. Walter Cannon (1963), profesor de la Universidad de Harvard, endocrinólogo y fisiólogo, repitió los estudios de Bidder y Schmidt, resumiendo sus investigaciones sobre la influencia de las emociones en una amplia variedad de dolencias físicas en su libro *Cambios Físicos en Dolor, Hambre, Miedo y Rabia.* Uno de los contemporáneos de Cannon, Fritz Mohr (1963), fue quien resumió que no hay una enfermedad puramente física o puramente psicológica, sino un evento que ocurre en un organismo que está vivo en virtud del hecho de que lo psicológico y lo físico están unidos. Algunos de los investigadores que ayudaron en el camino de la *Psiconeuroimunología* fueron Selye, Alexander, Meyer, Bernard, Wolf, Menninger, y Heyer, entre otros, quienes acumularon evidencia acerca del modo en que nuestra mente hace sus registros en la fisiología humana. Cada vez se hizo más evidente que de lo que los científicos estaban hablando no era de emociones y actitudes *versus* tratamiento médico cinético, sino de cómo combinar ambos en una estrategia integrada.

La psiconeuroimunología describe, por tanto, las interacciones complejas entre el sistema nervioso, el endocrino y el inmunológico, donde cada acción o evento tiene un efecto en la totalidad. Una nueva y más clara visión emerge de la manera en que ideas, emociones, experiencias, y actitudes pueden crear cambios en la biología del organismo. Algunos pacientes, por ejemplo, al anticipar tratamientos de quimioterapia, comienzan a experimentar náuseas y otras reacciones adversas asociadas con la ingesta real de las drogas. Glaser & Glaser (1985) encontraron que los estudiantes experimentaban una reducción significativa en el número de células luchadoras del sistema inmune cuando se acercaban los exámenes en su carrera académica. Esos mismos investigadores encontraron que los familiares que cuidaban a pacientes con Alzheimer tenían un porcentaje mucho menor de células T y cuanto más cercana la relación con el paciente, menor el porcentaje de células NK *(natural killer)*. Sin embargo, aquellos que se involucraron en grupos de apoyo para familiares con Alzheimer mostraron un porcentaje mayor de células NK, al mismo tiempo que experimentaban menos soledad. Otro estudio de los Glaser demostró que la reducción del estrés y el aumento del pensamiento optimista por medio de un programa de relajación, tiene por efecto el aumento de las células T y NK. Es más, aquellos que sólo recibían contacto social no experimentaban los mismos efectos.

El sistema inmune está compuesto por muchos tipos de células interdependientes que colectivamente protegen a nuestro organismo de bacterias, parásitos, hongos, infecciones virales y del crecimiento de células tumorales. Muchas de esas células tienen funciones especializadas.

Los órganos del sistema inmunológico

La médula ósea
Todas las células del sistema inmune derivan inicialmente de la médula ósea. Ellas se forman a través de un proceso llamado hematopoyesis. La médula ósea produce células B, *natural killers* (asesinos naturales), granulocitos, timocitos inmaduros y adicionalmente, células de glóbulos rojos.

El timo
La función del timo es producir células T maduras. Los timocitos, también conocidos como protimocitos, dejan la médula ósea y emigran al timo. A través de un proceso de maduración las células T, que son dañinas al organismo porque pueden evocar una respuesta auto-inmune, son destruidas; las células T, que son beneficiosas al organismo, una vez maduras, son liberadas al sistema sanguíneo para cumplir sus funciones de protección.

El bazo
El bazo es un filtro inmunológico de la sangre. Está formado por células B y T, macrófagos, asesinos naturales (NK), células dendríticas y células de glóbulos rojos. La respuesta inmunológica comienza cuando los macrófagos o las células dendríticas capturan y traen antígenos al bazo, para presentar los antígenos apropiados a las células B y T. Adicionalmente el bazo captura materiales extraños (antígenos) del torrente sanguíneo. El bazo es considerado como un centro de conferencias inmunológico. En el bazo las células B son activadas produciendo una cantidad elevada de anticuerpos.

Nódulos linfáticos

Los nódulos linfáticos son un filtro inmunológico para los fluidos corporales conocido como linfa. Los nódulos linfáticos están diseminados en todo el cuerpo, compuestos mayormente por células T y B, células dendríticas y macrófagos. Los antígenos son filtrados de la linfa en los nódulos linfáticos, antes de que la linfa regrese al sistema circulatorio. Así como en el bazo, los macrófagos y las células dendríticas que capturan antígenos existentes en la sangre, los presentan a las células T y B apropiadas, lo que inicia una respuesta inmunológica.

Nuestro sistema inmune tiene ciertas características que lo hacen resistente, flexible y capaz de enfrentar adversidades y ataques al organismo con una eficiencia extraordinaria. Algunas de esas propiedades son:

1. Detección distribuida: Los detectores usados por el sistema inmunológico son pequeños y eficientes, están altamente distribuidos y no están sujetos a control centralizado.

2. Aprendizaje y memoria: El sistema inmune puede aprender la estructura de patógenos y recordar esas estructuras de manera que las respuestas futuras a esos patógenos puedan ser más rápidas.

3. Detección de anomalías: El sistema inmune puede detectar y reaccionar ante patógenos que el organismo nunca antes ha enfrentado.

4. Reconoce lo propio de lo no propio: El sistema inmune usa detección distribuida para solventar el problema de distinguir entre lo propio y lo no propio, qué elementos son del organismo y qué elementos extraños no lo son. El éxito del sistema inmune depende de su habilidad de distinguir entre elementos que pueden causar daño o que no pertenece al organismo, y los que sí pertenecen.

Es importante notar que el sistema inmunológico es único en cada individuo, por tanto, las vulnerabilidades son diferentes en cada persona.

El sistema inmunológico tiene una arquitectura de múltiples niveles. La más elemental es la piel, que es la primera barrera a infecciones. Otra barrera es fisiológica donde condiciones como pH y temperatura proveen condiciones de vida inapropiadas para organismos extraños. Sin embargo, una vez que un patógeno entra en el organismo, es tratado por el sistema inmune innato y por el sistema inmune adquirido. El innato está constituido primordialmente por el sistema de endocitos y famocitos, células basureras que, patrullando permanentemente, ingieren moléculas extracelulares y materiales de desecho, limpiando el sistema de desperdicios y patógenos. El sistema adquirido es más sofisticado e involucra un número de células, químicos y moléculas. Se llama inmune adquirido porque es responsable de la inmunidad y es adquirido a lo largo de la vida del organismo.

El sistema inmune adquirido está constituido por ciertas células de glóbulos blancos, llamados linfocitos, que cooperan para detectar patógenos y asistir en la destrucción de esos patógenos. Existen millones de linfocitos, por lo tanto tenemos un sistema de detección altamente distribuido. Las células principales, que mencionaremos aquí y que podrás utilizar en tu visualización guiada, son:

1. Linfocitos T: Son los responsables de dar la orden de comenzar el ataque a patógenos y a su vez la interrumpen cuando se ha logrado el objetivo.

Los linfocitos T están usualmente divididos en dos tipos funcional y fenomenológicamente diferentes. Un tipo es el T *helper*, llamado célula CD4 + T, un coordinador de la respuesta inmunológica. La función de esta célula es la de aumentar o potenciar la respuesta inmunológica a través de la secreción de factores especializados que activan otras células blancas para luchar contra la infección. El otro tipo es la célula T asesino/supresor o CD8 + T. Estos son responsables de matar directamente ciertas células tumorales, células infectadas por algún virus o parásitos. También son responsables en la regulación de la respuesta inmunológica.

2. Linfocitos B: Son células de memoria que viven por mucho tiempo; son los responsables de señalar los patógenos para que posteriormente las otras células entren en acción y se ocupen de destruirlos.

La función de los linfocitos B es la producción de anticuerpos en respuesta a la presencia de bacterias, proteínas extrañas, virus o células tumorales. La producción de anticuerpos y el adherirse a una sustancia extraña o antígeno es crítico como manera de señalar a otras células cómo matar, remover o acorralar ese antígeno del organismo.

3. Las células *natural killer* (NK): Tienen la habilidad de reconocer y, selectivamente, destruir células cancerígenas y células infectadas por virus.

Estas células son similares a las CD8 + T. Funcionan como células que matan directamente ciertas células tumorales como melanomas, linfomas y células infectadas con virus, notablemente el herpes.

175

4. Los macrófagos: Estas células son importantes en la regulación de la respuesta inmunológica. Se les llama a veces basureros o carroñeros ya que ingieren y digieren antígenos y los presentan a otras células del sistema inmunológico como las células T y B. Ese proceso es uno de los primeros pasos en la iniciación de la respuesta inmunológica.

5. Células dendríticas: Se originan también en la médula ósea y funcionan como los Macrófagos, como presentadoras de células antígenas (APC). Sin embargo, son más eficientes que los Macrófagos. No se sabe mucho de estas células por la dificultad de aislarlas.

6. Leucocitos polimorfos nucleares o granulocitos: Estas células son importantes por su función de remover bacterias y parásitos del organismo. Ellos acorralan al antígeno y, con la ayuda de sus enzimas poderosas, lo degradan.

Spiegel, Kraemer, Bloom & Gottheil (1989) investigadores de las Universidades de Stanford y UCLA, aplicando las normas más extrictas de comprobación científica, estudiaron a un grupo de mujeres con cáncer de mama avanzado. En este estudio de 50 mujeres, el grupo que solicitó ayuda psicológica obtuvo un tiempo medio de supervivencia de 36,6 meses. Simonton (1975) al realizar su estudio encontró en el grupo con ayuda un promedio de 38,5 meses de vida, en comparación al grupo de mujeres que no recibió ayuda psicológica, que sobrevivió sólo18,9 meses, lo que significa que las

La relación entre estrés y enfermedad

La enfermedad puede ser el resultado de muy poco o demasiado estrés.

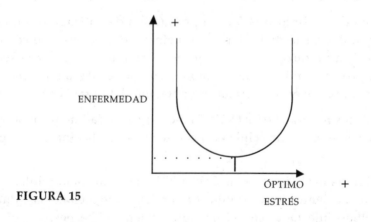

FIGURA 15

mujeres que recibieron herramientas psicológicas vivieron 19,6 meses más. Es interesante mencionar que Spiegel y su equipo, que comenzaron su investigación con el fin de desmentir el hecho de que ayuda y apoyo psicológico pudieran tener un efecto directo en la supervivencia del individuo con afecciones como cáncer, encontraron evidencia contundente en la relación entre aspectos psicológicos y la enfermedad del cáncer. Aun cuando exista en la actualidad un énfasis mayor sobre la posible influencia que podemos ejercer por medio de nuestra mente sobre nuestro organismo, esta relación ya había sido mencionada por el antiguo médico griego Galeno, en el año 140. Galeno escribió sobre las relaciones entre cáncer de mama y depresión. Platón y Sócrates mencionaron la importancia de tratar la mente y las emociones para curar las enfermedades. Leshan, (1989) al revisar libros de medicina escritos entre 1800 y 1900, encontró que en estos libros se hace énfasis en la vida emocional del individuo y su relación con el desarrollo del cáncer. Thomas & Duszynikic (1973), Leshan (1989), mencionan en sus artículos factores psicológicos como factores de predicción de cinco estados de enfermedad. En sus estudios la enfermedad más relacionada con aspectos psicológicos es el cáncer. Según Thomas & Duszynikic (1973), existen características, patrones y actitudes que predisponen a un individuo a no tener su sistema inmunológico preparado para contratacar procesos dañinos al cuerpo. Entre esas características encontraron tres elementos fundamentales que impactan en la predisposición a enfermedades: 1. La desesperanza con que responden esos individuos a situaciones estresantes; en otras palabras, la certeza de no tener las fuerzas psicológicas y/o físicas para poder influenciar a las circunstancias que enfrentan. 2. Al no tener las emociones a su servicio, consecuentemente no tienen la habilidad de expresar las emociones de manera apropiada y, por tanto, se sienten agobiados por ellas. Como resultado, se comportan pasiva o agresivamente, expresándose con palabras como: "Esa rabia era más fuerte que yo, no pude evitarlo", y 3. Dificultades significativas de comunicación interpersonal con otros individuos dentro o fuera del núcleo familiar.

Derogatis, Abeloff y Melisaratos (1979) han estudiado los rasgos de personalidad y el manejo de factores psicológicos como posibles aspectos predecibles en cáncer de mama. Al igual que investigadores anteriores, las conclusiones son similares. Greer & Mc Ewan (1985) corroboran que las mujeres positivas y optimistas, tienen una elevada tasa de supervivencia, comparada con las que tienen una visión negativa y pesimista de las circunstancias que enfrentan en sus vidas.

Grozsarth-Maticek, Bastiaan & Kanazir (1985) estudiaron diferentes estilos de actitudes pudiendo identificar que individuos propensos al cáncer tenían la tendencia a la desesperanza y tenían dificultad de expresar sus emociones; así mismo aquellos con tendencia a la hostilidad y la agresividad eran propensos a las enfermedades cardíacas. El estudio consistió en dividir a los participantes en dos grupos, uno de los cuales recibió tratamiento psicológico y el otro no. Según los resultados, los investigadores pudieron alterar las cifras de mortalidad por cáncer y enfermedades cardíacas en el grupo que recibió ayuda psicológica en comparación con el grupo que no recibió ninguna ayuda. Grozsarth-Maticek y su grupo de investigadores estudiaron a 100 mujeres afectadas por cáncer de mama en etapa terminal. Al grupo de 50 mujeres que eligieron no someterse a quimioterapia se les comparó con las cincuenta que optaron por recibir quimioterapia, apoyo psicológico o ambos; los investigadores encontraron que:

- Las mujeres que no recibieron ningún tipo de tratamiento, (quimioterapia o apoyo psicológico) tuvieron un promedio de 11 meses de supervivencia.

- Las mujeres que recibieron solamente quimioterapia tuvieron un tiempo promedio de 14 meses.

- Las mujeres que recibieron solamente apoyo psicológico lo hicieron por un período de tiempo de 15 meses.

- Finalmente, las mujeres que recibieron quimioterapia y terapia psicológica tuvieron un promedio de 22 meses.

Ornish (1990) estudió individuos en tratamiento por enfermedades coronarias graves. Al grupo se le preparó psicológicamente para cambiar su calidad y estilo de vida en términos de ejercicios, dieta, relajación y participaron en grupos de apoyo; 82% de ellos experimentó una mejoría significativa, pudiendo reducir y reversar la obstrucción arterial. En el grupo de control, la obstrucción empeoró en 53% de los casos. Así mismo los investigadores encontraron que el sistema inmunológico de algunos individuos en duelo por una muerte, separación, divorcio, etc., funciona por debajo de las exigencias necesarias. Henson (1986) encontró que las mujeres en proceso de separación marital tienen 40% menos células natural killer (células que luchan contra virus y tumores) y 20% menos linfocitos T que las mujeres casadas que mantienen relaciones apropiadas.

Ornsteim y Sobel (1987) han resumido investigaciones de los efectos de situaciones estresantes y el funcionamiento del sistema inmunológico. Uno de esos estudios utilizó dos grupos de ratas: a uno se le expuso, en un espacio confinado, a situaciones de alta presión, como por ejemplo, a competir por comida, agua, espacio y sexo; al otro grupo de ratas se le permitió vivir en condiciones de amplitud y baja presión. Después de un tiempo de estar viviendo en esas circunstancias, se les inyectaron células cancerígenas a ambos grupos de ratas. El primer grupo desarrolló tumores cancerígenos en mayor grado que el grupo de ratas que convivía en situaciones de amplitud y baja presión. Igualmente, tomaron dos grupos de ratas a los cuales se les proporcionaba un estímulo adverso en forma de una corriente eléctrica por algunos segundos. Sin embargo, un grupo podía controlar el estímulo con una pequeña palanca a través de la cual podía suspender la corriente eléctrica. El otro grupo no tenía esa opción. Posteriormente, al inyectársele células cancerígenas a los dos grupos, el segundo grupo desarrolló tumores cancerígenos en mayor grado que las ratas que podían controlar el evento adverso.

Es difícil obviar estas evidencias científicas y no concluir que existe un vínculo importante entre el manejo de las emociones y la posibilidad de generar salud o enfermedad.

Hoy es posible, por medio de herramientas de avanzada tecnología, identificar el proceso de cómo influyen en el sistema inmunológico los mensajes provenientes del cerebro. Por tanto, podemos concluir que hay una relación directa entre las emociones y su influencia en la salud y la curación o la disminución en el deterioro causado por una enfermedad. Podemos influir en nuestros modelos mentales y sistemas de creencias que a su vez influyen en nuestro cuerpo. Es necesario tomar en cuenta, por tanto, los aspectos físicos, mentales y psicológicos como parte del mismo sistema. El equilibrio entre las necesidades, expectativas, cultura, comunidad y aspectos físicos, es fundamental para la salud física y mental.

A continuación presentaremos dos metodologías que podrás utilizar para fortalecer tu organismo y contrarrestar procesos dañinos a tu organismo.

I. Meditación y visualización guiada

Te habrás dado cuenta de que algunos individuos que meditan tienen túnicas, queman incienso y, algunos de ellos, practican religiones orientales. Es importante que sepas que esas cosas no son necesarias para que te beneficies de la práctica de la meditación. De la misma manera, habrás notado que aun cuando el vino es parte del servicio y rituales de algunas religiones, no todos aquellos que toman vino practican esas religiones.

Por tanto, no todos los que meditan necesitan practicar una religión particular. La meditación es simplemente un ejercicio mental que afecta, de manera positiva, los procesos corporales. Así como el ejercicio físico tiene algunos beneficios psicológicos, la meditación tiene beneficios físicos. Uno de los propósitos de la meditación es ayudar a alcanzar un mejor control sobre la atención, de manera que el individuo que la practica pueda escoger más fácilmente en qué enfocarse, en vez de estar sujeto a un flujo impredecible de circunstancias y estímulos externos. Aun cuando la meditación tiene sus raíces en las tradiciones de la cultura oriental, como por ejemplo la India y el Tibet, en las últimas décadas se ha popularizado en la cultura occidental.

Los beneficios y efectos fisiológicos de la meditación fueron descubiertos en investigaciones ejecutadas en maestros Zen y Yogis de la India. Bross (1946), encontró que estos individuos podían controlar su pulso cardíaco y reducirlo a voluntad. Así mismo, Bachi y Wengor (1959) encontraron que Yogis de la India podían reducir la respiración a 6-8 respiraciones por minuto, disminuir en 70% la respuesta galvánica de la piel, emitir ondas cerebrales predominante alfa y disminuir su ritmo cardíaco 24 pulsaciones menos que lo normal. Estudios más recientes de Goleman & Schwartz (1976) y Holmes (1984), han verificado estos resultados fisiológicos de la meditación. En estudios conducidos por Goleman & Schwartz (1976), encontraron que aquellos que utilizaban la técnica de meditación podían regresar más rápidamente a un ritmo cardíaco normal, después de haber sido expuestos a un estímulo estresante, que aquellos que no meditaban. Orme-Johnson (1973), estudió la respuesta galvánica de la piel, que es la habilidad de la piel de conducir una corriente eléctrica. Ellos encontraron que individuos con altos niveles de ansiedad tienden a conducir un mayor grado de corriente eléctrica en la piel. Orme-Johnson encontró que quienes utilizaban la meditación de manera sistemática conducían en menor grado corriente eléctrica, lo que implica menor estrés. Esta evidencia ayudó a concluir que aquellos que meditaban eran capaces de manejar de manera apropiada situaciones estresantes y tenían más estabilidad en el sistema nervioso autónomo. Muchas de las investigaciones señaladas hasta ahora fueron impulsadas por el trabajo de Wallace (1970).

Wallace (1970) fue uno de los primeros en investigar los efectos de la meditación. En conjunto con Benson (1972), quien escribió el libro *The Relaxation Response,* encontraron que la meditación ayuda en la disminución del consumo de oxígeno, reduce el ritmo cardíaco y la emisión de ondas alfa cerebrales. También se encontró en estos estudios que la meditación aumenta la resistencia cutánea, disminuye el ácido láctico asociado con la ansiedad y la producción de dióxido de carbono; asimismo, aumenta el flujo de sangre periferal a las manos y pies, lo que nos ayuda a responder mas efectivamente y a estar listos para la acción. Consecuentemente, los efectos fisiológicos de la meditación tienen implicaciones psicológicas. Algunos estudios han encontrado evidencia de que la salud psicológica de los que meditan es mejor que la de los que no meditan; por ejemplo, se encontró que los individuos que meditaban respondían con menos ansiedad ante situaciones de presión y obstáculos eventuales, Hjelle (1974). Aún más significativos son los resultados de estudios que indican que se puede reducir la ansiedad de los individuos que aprenden a meditar. Linden (1973) encontró que un grupo de estudiantes pudo disminuir su ansiedad ante situaciones de exámenes escolares, después de 18 semanas de práctica.

Shapiro & Giber (1978) encontraron que la meditación está relaciona- da con Locus de Control interno, con un aumento en la sensación de auto- realización y sentimientos más positivos después de enfrentar un estímulo estresante. Es significativa también la mejora en la conducta del sueño, pues estos individuos pudieron conciliar y aprovechar el sueño como evento recu- perador. Otros experimentaron una disminución en los dolores de cabeza y en el hábito de fumar. Cuando se combinan los efectos fisiológicos y psico- lógicos mencionados, da la impresión de que vale la pena el esfuerzo que la práctica regular de la meditación requiere.

¿Cómo meditar?
Aun cuando al principio se recomienda comenzar el aprendizaje de la meditación en un sitio silencioso y cómodo, con la experiencia se podrá me- ditar casi en cualquier sitio en que se desee hacerlo.

El dormir es un proceso fisiológico diferente al de la meditación, por lo cual no recibirás los beneficios de la meditación si te duermes, aun cuan- do algunos individuos la utilizan como proceso de relajación para conciliar el sueño. Utiliza una silla cómoda para meditar, firme y con brazos, lo que te dará una sensación de contención y mantendrá tu columna alineada, así que requerirás un mínimo de contrac- ción muscular para mantenerte erecto. Una silla que mantenga un apoyo para la parte superior de tu espalda y cabe- za también puede ser útil. Siéntate con tu coxis, parte inferior de la espalda, contra el espaldar de la silla, pies le- vemente delante de las rodillas y tus manos descansando en tus muslos o en los brazos de la silla.

FIGURA 16

Cierra los ojos, respira profunda- mente tres veces, inhalando por la nariz; si puedes, inhala por 6-8 segundos, exhala por la boca hasta 6-8 segundos, como presionando para que salga todo el aire de tus pulmones. Después de repetir esta respiración tres veces, cada vez que inhales repetirás la palabra *uno,* y cada vez que exhales, la palabra *dos.* Mantén el ritmo respiratorio natural, como siempre lo haces; no alteres tu ritmo, continúa haciendo esto por 20 minutos. Lo recomendable es hacerlo dos veces al día, 20 minutos cada vez. Durante esos 20 minutos te darás cuenta de varias cosas que eventualmente pueden pasar:

1. Que no estás diciendo *uno* cada vez que inhalas o *dos* cada vez que exhalas. Cuando te des cuenta de esto, inicia una vez más con el procedimiento

2. Es posible que sigas escuchando sonidos, voces; es difícil al principio aislarse completamente. Acéptalo como parte de tu medio ambiente; no hagas un esfuerzo en obviarlos o escucharlos, con la experiencia podrás centrarte en la meditación.

Cuando termines con los 20 minutos, dale a tu cuerpo la oportunidad de reajustarse. Abre tus ojos y focalízate en algún objeto del cuarto, y así, paulatinamente, en otros objetos; respira de nuevo profundamente tres veces, estírate mientras estás sentado, párate y, si lo necesitas, vuelve a estirarte. Recuerda que tu ritmo cardíaco y presión arterial probablemente han disminuido, por tanto, al terminar tu sesión de meditación, no te apresures parándote repentinamente.

Algunas recomendaciones generales:

1. Las horas recomendables para meditar son al levantarse en la mañana y antes de la cena. No es recomendable meditar inmediatamente después de alguna comida ya que en ese tiempo la sangre es dirigida al área abdominal para participar en el proceso digestivo; la respuesta de relajación involucra, en parte, un aumento del flujo sanguíneo a las manos y pies. Por tanto, medita antes del desayuno y la cena.

2. El propósito de la meditación es ayudar al individuo a obtener un estado de hipometabolismo (disminuir el proceso metabólico). La cafeína es un estimulante incluido en el café, té, cola y otros refrescos gaseosos que muchos individuos ingieren en las comidas; lo que se quiere obtener durante la meditación es un relajamiento y no un estímulo. Por tanto, es recomendable no tomar ninguna de esas sustancias antes de meditar. Así mismo, es vital evitar fumar cigarrillos antes de meditar por cuanto contienen la estimulante nicotina.

3. Utiliza un pequeño reloj con alguna alarma sutil para medir el tiempo de meditación. Sin embargo, después de poco tiempo podrás darte cuenta de que has desarrollado una sensibilidad a los 20 minutos sin necesidad de reloj.

Si quieres un enfoque más estructurado puedes leer *Meditation* escrito por Smith (1986).

II. Visualización guiada

En esta sección nos relacionaremos con el modo como la mente humana convierte ideas y expectativas en realidades bioquímicas. Quizás uno de los ejemplos más dramáticos de esos estudios concierne al fenómeno del placebo. Los investigadores han quedado fascinados por la influencia de las expectativas sobre los individuos cuando se les informa acerca de los efectos que se esperan de una medicación que se les va a administrar. Un gran número de individuos experimenta los efectos esperados de esa medicación, aun cuando sea remplazada posteriormente por una sustancia como el azúcar. Por tanto, es interesante investigar cómo la anticipación de un efecto físico trae consigo un cambio físico concreto y medible y cómo averiguar si la anticipación o la actitud tienen un papel en crear cambios físicos. En consecuencia, ¿cómo usar ese conocimiento para promover tratamiento médico y salud? Esas expectativas pueden tener un efecto específico en el sistema inmune. Ader & Cohen, de la Universidad de Rochester, demostraron que el sistema inmune puede ser entrenado y condicionado de manera que responda a un estímulo neutral o placebo. Ellos encontraron que administrar una droga inmunosupresora y un placebo al mismo tiempo condicionaba el sistema inmune a responder al placebo luego de que la droga era descontinuada.

El anestesiólogo Becker, de la Universidad de Harvard, observó que el placebo tenía más efecto cuando el paciente sentía más dolor y ansiedad. Él asegura que la utilidad de cualquier droga es la combinación de los ingredientes químicos de ésta y la confianza del paciente en que esa droga tenga un efecto positivo. Eso justifica la efectividad encontrada en placebos de mejorar una variedad de desórdenes corporales, desde *angina pectoris* y dificultades gastrointestinales hasta la gripe común. Estas investigaciones sugieren que la psiquis, a veces considerada como entidad separada del resto del cuerpo, está involucrada en la regulación de los procesos corporales. La conclusión natural que emergió de las investigaciones de placebo es que las creencias afectan a la biología; la respuesta de los individuos a su entorno, evocando esperanzas, miedos, alegrías, desesperanzas o expectativas, en general tiene una realidad física. Esto no significa que el tratamiento médico tiene que suplantarse por tratamiento emocional psicológico, sino que la efectividad del tratamiento médico puede expandirse con la conciencia de los factores emocionales psicológicos involucrados en la causa de la enfermedad y en la estrategia de su tratamiento.

Visualización

Nuestro organismo no discrimina entre imágenes sensoriales producidas en nuestra mente y lo que nosotros llamamos realidad. La excitación sexual, por ejemplo, opera de la misma manera: el organismo se puede excitar basado tanto en la fantasía como en la realidad. Aquí, como en otros muchos casos, el organismo responde a imágenes igual que a hechos reales. Lo maravilloso de nuestra imaginación es que podemos deliberadamente introducir imágenes positivas y el organismo responderá como si fueran imágenes aproximadas a la realidad. Nicholas Hall encontró que ciertos individuos podían aumentar, a través de la visualización, el número de glóbulos blancos así como los niveles de timosin-alfa-1, una hormona usada por las CD4 + T. Kenner y Achterberg demostraron que algunos pacientes, en las unidades de quemados, usando la visualización necesitaban menos medicamentos contra el dolor. Hord y Sebel encontraron que pacientes que utilizaban la visualización necesitaban menos morfina durante su recuperación después de las operaciones. Así, la visualización se basa en lo que puede llamarse un «fallo» del cerebro: no puede distinguir entre una experiencia mental y una experiencia física.

Una imagen es una representación interna de experiencias o fantasías, una manera como nuestra mente califica, guarda y expresa información. La imagen es el flujo de memorias, recuerdos, planes, proyecciones y posibilidades. Es como una ventana a un mundo interior, un camino para mirar nuestras ideas, emociones e interpretaciones.

La visualización es de gran impacto en nuestra fisiología. A través de ella podemos estimular cambios en las funciones corporales usualmente consideradas fuera de la influencia de nuestra conciencia. Para ejemplificar el concepto, tócate la nariz con la punta del dedo índice. ¿Cómo lo hiciste? Un neuroanatomista podría decirnos cuál es el área del cerebro donde el primer impulso nervioso ocurrió para comenzar ese movimiento. Podemos seguir la cadena de nervios que conducen los impulsos desde el cerebro al músculo apropiado. Pero nadie sabe cómo sucede desde que pensaste en tocarte la nariz al disparo de la primera célula nerviosa en la cadena. Tú simplemente decidiste hacerlo, sin preocuparte de los detalles. Ahora haz el esfuerzo de salivar. Probablemente encontraste eso más difícil y quizás no pudiste hacerlo. Eso ocurrió porque la salivación no está bajo nuestro control consciente, está controlada por una parte de nuestro sistema nervioso diferente a la que controla nuestros movimientos. El sistema nervioso central controla los movimientos voluntarios, el autónomo regula la salivación y otras funciones fisiológicas que normalmente operan sin nuestro control consciente. El sistema nervioso autónomo no responde fácilmente a pensamientos como saliva, sin embargo, responde a la imaginación. Por favor, cierra los ojos por un momento e imagínate que tienes en la mano un limón, siente su textura y peso en tu mano. Imagínate que lo cortas por la mitad y que lo exprimes en un vaso. Imagínate levantando el vaso hacia tus labios y tomando un poco de ese jugo de limón. ¿Pudiste salivar? Si lo hiciste es porque tu sistema nervioso autónomo respondió a la imaginación del jugo de limón.

Probablemente no pases mucho tiempo pensando sobre tomar jugo de limón. Sin embargo, lo que habitualmente tú piensas que puede tener un efecto importante sobre tu cuerpo, es un mecanismo similar al del jugo de limón. Si tu mente está llena de pensamientos de peligro, tu sistema nervioso se prepara a enfrentar el peligro iniciando la respuesta de ataque o escape, lo que significa un alto nivel de tensión y excitación. Si te imaginas escenas de calma, mensajes de esa naturaleza son enviados y el cuerpo se relaja.

Hemos mencionado anteriormente cómo los estados de meditación pueden tener influencia en la capacidad autoreguladora del organismo.

Recuperarse de una enfermedad seria o crónica puede exigir del individuo más que la utilización de técnicas de visualización/imaginación guiada; puede exigir cambios en el estilo de vida, en las actitudes, en las relaciones o en los estados emocionales. Sin embargo, imaginación/visualización es una herramienta útil adicional.

Gran parte de la corteza cerebral está dedicada a la visión, localizada en la parte posterior de la cabeza, donde se ocupa principalmente de procesar información de la retina de los ojos. Sin embargo, cuando se desconecta de esa tarea y se vierte hacia adentro uno de los más importantes canales (mente/cuerpo) de comunicación se hace disponible.

Cuando la corteza cerebral no está ocupada con el procesamiento de la información de los ojos, ésta puede conectar la mente con los controles del sistema nervioso autónomo y puede también generar salud.

Otra ocasión de enfoque en la imaginación es en las fantasías sexuales, que representan un canal poderoso al sistema nervioso autónomo. Las fantasías sexuales involucran un conjunto de aspectos de la imaginación, emociones intensas y respuestas corporales. Si pudiéramos traer esa misma intensidad de imágenes a las imágenes de salud, podríamos activar nuestra capacidad regenerativa.

Funciones de los lados del cerebro

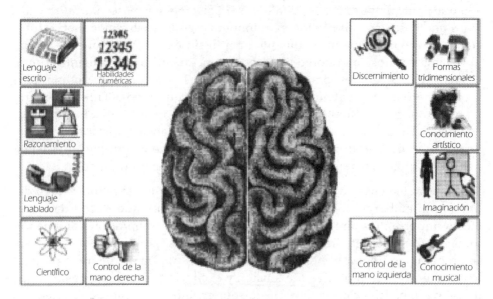

FIGURA 17

¿Cómo funciona?

El mecanismo de la imaginación/visualización es todavía un misterio, aunque en los últimos 20 años se ha aprendido que es un lenguaje natural de una parte de nuestro sistema nervioso. Roger Spierry, premio Nobel, ha demostrado que los dos hemisferios del cerebro piensan de maneras diferentes y son capaces de pensamientos independientes simultáneamente. Es como si tuviéramos dos cerebros: uno piensa en términos de palabras y lógica y, el otro, sin embargo, en términos de imágenes y emociones.

En la mayoría de los individuos, el lado izquierdo es primordialmente responsable del habla, escritura, entendimiento del lenguaje, pensamiento lógico y analítico. El lado derecho, en contraste, piensa en sonido, fotos, relaciones espaciales y emociones. El lado izquierdo analiza desglosando las cosas, mientras el derecho sintetiza integrando las piezas. El izquierdo es mejor en pensamiento lógico; el derecho está conectado a emociones. El izquierdo está enfocado con el mundo exterior de la cultura, acuerdos, negocios y tiempo; el derecho está preocupado más con el mundo interno de las percepciones, formas y emociones.

La diferencia esencial entre los dos hemisferios del cerebro está en el modo en que procesan la información: el izquierdo lo hace secuencialmente, mientras que el derecho lo hace simultáneamente.

La habilidad del hemisferio derecho de relacionarse con el contexto abarcador de eventos, es lo que lo hace especialmente valioso en el proceso de generar salud. La imaginación que se produce en ese hemisferio nos deja ver toda la película. Por tanto, ver cómo una enfermedad se relaciona con eventos y emociones que no hemos considerado importantes anteriormente, nos permite ver no sólo una pieza en aislamiento, sino cómo se conecta con el todo. Esa perspectiva puede permitir integrar ideas y quizá con ese enfoque producir nuevas soluciones. Esto nos recuerda el concepto de «pensamiento sistémico» del cual habla Senge (1990) en el libro *La Quinta Disciplina.*

De la misma manera se ha confirmado que el lado derecho del cerebro se especializa en reconocer emociones, en las expresiones faciales, el lenguaje verbal y corporal, y hasta en la música. Esto es crítico por cuanto las emociones no son sólo estados psicológicos, sino estados físicos que están en la raíz de muchas enfermedades.

Virchow, médico del siglo XIX y padre de la ciencia de la patología, mencionó que la enfermedad es «insatisfacción emocional navegando bajo bandera fisiológica». Estudios en Inglaterra y Estados Unidos han encontrado que 50 a 75% de los problemas presentados a médicos internistas son de orígen emocional, social o familiar, aun cuando se expresen a través de enfermedades y dolores físicos, Rosen, Kleinman & Katon 1982.

Las emociones, como hemos mencionado en el capítulo 6, son respuestas normales a eventos de la vida; la dificultad de tenerlas a nuestro servicio es un factor importante en la generación de problemas físicos y hasta de enfermedades.

Nuestras relaciones sociales y familiares dependen en buena parte de nuestra habilidad para procesar emociones. Aun cuando no tengamos que expresar cada emoción que sentimos, las emociones persistentes indican la necesidad de manejar la situación o evento con la cual se relaciona esa emoción. La negación crónica de las emociones puede llevar a desbalances fisiológicos.

La gran mayoría entiende y usa el lenguaje y la lógica que provee el lado izquierdo del cerebro. Estamos relativamente familiarizados con nuestros deseos y necesidades conscientes. La imaginación le da al lado derecho del cerebro la oportunidad de contribuir a través de sus cualidades especiales en el proceso de sanación. Llamar al lado derecho pensamiento simbólico e imaginación, y al lado izquierdo pensamiento verbal y lógico, es un exceso de simplificación; sin embargo, es un modelo útil para pensar sobre los usos de la imaginación. La imaginación permite la comunicación con nuestro lado silencioso; el lado derecho de nuestro cerebro. Este lenguaje es simbólico, personal y cuanto más tiempo invirtamos en interaccionar y observar nuestro cerebro generador de imágenes, más rápido y efectivo será su uso en generar salud.

El concepto de imaginación/visualización como herramienta terapéutica es antiguo y data de hace muchos siglos. Existen reportes del siglo XIII donde en templos budistas se curaba una variedad de enfermedades a través de esta técnica.

La visualización guiada es una práctica muy común entre atletas de alta competición donde se les enseña a visualizar los objetivos específicos y, subsecuentemente, a alcanzar esos objetivos. Atletas de diversas disciplinas visualizan tanto la competencia como el alcanzar la meta efectivamente antes de comenzar. Ellos reportan tener más éxito en sus campos deportivos cuando practican esta visualización antes del juego o competencia.

Aun cuando la imaginación y la visualización no curan la enfermedad, es una técnica importante que ayuda a la mente a influir sobre el cuerpo de modo positivo. Existe evidencia de que esta es una técnica que estimula la misma parte del cerebro activada por la experiencia vivida en la realidad.

¿Cómo hacerlo?

Concédete algún tiempo para habituarte a utilizar la visualización/imaginación guiada. Ajusta cada visualización a tus necesidades y adáptala al número de veces diarias que sientas que quieres hacerla, hasta encontrar un sistema que te resulte cómodo. Si nunca lo habías hecho antes, no te preocupes por la forma, es un proceso simple que cualquiera puede aprender. Recuerda que siempre has usado la visualización y la imaginación. Tal vez prefieras que alguien te lea o grabe la visualización guiada o también puedes hacerlo tú mismo.

Es importante que al hacerlo tomes en cuenta las siguientes características:

1. Piensa en positivo y dite con convicción: "Me va a ayudar".

2. Ten un deseo real y genuino de querer hacerlo.

3. Visualiza como reales tu cuerpo y cada uno de sus órganos.

4. Ten paciencia contigo mismo, entiende que toma tiempo.

La visualización funciona óptimamente al crear una atmósfera donde te das el permiso de invertir tiempo en ello, donde respetarás el espacio de darte a ti mismo(a).

Puedes hacer la visualización tú mismo, aprendiendo la que se presenta a continuación o haciendo que algún miembro de tu familia, un amigo(a) pueda leerlo para ti.

Puedes también grabarla y escucharla cada vez que lo desees. Cada vez que lo hagas puedes hacerlo acompañado por música que tú encuentres relajante, mantén la música suficientemente suave como para que no distraiga tu atención de las palabras del grabador o de tus propias imágenes.

Recuerda que si estás experimentando una imaginación significativa, no necesitas seguir la voz, continúa con tu imaginación, alcanzarás la voz grabada después. Las imágenes representan lo que quisieras que ocurra. Por tanto no hay contradicción entre la imaginación/visualización de tus esperanzas y deseos y los hechos del presente. En otras palabras, hay que recordar la diferencia entre un presente objetivo y un resultado deseado. Sin embargo, cuanto más claro puedas ver el futuro que deseas, más aumentarán las posibilidades de que así sea.

Visualización

Para comenzar, búscate un lugar donde puedas darte el permiso de estar cómodo(a) y sin interrupciones, un lugar donde puedas sentarte cómodo(a) completamente respaldado(a) por esa silla o sofá. Haz un esfuerzo por mantener la cabeza, cuello y columna derechos. A menos que quieras hacerlo acostado(a).

Respira profundamente tres veces... inhalando, contando hasta 6 u 8, exhalando por la boca, contando hasta 6 u 8... Cada respiración profunda. Date cuenta si puedes sentir con cada inhalación que todo tu cuerpo recibe una energía cálida, que llega a cada parte de tu cuerpo... Con cada inhalación hay una descarga de tensiones, como si coleccionaras todas las tensiones y las exhalaras con cada respiración... Así que con cada respiración te sientes mas confortable, relajado(a) y seguro(a)... Estás tranquilamente atento(a) y distantemente consciente. Date permiso de estar sólo consciente de tu cuerpo y, cualquier pensamiento negativo, sin lucharlo, lo exhalas con tu respiración... Por estos minutos que estarás sentado allí, te sentirás bendecido(a) por el silencio de tu respiración y conciencia... Imagina ahora un lugar donde te sientas seguro y tranquilo(a). Como un lago sin olas, o un bosque con un viento suave y acariciador... Permite que ese lugar sea real para ti, mira a tu alrededor, disfruta de sus colores, sus sonidos, familiarízate con todo ese entorno hermoso y tranquilizante...

Ahora comenzarás un viaje sanador. Puedes imaginar/visualizar tu organismo celebrar este momento... todo tu organismo está esperando esta actividad... puedes visualizar tus células CD4 + T y CD8 + t, tus macrófagos, células B, los NK, todas estos soldados de protección leales a tu salud listos a comenzar a limpiar y eliminar del organismo cualquier cosa que pueda dañarte. Estas células t listas y leales, enfocadas y comprometidas con tu bienestar... conociendo qué atacar y qué dejar en paz... Puedes visualizar el movimiento de esas células confiables... bien entrenadas, discriminadoras de lo propio y lo extraño a lo largo de nuestro organismo... Puedes verlas patrullar respetando las células sanas y eliminando las células ocupadas por virus invasores no deseados. Tus células luchadoras pueden reconocer a los invasores por las huellas que dejan como pisadas de barro en la entrada de una casa... Puedes visualizar tus luchadores rápidamente acorralando a esos invasores y destruyéndolos con un golpe certero... Así como un espadachín, perforan la membrana de las células invasoras, destruyéndolas para siempre... Sabiendo que tus luchadores pueden perseguir con ferocidad a células infectadas que tratan de multiplicarse, te sientes seguro y protegido... Puedes imaginarte toda la variedad de las otras tropas que protegen tu organismo... cada una con su especialidad... algunas para identificar las células caóticas del cáncer que ocasionalmente se forman... estos luchadores saben rápidamente acorralarlas, penetrarlas y destruirlas contundentemente... antes de que puedan causar ningún daño... tómate unos momentos para visualizar el movimiento de tus células luchadoras listas para entrar en acción al menor signo de amenaza. Visualiza tu trayectoria por cada uno de tus órganos... limpiando... pasa por tu cerebro... entra por tus canales respiratorios... llega a tus bronquios y pulmones... tu esófago... tus estómago... baja por tus intestinos... si eres hombre ve a tus órganos sexuales... tu próstata... si eres mujer a tu útero... ovarios... senos... sigue tu viaje por tus huesos... visualiza cómo tus células luchadoras hacen desaparecer residuos en el campo de batalla... dejando los tejidos limpios, frescos y nuevos... dejando un espacio fresco para el crecimiento de nuevas células...

Visualiza con alegría y agradecimiento todo tu sistema de protección perfectamente coordinado... que incansablemente todos los días de tu vida estará protegiéndote... comenzarás pronto a terminar esta sesión... visualízate en este lugar seguro y reconfortante... donde siempre podrás regresar, a veces sólo pensando en ese lugar... Una vez más, respira tres veces profundamente con cada inhalación, agradeciendo este momento confortable y de paz... celebrando tu vida... y exhalando... sintiéndote seguro(a) y protegido(a)... y así, sintiéndote lleno de energía y tranquilidad, abrirás tus ojos...mirando a izquierda y derecha... darás un pequeño estiramiento..., te levantarás de tu silla sabiendo que has hecho bien para ti...

190

Si existe alguna enfermedad en tu organismo de la cual estés consciente, o algún órgano vulnerable, dirígete a él utilizando las directrices mencionadas arriba. Obsérvate sano y transformando tu cuerpo en lo que quieres que se convierta.

CAPÍTULO 13

El verdadero silencio
es el descanso de la mente,
es para el espíritu
lo que dormir es para el cuerpo,
alimento y recuperación.

William Penn

Relajación progresiva y autohipnosis

Relajación progresiva

La relajación progresiva es una técnica usada para inducir la relajación muscular-nerviosa. Desarrollada por Edmund Jacobson, fue originalmente diseñada para pacientes de un hospital que aparecían tensos ante situaciones estresantes (Jacobson, 1938).

Jacobson observó que la tensión de esos pacientes obstaculizaba su pronta recuperación, y comenzó así a enseñar a los pacientes a contraer un grupo de músculos por pocos segundos y después relajarlos, y así progresivamente les pedía que efectuasen el procedimiento pasando de un grupo muscular a otro. El propósito de la fase de contracción y posterior relajación del grupo muscular es el de familiarizarse con la diferencia entre esos dos estados, de tal manera que el individuo pueda voluntariamente inducir el estado de relajación posteriormente. Por tanto, el propósito de esta relajación es el de percibir la tensión muscular e inducir la relajación de esos músculos. La relajación progresiva a veces llamada relajación neuromuscular o relajación jacobsoniana, comienza con un grupo muscular, añadiendo otro cuando el anterior se ha relajado y así progresivamente añadiendo otro y otro grupo muscular hasta que todo el cuerpo esté relajado (Berstein y Given, 1986).

Beneficios
La técnica de relajación progresiva ha probado su efectividad al ayudar a individuos a relajarse sintiendo sus efectos rápidamente.

Brown (1977) encontró en sus investigaciones que esta relajación produce una relajación en el sistema gastrointestinal y cardiovascular. Haynes (1975) encontró que la relajación progresiva producía un alivio en el dolor de cabeza relacionado con tensión y migrañas.

Belar y Cohen (1979) encontraron que aquéllos que sufrían de dolores de espalda experimentaban un alivio significativo con la relajación progresiva.

La relajación progresiva ha demostrado tener efectos psicológicos así como cambios conductuales. Kondo, Canter y Khott (1975) evidenciaron en sus estudios una reducción de la ansiedad y depresión de los sujetos investigados.

¿Cómo comenzar?

Primero, es importante reconocer si se está tenso. Por ejemplo: ¿Tienes los hombros muy a menudo hacia arriba?, ¿existe tensión en los hombros, espalda o cuello?, ¿experimentas dolores de cabeza muy a menudo?

Es importante prestar atención a esas señales y usarlas como signos para comenzar a utilizar esta metodología. Recuerda, al utilizar algunas de estas herramientas, debes usarlas antes de las comidas principales; busca un lugar tranquilo donde puedas distanciarte de interrupciones, baja la intensidad de la luz o apágala del todo. En caso de que el ruido exterior no esté bajo tu control, ponte unos audífonos o algodón para bloquear cualquier sonido exterior. Asegúrate de que la ropa, el reloj, no te aprieten y que la habitación tenga una temperatura adecuada para ti. Es difícil relajarse en un medio ambiente frío, ya que la sangre no llega con facilidad a las extremidades frías. Es recomendable no tener zapatos en ese momento, abstente de contraer algún músculo que esté adolorido o contraído.

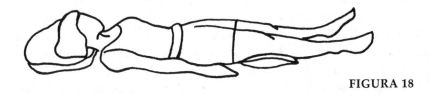

FIGURA 18

El ejercicio de relajación progresiva se realiza en el suelo; puedes usar una toalla para acostarte sobre ella. Una vez en el suelo, deja las manos a los lados del cuerpo, sin embargo, puedes ponerlas sobre el abdomen; los pies déjalos que caigan hacia afuera, por su peso natural. Puedes utilizar una almohadilla, suficientemente pequeña que encaje debajo de la nuca entre los hombros, dejando descansar la cabeza en el piso o sobre una toalla. Puedes utilizar una almohada en la parte posterior de las rodillas. Asegúrate de estar cómodo antes de comenzar. Después de que ganes experiencia podrás eliminar la fase de contracciones y enfocarte totalmente en la fase de relajación. Podrá tomar algún tiempo, quizás semanas de práctica regular, para desarrollar la sensación muscular que la fase de contracción enseña.

Existen diferentes variaciones de relajación muscular como en Forman y Myers (1987), que sugieren contraer un grupo muscular empujando contra un objeto inmóvil. Smith (1987) recomienda once ejercicios de apretones isométricos.

El ejercicio detallado a continuación, aun cuando simple de aprender, es poderoso y muy útil para la reducción de la tensión y la ansiedad, si se hace dos o tres veces durante la semana.

Las instrucciones que se detallan a continuación puedes grabarlas y escucharlas cada vez que hagas los ejercicios, puedes memorizarlas o que alguien te las lea. Haz un esfuerzo para no saltarte ninguna parte del cuerpo, a menos que estés adolorido en esa parte. Sé sistemático.

Comienza respirando profundamente tres veces. Inhala por la nariz contando hasta 6/8, exhala por la boca contando hasta 6/8, concientiza sin cambiar de posición, como si estuvieses observando tu cuerpo, donde están tus manos, tus pies, etc., qué partes de tu cuerpo están en contacto con el piso o la superficie sobre la cual estás acostado; recuerda cerrar los ojos.

Comienza contrayendo tu puño derecho, cerrándolo con fuerza por 6 segundos. Haz un esfuerzo de aislar las contracciones al resto de los otros músculos. Descansa, relaja el puño derecho. Ahora contrae el otro puño por 6 segundos, relaja el puño. Una vez más contrae el puño derecho por 6 segundos, 1... 2... 3... 4... 5... 6, relájalo. El puño izquierdo por 6 segundos, 1... 2... 3... 4... 5... 6, relájalo. Ahora los dos puños por 6 segundos, 1... 2... 3... 4... 5... 6, relájalos. Una vez más contráelos juntos por 6 segundos, 1... 2... 3... 4... 5... 6, relájalos. Ahora todo el brazo derecho desde el hombro hasta el puño inclusive, contráelo por 6 segundos, 1... 2... 3... 4... 5... 6, relájalo. El otro brazo por 6 segundos, 1... 2... 3... 4... 5... 6, relájalo. Una vez más el brazo derecho, 1... 2... 3... 4... 5... 6, relájalo. El brazo izquierdo, 1... 2... 3... 4... 5... 6, relájalo. Los dos brazos, 1... 2... 3... 4... 5... 6, relájalos. Una vez más los dos brazos, 1... 2... 3... 4... 5... 6, relájalos.

Ahora irás a los músculos del abdomen, contráelos por 6 segundos, 1... 2... 3... 4... 5... 6, relájalos. Una vez más los músculos abdominales, 1... 2... 3... 4... 5... 6, relájalos.

Ahora los músculos pectorales –el pecho– contráelos por 6 segundos, 1... 2... 3... 4... 5... 6, relájalos. Una vez más el mismo grupo de músculos, 1... 2... 3... 4... 5... 6, relájalos.

Ahora irás a los músculos de la cara. Cierra la boca con fuerza por 6 segundos, 1... 2... 3... 4... 5... 6, relájate. Una vez más cierra con fuerza la boca, 1... 2... 3... 4... 5... 6, relájate. Ahora los ojos, cierra los ojos con fuerza por 6 segundos, 1... 2... 3... 4... 5... 6, relájate. Una vez más, 1... 2... 3... 4... 5... 6, relájate.

Ahora los músculos de las orejas y el cuero cabelludo, como si quisieras levantar las orejas en atención por 6 segundos, 1... 2... 3... 4... 5... 6, relájate. Una vez más, 1... 2... 3... 4... 5... 6, relájate. Ahora levanta la cabeza del piso dos veces consecutivas por 6 segundos. Levanta sólo 2 cm nada más. Ahora iremos a los muslos. Comienza con el pie derecho. Contrae los músculos del muslo, 1... 2... 3... 4... 5... 6, relájalos. Una vez más, 1... 2... 3... 4... 5... 6, relája-

los. El otro muslo igualmente dos veces consecutivas, relájalos. Los dos muslos dos veces, 1... 2... 3... 4... 5... 6, relájalos.

Ahora extiende el pie como si quisieras tocar un objeto con la punta de
los dedos del pie derecho por 6 segundos, relaja. Una vez más, 1... 2... 3... 4...
5... 6, relaja. El otro pie dos veces, como el pie anterior, 1... 2... 3... 4... 5... 6,
relaja. Contrae los dos pies juntos como levantados 2 centímetros del piso por
6 segundos, 1... 2... 3... 4... 5... 6, relájalos. Una vez más, 1... 2... 3... 4... 5... 6,
relájalos. Ahora ayudándote con la cabeza, los pies, los hombros y las manos
arquéate levantando lo más que puedas tu espalda, glúteos, parte posterior
de los muslos sin doblar las rodillas, como si alguien te levantase por la cin-
tura hacia arriba por 6 segundos, 1... 2... 3... 4... 5... 6, relájate. Una vez más,
1... 2... 3... 4... 5... 6, relájate.

FIGURA 19

Ahora date cuenta de la diferencia que sientes en tu cuerpo.

Por ejemplo: ¿Sientes que tus pulsaciones cardíacas han disminuido?,
¿Sientes que otras partes de tu cuerpo están más en contacto con el suelo que
antes?

Respira profundamente tres veces, inhalando por la nariz, exhalando por
la boca, cuando estés listo abre los ojos, mira de lado a lado. Incorpórate lentamente, haz un esfuerzo para hacerlo de lado utilizando tus brazos. Si utilizaste la metodología para ayudarte a inducir el sueño, busca tu posición preferi-
da y que tengas felices sueños.

Autohipnosis

Esta es una herramienta que puede utilizarse para neutralizar los efectos del estrés negativo. Es una de las metodologías más rápidas y fáciles para
inducir la relajación.

En cierta manera, la hipnosis es similar al dormir. Existe un estrecha-
miento de la conciencia, acompañada con inercia y pasividad. Sin embargo,
la diferencia está en que nunca hay una completa pérdida de conciencia.

Frans Anton Mesmer (1734-1815) comenzó a tratar pacientes con diferentes enfermedades por medio de una técnica que hoy llamamos hipnosis.

En marzo de 1784, fue pedida por el rey Luis XVI de Francia una comisión real de investigación para investigar las teorías y prácticas de Mesmer, cuya metodología, poco ortodoxa en el tratamiento de pacientes, le ganó gran popularidad entre la gente, sin embargo, también generó gran indignación por parte del gremio médico tradicional. El rey nombra al entonces embajador de Estados Unidos en Francia, el respetable científico Benjamin Franklin. El anuncio de la comisión real tomó a París por sorpresa y produjo gran conmoción. Mesmer se había convertido en una figura legendaria por sus curas sorprendentes. Entre sus pacientes figuraban María Antonieta, el marqués de Lafayette. Franklin era reconocido como símbolo de una nueva era, un período donde los individuos podían cuestionar viejas ideas y formular nuevas preguntas sobre la naturaleza de la vida y los derechos humanos. Las creencias religiosas ya no eran impuestas ni establecidas por el Estado, y empezaban a ser entonces consideradas como un asunto primordialmente privado. Se sentía que lo más importante en la búsqueda de la verdad, no era la naturaleza de la verdad misma sino el proceso de razonamiento que podía llevar a ella. Lo más significativo en la ciencia era el método científico y la manera de examinar los hechos y conducir experimentos que pudieran ser replicados por otros. En este contexto cultural se desenvolvió la comisión, por un lado los participantes de las academias científicas que consideraban a Mesmer un charlatán y por el otro, el público que veía a Mesmer como un "sanador" y crítico de las tradiciones y el *statu quo*.

Entonces, aun cuando la comisión no encontró méritos en la metodología de Mesmer, Franklin reconoció informalmente la importancia de respetar los intangibles e imponderables en el tratamiento de enfermedades. El poder que reside en la creencia era manifiesto, y por lo tanto era importante entender las fuerzas que ejercía la mente humana sobre los aspectos fisiológicos manifestados a veces en varias enfermedades.

El desarrollo de la hipnosis en medicina no ha seguido una línea recta desde Mesmer. Por mucho tiempo fue considerada como una metodología de valor marginal. El término hipnosis es de James Braid en 1843. Sus descripciones de la experiencia hipnótica son parecidas a las de Mesmer y sus discípulos la llamaban "magnetismo animal". Antes de la introducción del éter en 1846, el mesmerismo tenía un futuro prometedor en la cirugía sin dolor. El interés se perdió cuando se desarrollaron mejores técnicas de anestesia y la credibilidad de Mesmer fue cuestionada. La hipnosis no fue reconocida como una forma de tratamiento por los profesionales de la medicina hasta que Hyppolite Bernheim publicó en 1895 su libro *Terapias de sugestión*. Sin embargo, con el aumento de la importancia atribuida a los factores psicológicos en la producción de enfermedades, se abrió la posibilidad para el uso de la hipnosis como metodología válida, complementaria, en el tratamiento médico. La hipnosis ha sido utilizada en procedimientos odontológicos, dolores crónicos, insomnio, alcoholismo, adicción a cigarrillos y drogas, otras dificultades que tienen su origen en factores emocionales. Charcot, maestro de Freud, pudo imbuir a su discípulo de un profundo respeto no sólo por la hipnosis sino también por la manera como la mente humana podía transferir sus preocupaciones a una realidad fisiológica.

Como ya hemos mencionado anteriormente, el cerebro humano no sólo es el órgano de la conciencia, también es una glándula que produce por lo menos una docena de secreciones básicas que han sido identificadas hasta ahora. Lo que la persona piensa o hace afecta el tipo de "prescripción farmacológica escrita" por el cerebro para el cuerpo. Nuestra habilidad de soportar el dolor puede aumentar como resultado de las sustancias producidas en el cerebro, que son químicos con moléculas parecidas a la morfina. El cerebro también suele producir sustancias que pueden combatir infecciones o que tienen un rol en el mantenimiento del balance corporal esencial.

La hipnosis es una metodología que puede ayudar al cuerpo a restaurar sus funciones recuperativas, ya que existe la posibilidad de que este balance sea perturbado por situaciones percibidas como estresantes.

Todo trance hipnótico incluye los siguientes elementos:

1. Economía de acción y relajación. Una reducción en la actividad muscular y en la energía.

2. Catalepsia de los miembros. Un tipo de rigidez de los músculos y miembros, con tendencia a quedarse en la posición en que se les deja.

3. Estrechez de atención.

4. Aumento de la susceptibilidad. Por ejemplo, la habilidad de producir la sensación de ligereza o pesadez de los miembros.

Los beneficios opcionales de la hipnosis incluyen:

1. La habilidad de producir anestesia en partes del cuerpo.

2. La habilidad de hacer sugestiones posthipnóticas para mejorar el sueño, manejar y controlar síntomas de dolor.

3. Control de algunas funciones orgánicas, como sangrado y ritmo cardíaco.

4. La habilidad de revivir experiencias pasadas en tiempo distante o inmediato. Algunas de estas memorias no están disponibles en el estado consciente del individuo. No se refiere esto a vidas pasadas.

5. La habilidad de desarrollar la capacidad de aprender y recordar en detalle.

Cheek y Le Cron (1968) han argüido que la hipnosis es un mecanismo de defensa natural de todo animal. Cuando estamos heridos o en shock, entramos en un trance hipnótico que enfría la temperatura de la piel, minimiza el sangrado, disminuye el movimiento y la respiración. Con la autohipnosis podemos entrar en un trance y beneficiarnos de las propiedades terapéuticas sin trauma o herida. Podemos aumentar el manejo de nuestras emociones y mejorar la concentración en las tareas. No somos extraños a la hipnosis, Le Cron (1970).

Le Cron describe estados espontáneos de hipnosis, cuando frecuentemente perdemos concentración o estamos "soñando despiertos", entramos en hipnosis sin inducción previa. El manejar a veces nos conduce a amnesia de parte del viaje. Podemos entrar en hipnosis cuando tratamos de recordar secuencialmente algo que perdimos, mirando la televisión o sintiendo una emoción fuerte como el miedo. A veces le llamamos la atención a un niño frente a la televisión, pero no nos responde, entonces tenemos que repetir y hasta alzar la voz para sacarlos del trance.

Efectividad de la autohipnosis

La autohipnosis ha sido efectiva clínicamente con síntomas de insomnio, dolores crónicos menores, dolores de cabeza, tics nerviosos, tensiones musculares y ansiedad.

La hipnosis puede usarse para relajarse y hacer sugestiones positivas.

La autoinducción

Si lo quieres hacer durante el día para después seguir alguna actividad, siéntate cómodamente. Si lo quieres hacer para relajarte y así inducirte al sueño, hazlo acostado con las manos al lado de tu cuerpo o sobre el abdomen.

Respira profundamente contando hasta 6-8, al inhalar hazlo por la nariz y al exhalar por la boca contando hasta 6-8.

Fija tu mirada en algún punto de la pared o el techo. Es importante que el punto te fuerce a que los ojos estén mirando hacia arriba fijamente y sin mover la mirada de ese punto. Mantén la mirada fija en ese punto.

Comienza a sugestionarte, siente que tus párpados comienzan a estar pesados. Advertirás que comienzan a picar. Poco a poco se van haciendo más pesados. Respira profundamente. Sigue sugestionándote: "Mis párpados cada

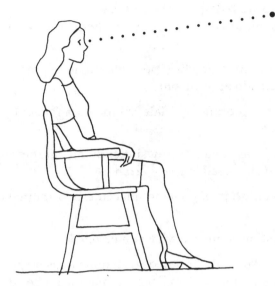

vez están más pesados. Se cierran lentamente. Están suficientemente pesados como para cerrarlos. Más pesados…, más pesados. Estoy tranquilo(a) me siento relajado(a) y con sueño, mis ojos se cierran, los ojos se cierran lentamente". Sin mucha resistencia cierras los ojos. Al hacerlo sientes un alivio.

Selecciona una palabra o frase que dirás en el momento de cerrar los ojos. Le Cron sugiere una frase como "relájate ahora". Puedes usar un color favorito o un lugar que tenga un significado especial para ti. Repite despacio la palabra o frase que escogiste y visualiza el color o lugar mientras cierras los ojos. Con suficiente práctica y tiempo, esas palabras serán suficientes para inducir hipnosis. Ahora con los ojos cerrados visualízate bajando en una escalera automática; cuanto más bajas, más relajado te sientes. Puedes darte cuenta de que con cada peldaño que bajas te sientes más y más tranquilo. Puedes contar para ti silenciosamente de 10 a 1 y con cada número que disminuyes te induces tranquilidad y relajación. Visualízate haciendo el procedimiento de la escalera una segunda vez. Al finalizar la escalera automática entras en un salón cómodo con colores azul celeste, verde turquesa o amarillo, tú escoges el color que te guste más. En ese salón hay una poltrona cómoda donde te sientas. Ése es tu lugar, lo llamo el "reposo del guerrero". Te sientes relajado y tranquilo. Te das cuenta de que tu cuerpo está sin tensiones. Si reconoces un lugar de tensión en tu cuerpo, te diriges a él. Allí contraerás esos músculos y los relajarás. Harás esto dos veces. Te podrás dar cuenta de la diferencia. Te sientes relajado y tranquilo. Sientes tu cuerpo como parte de la poltrona. Si quieres dormir continúas así hasta conciliar el sueño. Si necesitas pararte para continuar con alguna actividad y volver a estar alerta puedes decirte: "ahora voy a despertar abriendo los ojos", y así lo haces pausadamente y contando lentamente hasta tres. Te darás cuenta de que estarás alerta y relajado. Estírate y levántate cuando lo desees.

Algunas reglas para la autohipnosis exitosa

1. Permite por lo menos 20 minutos para entrar y profundizar en el estado hipnótico.

2. La hipnosis será más fácil con la práctica, por lo tanto no te preocupes de cómo lo estás haciendo al principio.

3. Siempre toma respiraciones profundas y date tiempo para relajar los músculos.

4. Usa instrucciones afirmativas como: "Estoy sintiendo mi cuerpo relajado", "mis párpados están pesados y se cierran".

5. Utiliza adjetivos como confortable, relajado, placentero, durante la autohipnosis.

6. Repite hasta que la sugestión comience a hacer efecto.

7. Usa imaginación creativa. Para inducir pesadez, imagina unas pequeñas pesas colgando de tus pestañas. Para ligereza imagina globos de helio atados a tus pies y manos.

8. Recuerda que es importante decir la palabra o frase clave en el momento en que cierras los ojos.

Tu propia inducción

Graba la siguiente inducción en una grabadora para así ayudarte en la inducción inicial. Más adelante podrás cambiarla y adaptarla para ajustarla a tus necesidades y estilo personal.

"Ponte cómodo(a) y escucha mi voz. Relájate. Respira profundamente tres veces. Inhala por la nariz, exhala por la boca. Respira lo más profundo posible al inhalar y al exhalar. Fija tu mirada en un punto enfrente y arriba de ti. Siente cómo los ojos miran por encima del horizonte de tu mirada. Observa cómo tus párpados se hacen pesados como si estuviesen hechos de plomo. Pronto será demasiado trabajo mantenerlos abiertos. Mientras cierras los ojos dirás: relájate ahora. Ahora respira profundamente y déjate llevar a la somnolencia. Deja que la relajación se riegue por todo el cuerpo, más y más profundo, más y más confortable y placentero. Deja que la somnolencia y la relajación vengan a tu cuerpo. Observa frente a ti una escalera automática. Pronto tomarás el agarrador de mano y darás un paso suave hacia adelante. El escalador se mueve hacia abajo lentamente. Cuenta silenciosamente hacia atrás de 10 a cero, 10... 9... 8... 7..., con cada número me siento más y más profundamente relajado, 6... 5... 4... 3... 2... 1... 0. Respira profundo y despacio. (Repite el descenso dos pisos más.)

Ahora entras en un salón hermoso y acogedor pintado de azul celeste, allí encuentras un sofá cómodo. Entras lentamente al salón y te sientas allí. Te sientes relajado y tranquilo. Es un lugar donde te sientes protegido, seguro y en paz. Permítete unos minutos para disfrutar ese momento.

Ahora sugestiónate que en un momento, cuando abras los ojos te sentirás alerta, refrescado después de haber hecho bien el ejercicio de autohipnosis. Cuando estés listo, abre los ojos al contar, 1... 2... 3...

Cuando grabes la inducción, deja que tu voz fluya con volumen normal, haz un esfuerzo de no cambiar el tiempo. Habla pausadamente pero con tu tiempo normal. Haz pausas entre frase y frase. Probablemente después de diez veces de utilizar tu grabación, podrás hacer la autohipnosis sin necesidad de ella.

Reglas para la inducción de la autohipnosis

1. La autosugestión tiene que ser directa.

2. La autosugestión tiene que ser positiva. Evita palabras con negativos como "no me sentiré cansado".

3. Utiliza sugestiones permisivas, ya que encontrarás menos resistencia. "Puedo sentirme relajado(a)", en vez de, "me sentiré relajado(a)". Es importante mencionar que hay individuos que responden mejor a órdenes. Tendrás que experimentar contigo mismo para determinar tu estilo.

4. Haz sugestiones para el futuro inmediato, no para el presente, "pronto sentiré...".

5. Utiliza sugestiones afirmativas. Por lo tanto nunca utilices las palabras "voy a tratar". Puede abrir la posibilidad al fracaso.

6. Cuando estás trabajando en el manejo de emociones intensas, desagradables o síntomas físicos dolorosos, inicialmente sugestiónate de que la emoción o el síntoma crecen en intensidad. Puedes decir: "Mi rabia está aumentando, puedo sentir el aumento de las pulsaciones de mi corazón, mis músculos están tensándose". Llévalo a una cúspide. Si puedes hacerlo peor puedes hacerlo mejor. Ahora sugestiónate de que está disminuyendo, "mi rabia está disminuyendo, mi corazón se apacigua y bajan las pulsaciones, mis músculos están perdiendo su tensión". "Estoy comenzando a sentirme relajado".

Palabras finales

Los capítulos anteriores han cubierto diferentes herramientas y conceptos que pueden ayudarte a desarrollar las inteligencias intrapersonal e interpersonal. Esencialmente proveen alternativas a los hábitos que no han inducido efectos positivos en ti. Puede ser que encuentres, a través de una amplia y firme motivación, la posibilidad de abandonar alguno de esos hábitos negativos. Sin embargo, si eres como la mayoría de los individuos, seguramente en algún momento has encontrado algunas dificultades en intercambiar viejos hábitos familiares por nuevos, o reaprender y enfatizar elementos en tu vida que puedan producir efectos positivos. Por lo tanto asume una responsabilidad consciente por tus decisiones. Cuando no estés practicando las herramientas, es importante examinar las razones que te dicen que esto ocurre. Razones típicas incluyen: "Estoy muy ocupado hoy", "estoy muy cansado", "dejar de hacerlo una vez, no influye mucho", "otra persona (esposa, esposo, hijo, etc.) necesita mi ayuda", "esto no da resultado", "esto es aburrido", "hoy me siento bien, no necesito practicar más", "me siento muy mal como para practicar", "cuando el otro individuo no actúa asertivamente, esto no funciona". Esas razones son muy seductoras ya que tal vez son parcialmente verdad. Quiere decir que podrás realmente sentirte cansado y ocupado, que alguien necesitará tu ayuda, que probablemente dejar de practicar un día no será crucial. La parte que no es convincente es la implicación que ya que estás ocupado o cansado o porque necesitan tu ayuda, no puedas practicar alguna de las herramientas. Esos comentarios se relacionan con locus de control externo. Un comentario más correcto sería: "Estoy cansado, podría hacerlos, pero he decidido no hacerlos", "puedo hacerlos, pero he decidido ayudar a … en vez de …". El punto importante aquí es enfatizar que asumes la responsabilidad por tus decisiones de escoger una actividad sobre otra, en vez de pretender ser una víctima pasiva de las circunstancias como tu fatiga, las exigencias de otros, u otras prioridades que te mantienen ocupado.

Puedes encontrar que utilizas las razones mencionadas anteriormente para no practicar. Esas razones quizá son las que utilizas para mantenerte prisionero de las circunstancias que percibes que no puedes tener a tu servicio y dominan tu sentir y pensar.

Toffler (1970) escribió sobre la naturaleza del futuro en su libro *Future Shock*, en el que describe los cambios rápidos y continuos en que estamos y que vamos a experimentar. Como hemos visto, esos cambios tienen el potencial de ser factores que pueden, al ser percibidos como amenazantes y perturbadores, convertirse en estresores.

El conocimiento de hoy a veces se convierte en la mala información del mañana. Por ejemplo, a la gran mayoría de nosotros se nos enseñó que las líneas paralelas nunca se encuentran. Sin embargo, hoy los físicos nos dicen que las paralelas se encuentran en algún momento en el infinito. Nos hicieron comer huevos e hígado como alimentos sanos. Sin embargo, algunos cardiólogos piensan hoy que la yema del huevo y el hígado contienen demasiado colesterol y por lo tanto recomiendan limitar el consumo de esos alimentos. El conocimiento está expandiéndose exponencialmente, a menudo remplazado por un nuevo conocimiento. Esa situación nos ha llevado a la confusión y a la frustración. ¿En qué creer? Un ejemplo es cuando escuchamos: "Todo aparenta causar cáncer", y esto nos ha llevado al miedo. ¿Cómo nos manejamos en un mundo que tiene tanto conocimiento científico y tecnología, pero que puede destruirse a sí mismo apretando unos pocos botones?

Si vamos a sobrevivir y crecer en una sociedad de cambios rápidos y continuos, será mejor aprender cómo manejar las dificultades, obstáculos y oportunidades que lo acompañarán. Tendremos que ajustarnos y adaptarnos para encontrar las oportunidades de crecimiento y aprendizaje en las actividades y relaciones estables que determinemos. Tendremos que fortalecer nuestras familias, involucrarnos en trabajos significativos y satisfactorios, organizando nuestro tiempo libre de recuperación para que se convierta en un recrear de actitudes y de la disposición al próximo esfuerzo. Involucrarnos también en metas nobles. Tendremos que reconocer aquellas situaciones de nuestra vida que no podemos cambiar y aprender a convertirlas en menos perturbadoras y amenazantes y, además, aprender a escoger bien nuestras batallas. Eso incluye observarnos como individuos que merecemos disfrutar de los resultados de nuestros esfuerzos, con la convicción de que podemos controlar muchos eventos y sus consecuencias, y considerando las pruebas que nos presenta la vida como retos de crecimiento en vez de plagas que tenemos que evadir y olvidar.

Al final de tu vida, mirando hacia atrás, podrás contestar si viviste de una manera que fue merecedora de lo mejor en ti. O, ¿estuviste siempre preparándote para cantar la canción de tu vida, sin nunca haberlo hecho?

¡Recuerda cantar la canción de tu vida!

Conócete a ti mismo.

Escógete a ti mismo.

Involúcrate en metas nobles.

"Imagínate la vida como un juego en el cual estás balanceando cinco pelotas en el aire. Las nombras: trabajo, familia, salud, amigos y espíritu; y las mantienes a todas en el aire. Pronto comprobarás que el trabajo es una pelota de goma. Si se te cae, rebota de regreso. Sin embargo, las otras cuatro, familia, salud, amigos y espíritu, están hechas de vidrio. Si dejas caer alguna de ellas se marcará, dañará o hasta se romperá irrevocablemente. Nunca serán las mismas. Debes entender esto y procurar alcanzar un balance en tu vida.

¿Cómo?

No socaves lo que vales comparándote con los demás. El hecho de que seas diferente es lo que te hace especial a ti y a cada uno de nosotros.

No fijes tus metas de acuerdo con lo que otros consideran importante. Sólo tú sabes lo que es mejor para ti.

No presupongas las cosas más cercanas a tu corazón. Aférrate a ellas como a la vida misma; pues sin ellas, la vida no tiene sentido.

No permitas que tu vida se te escape entre los dedos viviendo en el pasado o en el futuro. Viviendo tu vida un día a la vez vivirás TODOS los días de tu vida.

No te des por vencido cuando todavía tengas algo que dar. Nada está realmente perdido hasta el momento en que decides dejar de seguir tratando.

No temas admitir que eres menos que perfecto; es el hilo frágil que nos une a los unos con los otros.

No temas arriesgarte, pues es aceptando riesgos que aprendemos a ser valientes.

No dejes el amor fuera de tu vida diciendo que te es imposible encontrar el tiempo para él. La forma más rápida de recibir amor es dando; la forma más rápida de perder el amor es atándolo demasiado fuerte; y la mejor forma de conservar el amor es dándole alas.

No corras por la vida tan rápidamente que no sólo te olvides de dónde has estado, sino de hacia dónde vas.

No olvides que la más grande necesidad emocional de cualquier persona es sentirse apreciada.

No tengas miedo de aprender. El conocimiento no tiene peso, es un tesoro que siempre puedes cargar fácilmente.

No uses ni el tiempo ni las palabras de manera descuidada. Ni el tiempo ni las palabras pueden ser recuperados.

La vida no es una carrera, es un viaje para ser saboreado a cada paso.

Ayer es historia, mañana es un misterio, y hoy es un regalo: es por eso que lo llamamos el presente".

Brian Dyson

206

Glosario

ACTITUD: Describe la predisposición, favorable o desfavorable, de una persona, así como sus sentimientos y tendencias de acción hacia algún objeto o idea. Las actitudes tienen diferentes componentes (afectivos, cognoscitivos, de comportamiento), que al combinarse, constituyen la acción total que una persona puede tener frente a un estímulo.

ALIADO: Persona o grupo de personas que crean relaciones que permiten, por medio de su unión, alcanzar objetivos comunes. Cuando se desarrollan alianzas se establece una sinergia que hace que el total sea mayor que la suma de las partes. (*véase* **Redes informales**).

AUTOMOTIVACIÓN: La **motivación** está basada en necesidades (carencias o desequilibrios) y puede ser externa (reconocimiento y elogio, seguridad, igualdad) o interna **(automotivación)** como logro, poder, afiliación, autonomía, superación.

Un motivo se refiere a una inquietud particular subyacente que impulsa, dirige y selecciona la conducta del individuo hasta que una meta se logra o hasta que la respuesta se bloquea. Los motivos pueden ser **no aprendidos:** de supervivencia o primarios, que deben satisfacerse para permanecer vivos, tales como el hambre, la sed, el aire, la temperatura, el alivio de la fatiga, la eliminación. También pueden ser **aprendidos**, secundarios o sociales: se desarrollan a partir de la interacción social y ambiental como consecuencia de recompensas y castigos. No son necesarios para la supervivencia. El logro, la amistad, la afiliación, el juego, la comprensión, la autonomía son algunos de ellos. Los **combinados,** que conjugan aprendidos y no aprendidos, como el sexo, el comportamiento materno, la necesidad de estimulación (actividad, variación).

AUTORIDAD: la autoridad tiene dos componentes o facetas diferentes:

Relacionada al cargo, posición, función. Es la **autoridad formal;** tiene una duración limitada.

Relacionada con enfatizar acciones, proponer ideas, generar confianza, credibilidad, modelar, respetar. Es la **autoridad informal**. La legitimación de la autoridad es la autorización del grupo. De ella nace el **ejercicio del liderazgo**: cambio, innovación, creatividad (*véase* **Liderazgo).**

AUTORREALIZACIÓN: Relacionado con la realización plena de uno mismo, concretada en encontrar la **propia personalidad** y tener en marcha el **proyecto de vida**, ambos mejorables continuamente. Se relaciona con la felicidad y con poder ordenar las emociones al servicio de un objetivo, lograr autodominio emocional, postergar la gratificación y contener la impulsividad.

Encontrar la propia personalidad es "sé lo que eres, tú mismo", el desarrollo del propio interior. Conlleva coherencia (en orden consigo mismo) y fidelidad (atenerse a las ideas y compromisos).

Tener un proyecto de vida o programa de vida, que nos satisfaga y nos acompañe toda nuestra existencia, implica que sea personal, que responda a inquietudes, deseos y aspiraciones interiores (las propias expectativas); así mismo, que trascienda, que esté orientado hacia el bien propio y ajeno, que sea realista (basado en las propias habilidades y limitaciones y en el marco o ámbito que nos rodea), debe exigir esfuerzo ("yo solo") y no permitir la dispersión; se acompaña de renuncia a otras cosas que nos alejan de él y estará sujeto a revisiones periódicas con medios alternos ante lo inesperado.

CARÁCTER: Modo de ser, signo, rasgo distintivo en la herencia que no puede modificarse. Es la organización integrada de todas las características cognoscitivas (conocimiento), afectivas y conectivas de la persona vital, constituida por los impulsos funcionales, rítmicos, el humor y la impresionabilidad frente a los estímulos.

El carácter puede ser extrovertido o introvertido según la energía instintiva, dirigiéndose del individuo al ambiente o permaneciendo dentro del mismo individuo respectivamente (*véase* **Temperamento**).

CASTRANTE: Que debilita, reduce, limita, estrecha, abate, asusta, intimida, amilana, amedrenta, causa miedo. Se relaciona con conductas agresivas (*véase* **Conducta**).

COLECTIVO: Sentido de comunidad, de grupo. El colectivo está formado por varias personas que presentan al espíritu la idea de conjunto (*véase* **Cooperar**).

COMPARTIR: (*véase* **Cooperar**).

COMPLACENCIA: (*véase* **Tolerancia**).

COMPORTAMIENTO: Conducta, modo de proceder, modo de portarse. El patrón de comportamiento es común a todos los miembros de una especie y es con frecuencia el producto de una elección consciente. Algunas conductas resultan de motivos desconocidos o inconscientes. Se consideran conductas anormales aquellas que crean problemas para el individuo o la sociedad. (*véase* **Conducta, Respuesta inconsciente**).

COMPROMISO: Obligación contraída por libre elección, cuyo cumplimiento beneficia a uno mismo o a un grupo. Cumplir los compromisos requiere disposición para adaptarse a situaciones cambiantes, respaldar las posiciones tomadas con acciones, apoyo constante, contribuir con autoformación para un mejor desempeño, compartir los valores y completar los objetivos comunes. Está relacionado con dar y recibir y en su naturaleza y dimensiones ligado a un proceso.

CONCIENCIA: El saber o experiencia inmediata que el sujeto tiene de sí mismo y de sus contenidos (representaciones, imágenes, deseos, sentimientos, etc.), anterior a toda reflexión cognoscitiva. Noción de uno mismo, sentimiento interior por el cual aprecia el hombre sus acciones. El reconocer un sentimiento o identificar la emoción que hay detrás, mientras ocurre, es la clave de la inteligencia emocional (¿qué estoy sintiendo? y ¿por qué lo estoy sintiendo?). Con esta capacidad se recupera uno con mucha mayor rapidez de los reveses y trastornos de la vida, si no, es una lucha constante contra sentimientos de aflicción. La incapacidad de advertir nuestros auténticos sentimientos nos deja a merced de ellos. Con mayor certidumbre se "es" mejor parte de la vida y se tiene una noción más segura de lo que se siente realmente con respecto a decisiones personales importantes (casarse, trabajo). Manejar los sentimientos o emociones para que estén a nuestro servicio es una capacidad basada en la conciencia de uno mismo (*véase* **Respuesta inconsciente**).

CONDUCTA: Conjunto de respuestas del individuo a los estímulos, tanto internos como externos.

Agresiva: Es la conducta en la cual se ignora e infringen los derechos del otro. Existe una autoexpresión a expensas del otro, hay miedo a perder el control, a no ser tomado en cuenta. La autoestima está baja. Mensajes TÚ.

Asertiva: Es la conducta en la cual la autoexpresión es directa, responsable y espontánea. Se ejercitan los derechos propios, sin violar o ignorar los de los otros. Se decide por sí mismo. La autoestima está alta. Hay expresiones claras de deseos, pensamientos y sentimientos, utilización de palabras objetivas y frases directas. Mensajes YO.

Pasiva: Conducta en la cual la persona no defiende ni respeta sus propios derechos. Permite que los otros decidan por ella, existe dependencia. Hay miedo al rechazo, al abandono, a equivocarse, a perder las relaciones. No hay expresión de ideas, sentimientos y necesidades. La autoestima está baja.

CONFIANZA: Seguridad que depositamos en personas o instituciones en relación con las aptitudes. Requiere tolerancia a los errores como vía de crecimiento, delegar la toma de decisiones y actividades haciendo un seguimiento orientado a crecer, una comunicación clara y directa y un clima armonioso. La confianza es esperar con firmeza y seguridad basadas en el carácter, las habilidades y las fortalezas de una persona. La confianza se gana y se otorga.

CONFLICTO: El conflicto es un "hecho de la vida", es parte integral de la interacción con otros y una fuerza poderosa para el crecimiento, la clarificación y la intencionalidad. De los muchos conflictos que experimentamos a lo largo de nuestra vida, la gran mayoría termina con resultados positivos. Sin embargo, por ser situaciones incómodas, las personas desean eliminarlos o evadirlos. El conflicto lleva al entendimiento, es un aclarador, provee límites y estimula el crecimiento personal. Manejarlo creativamente y convertirlo en una experiencia de crecimiento para los participantes, es verlo como una oportunidad (*véase* **Reflexión**).

CONFRONTACIÓN: Poner uno frente a otro, poner en presencia, encarar resueltamente, hacer frente. La confrontación es una forma de vivir de nuestras culturas patriarcales que nos mete en la lucha y las dificultades en forma continua. Lo contrario es "lo natural", que ocurre sin esfuerzo y que no es muy apreciado en dichas culturas, porque anula el mérito y favorece la ternura considerada una debilidad aun dentro de su apertura visionaria.

CONGRUENCIA: "Pensar, sentir, hacer y decir lo mismo". Conformidad obtenida al lograr interrelacionar armoniosamente los pensamientos, sentimientos, expresiones verbales, corporales, faciales y acciones. Para ser congruente es importante como condición previa la sinceridad emocional ("ser genuino").

CONTRIBUIR: (*véase* **Cooperar**).

CONTROL: Mecanismo de manejo de la ansiedad ante diferentes situaciones relacionales. Denota inseguridad, baja autoestima, poca capacidad de confiar en el otro y necesidad de mantener los diferentes elementos de una circunstancia ubicados o "amarrados" (*véase* **Mecanismos de defensa, Confianza**).

COOPERAR: Actuar conjuntamente, trabajar con otros, asociarse para beneficio mutuo. Implica trabajar con alguien más o ayudarle con la esperanza de lograr una meta común. La cooperación es más beneficiosa que la competencia y requiere una comunicación exitosa. La cooperación está asociada con las relaciones de interdependencia (*véase* **Dependencia, Redes informales, Sistema/Estructura**).

CREDIBILIDAD: Base sólida que permite convencer a otros a acompañarnos en la realización de visiones, empresas, aunque sean difíciles o complicadas. De las raíces griegas, el significado de *ethos* tiene relación con credibilidad; implica confianza, coherencia entre las palabras y los hechos (congruencia), dar ejemplo, modelar. *Ethos* conjuntamente con *pathos* (pasión, naturaleza de la relación) y *logos* (ideas, conceptos, tratados) forman la pirámide que soporta a la autoridad informal y que permite el ejercicio del liderazgo (*véase* **Liderazgo, Confianza**).

CRÍTICA: Relacionada con motivación. La retroalimentación que la gente recibe es información esencial para seguir adelante con los esfuerzos; es un intercambio de datos acerca de cómo está funcionado algo en un sistema, tomando en cuenta que afecta a todas las demás partes, y que si se desvía, pueda ser modificado positivamente y a tiempo.

La crítica permite expresar quejas, sobre las cuales aducir, en diferentes entornos tanto laborales como personales. Es muy importante, ya que sin retroalimentación la gente está en las tinieblas y también muy temida y postergada, por ser manejada generalmente en forma inadecuada. Sin embargo, la salud emocional de una pareja y de otras relaciones importantes y la efectividad, productividad y satisfacción en el trabajo, dependen de cómo se hable de los problemas acuciantes y esto puede incluir la crítica y la forma en la que se da y se recibe. La **crítica ingeniosa** es útil, mantiene la ilusión de mejorar y sugiere "algo por hacer". La **crítica destructiva** crea impotencia, ira, rebelión, ataca el carácter (rasgo) y pone a la defensiva, no despierta receptividad y causa pérdida de esperanza. La **crítica constructiva** se relaciona con optimismo, con saber que los contratiempos y fracasos se deben a circunstancias que podemos cambiar o mejorar. Ser específico, ofrecer una solución, "estar presente", mostrar sensibilidad son integrantes de una crítica constructiva. Está ampliamente relacionada con la empatía o capacidad de "ponerse en los zapatos del otro". Es un arte, al igual que el elogio (*véase* **Automotivación, Juicio**).

CUESTIONAR: Es la capacidad de relacionarse con lo establecido, las tradiciones, lo rutinario, lo conocido, con una actitud de revisión, "adecuación", "no acatamiento", con creatividad, con diferentes modelos mentales, con espíritu de transformación o cambio. Puede conllevar la creación de nuevos procesos o formas de hacer o ver las cosas. Produce desequilibrio, requiere coraje, buena comunicación y capacidad de convencimiento y es por esto po lo que está muy relacionado con el ejercicio de liderazgo (*véase* **Liderazgo, Reflexionar**).

DEFENSAS RUTINARIAS: (*véase* **Mecanismos de defensa**).

DEPENDENCIA: Aceptación de la realidad de los demás, sus valores, su estilo de vida. Sentido del valor propio no desarrollado (TÚ). Requerimos de un otro, objeto o persona para desenvolvernos.

Independencia: Desarrollo de los propios valores y creencias, del propio estilo de vida, sin estar sujetos a influencias o acciones externas. "Ser individual." Implica enfrentar la soledad y manejar los conflictos inherentes (YO).

Interdependencia: Forma de relacionarnos en la cual satisfacemos nuestras necesidades de compañía, apoyo, estímulo, afecto, etc., con otros, con disposición a ceder, en momentos, parte del ser individual. Hay relaciones profundas, gratificantes y duraderas con intimidad. Superación de la soledad. Es la búsqueda de un NOSOTROS.

DEPRESIÓN: Disminución del tono afectivo, tristeza o melancolía. Estado de tristeza mantenida en el tiempo, que se hace crónico. Comprende cambios en la respiración, en la expresión de la cara, la postura corporal, el grado de tensión muscular, con dominio de todas las acciones.

DESESPERANZA: Pérdida de la esperanza, es decir, pérdida de:

- La capacidad de pensar en la realidad interna y externa, en lo que necesitamos; siendo selectivos de los ambientes amorosos *versus* los agresivos.

- La capacidad de pedir lo que se quiere, es decir, de buscar lo que se necesita donde se puede obtener. Tiene que ver con " búsqueda eficiente", y luchar con todos los recursos para obtenerlo, con tomar de la vida.

- La tolerancia a la frustración, es decir, la capacidad de espera, paciencia, temple, fuerza, vigor, que no se doblega frente a las dificultades; fortaleza basada en amor y bondad.

La desesperanza tiene que ver con falta de consistencia.

La "desesperanza aprendida" es el dejar pasar y dejar pasar... permanentemente; el miedo a luchar; el creer que no importa lo que se haga, nunca va a pasar nada (**Martin Seligman**). Está relacionada con la pasividad (*véase* **Conducta**).

DISTANCIAMIENTO: Relación distante. Manera normal de manejar la ansiedad que pesa en una relación importante. Incluso en la más ideal de las relaciones hay períodos de peleas y distanciamientos reactivos, dependiendo de la cantidad de tensión y ansiedad que incide en ella y de la cantidad de "uno mismo" que se aporta a la relación. Tomar distancia es un mecanismo de defensa o reacción instintiva ante la angustia de la "fusión" con el otro (*véase* **Mecanismo de defensa**).

DUELO: Proceso de "cierre" que pasa por diferentes etapas (negación, rebeldía, aceptación) y emociones (miedo, rabia, tristeza) incluyendo el perdón a uno mismo o a otros. Acompaña a períodos que siguen a pérdidas personales o materiales, a cambios: edad, trabajo, pareja, vivienda, etc. Es muy importante permitirse vivir los duelos en su totalidad para poder cerrar etapas y abrir nuevas puertas y opciones en la vida.

EFECTIVIDAD: Es la forma más reciente de evaluar el logro de resultados, ya que se consigue ser eficaz "tomando en cuenta a las personas". Por ejemplo, una empresa que vende y gana con empleados motivados (baja rotación, bajo estrés). Otro ejemplo, una familia cuyos hijos obtienen buenas notas escolares, están contentos y desarrollan otras facetas personales (deportes, arte).

EVASIÓN: Manejo ante situaciones o relaciones que generan ansiedad y angustia y que consiste en huir o no actuar a sabiendas ("no querer ver").

EXPECTATIVA: Espera fundada en promesas hechas por otros o en probabilidades calculadas por uno (previsiones). También puede estar referida a satisfacer deseos, aspiraciones, logros de otras personas originados en la compleción de historias personales (padres) o pertenecientes a proyectos de vida ajenos (jefes). Es muy importante desarrollar el propio programa de vida basado en expectativas personales.

FRUSTRACIÓN: Estado de tensión psíquica con eventuales consecuencias somáticas o emocionales, que se verifica cada vez que un individuo es obstaculizado en la satisfacción de una necesidad de cualquier género. El obstáculo puede ser tanto interno como externo (*véase* **Paciencia**).

HABILIDADES: Capacidades que se poseen o se pueden aprender y poner en práctica en diferentes ámbitos de la vida. Por ejemplo:

En el estudio, desempeño de cargos o de actividades que tienen que ver con la aplicación de conocimientos técnicos o especializados (habilidades técnicas).

En nuestras relaciones con los demás (habilidades interpersonales o blandas).

En situaciones de negociación o establecimiento de acuerdos (habilidades de transacción).

HÁBITO: Tendencia crónica e inconsciente a responder de cierto modo. Costumbre, práctica o disposición adquirida por la repetición frecuente; predisposición a reaccionar siempre de la misma forma como consecuencia del "no cuestionamiento" de los modelos mentales. Los hábitos que redundan en resultados positivos es prudente mantenerlos, dedicando especial revisión a las causas u orígenes personales o familiares de los que conducen a resultados negativos (*véase* **Cuestionar**).

INCONSCIENTE: (*véase* **Respuesta inconsciente**).

INSPIRACIÓN: En sentido general se denomina inspiración al estímulo sentido por un artista, el cual le sugiere ideas para la composición de una obra pictórica, literaria, etc., y le mueve a realizarla. En el contexto del ejercicio del liderazgo puede referirse a la capacidad de mover a otros y a uno mismo, induciendo a identificarse con el aspecto presentado y generando un compromiso con el objetivo deseado. (*véase* **Liderazgo**).

INTIMIDAD: Capacidad de mantenernos emocionalmente en contacto con las personas que nos importan al mismo tiempo que tomamos una posición personal clara, basada en nuestros propios valores, creencias y principios. Exige claridad personal, atención de cada cual en sí mismo, comunicación abierta y un profundo respeto por las diferencias. "Conocer al otro y darme a conocer". La capacidad de poder establecer relaciones íntimas está totalmente ligada a las relaciones de interdependencia (*véase* **Dependencia**).

JUICIO: Se refiere a la facultad del entendimiento que compara dos ideas y en consecuencia emite una opinión. Cuando se emiten juicios se dictamina cuándo una acción es buena o mala en orden a su realización con vistas a un fin. Generalmente los parámetros que usamos para emitir juicios tienen que ver con tradiciones, prácticas médicas, sugestiones religiosas, sin tener un cabal conocimiento de ellos, así como con nuestra propia historia, pudiendo emitir juicios hasta de nosotros mismos. Por ejemplo: "Yo creo que la comida te va a quedar excelente", o "esta presentación no me va a salir bien". Cuando emitimos juicios lo que hacemos es una comparación con lo que tenemos prefijado en nuestra mente que debe ser de cierta forma; por lo tanto, el juicio es una actitud rígida, fuertemente condicionada por una carga emotiva que constituye un obstáculo para el conocimiento y puede determinar la simpatía o antipatía hacia un individuo, grupo o medio. El juicio es generador de resistencia. En contraposición al juicio nos encontramos con la sugerencia (*véase* **Sugerencia**).

LEALTAD: La lealtad es un valor que tiene que ver con ser fieles a nosotros mismos. Para esto es muy importante la congruencia, que se refiere a la alineación de nuestros pensamientos, palabras, acciones y sentimientos. Cuando esto sucede, mis relaciones con los otros serán de respeto, de compromiso; la traición o engaño, la falsedad, no tienen cabida. La lealtad implica aprender a preocuparse tanto por la gente, como por mantener nuestros compromisos con ella; y en algunos casos puede significar hacer sacrificios en beneficio de los demás.

La lealtad comienza con el primer vínculo seguro que un bebé establece con el adulto que lo cuida, ya sean sus padres, o en su defecto, quien ejerza esas funciones, y se fortalece a través de aquellos vínculos que crean para el niño un sentido de familia (*véase* **Compromiso, Valores**).

LIDERAZGO: El ejercicio del liderazgo es un proceso, abierto a quien lo quiera ejercer, basado en una decisión personal, y es temporal. El ejercicio del liderazgo tiene que ver con creatividad, innovación, cambio o transformación; en él se manejan situaciones y conocimientos no rutinarios, se cuestionan las tradiciones, y como consecuencia se produce inestabilidad o desequilibrio. Se piensa en formas diferentes de hacer las cosas, la ansiedad aumenta, los resultados son más lentos, y la gente puede salir herida.

A menudo se confunde el ejercicio del liderazgo con la **autoridad informal** que tiene que ver con las acciones (tales como modelar, ser honesto, compartir conocimientos, convencer, generar confianza, ser empático), que van a conducir, por ejemplo, a que un gerente, un padre, un ciudadano, sean autorizados por su equipo, sus hijos, sus vecinos, respectivamente, es decir, reconocido como autoridad. Puede decirse que la autoridad informal es la legitimación de la **autoridad formal**, entendiéndose por esta última la asociada con una posición, rol o cargo dentro de una organización. El ejercicio de la autoridad, a diferencia del ejercicio del liderazgo, tiene que ver con mantener las tradiciones, mantener lo establecido, lograr eficiencia y productividad, y bajar la ansiedad, entre otros. La autoridad formal la caracteriza una investidura que es el **poder**; tiene que ver con la administración de recursos, que pueden ser económicos, humanos, de decisión, de libertad, etc., y crea una relación de dependencia. Adicionalmente es temporal, por el tiempo que se ocupa el rol o cargo dentro de una organización, familia o comunidad. El uso indiscriminado del poder con tentaciones totalitarias (abuso de poder) pone en peligro a la autoridad informal.

Con base en lo anterior puede decirse que la única manera de ejercer liderazgo es a través de la autoridad informal, es decir, no puede ejercerse liderazgo a través del poder, porque lo que hay que hacer es convencer, guiar, satisfacer expectativas, respetar, inspirar. (**"Liderazgo: ¿Un dominio masculino?", Daniel Gil'Adí.**)

MANIPULACIÓN: Relacionarse con otro con la intención oculta de que haga la voluntad de uno. Se utiliza cuando queremos conseguir un objetivo con argumentos que no necesariamente son ciertos, o se hace apelando a las emociones del otro, como puede ser el miedo. La persona que manipula generalmente resalta las consecuencias negativas que sobrevendrán si no se alcanzan las metas, o también emplea otra alternativa como es la de dirigirse al otro, ubicándose él mismo como víctima.

Ejemplos: "Si no te quedas hasta tarde para terminar la oferta, tu jefe se pondrá furioso"; en contraposición a plantear: "Es necesario que termines el trabajo hoy, ya que mañana hay que entregar la oferta a las 8:00 de la mañana".

Una madre le dice a su hijo: "No tendré más remedio que quedarme sola con mi fuerte dolor de espalda, mientras tú te vas a la fiesta".

La manipulación está relacionada con pasividad (*véase* **Conducta pasiva**).

MECANISMOS DE DEFENSA: Son aquellos procedimientos utilizados por el individuo para oponerse a la ansiedad que se produce ante situaciones o en relaciones importantes, que puedan considerarse peligrosas, como la pérdida de un ser amado, una discusión. Son mecanismos de protección ante acciones o hechos que deterioran la autoimagen. Los mecanismos de defensa son inconscientes. Entre los mecanismos de defensa pueden señalarse, por ejemplo: la represión, la proyección, la negación, la distancia, la culpa, el control y otros.

Represión. El individuo "olvida" recuerdos que le producen ansiedad o dolor.

Proyección. Atribuir a otra persona, cosa o fuerza en el mundo exterior, aspectos, impulsos o ideas que nos corresponden a nosotros, pero que de alguna forma objetamos y no reconocemos como propios.

Negación. "No ver".

Culpa. Se desarrolla para no sentir o pensar ofensivamente de nosotros mismos. Es una protección de la autoestima (*véase* **Control, Distancia**).

MOTIVACIÓN: (*véase* **Automotivación**).

PACIENCIA: Tiene que ver con la capacidad de posponer la gratificación, aplazar la satisfacción de los deseos y manejar la frustración. La paciencia está muy ligada con la inteligencia emocional.

La paciencia es el tiempo del pensar, no implica posponer acciones, implica darse el tiempo para tomar una decisión, implica entender qué está pasando. Está relacionada con el fenómeno del "reverie", que es el tiempo del bebé que transcurre entre su llanto y ser atendido por la madre con la seguridad de que ésta llegará. Los padres cuando tienen sus hijos pequeños, por ejemplo, cuando todavía no caminan, deben tener paciencia para aceptar, que por muchos esfuerzos que hagan, por mucha estimulación que le hagan al bebé, éste se tomará su tiempo biológico, aproximadamente un año, hasta que empiece a caminar; mientras tanto los padres tendrán que tener una gran dosis de paciencia, y así sucesivamente en las posteriores etapas de crecimiento (*véase* **Frustración, Valores**).

PATRONES: Son todos aquellos comportamientos, pensamientos, que se hacen habituales o repetitivos en un individuo, en un grupo o colectividad. Si nos referimos a comportamientos, hablaremos de **patrones de conducta.** Si nos referimos a pensamientos hablaremos de **patrones de pensamiento.** Los patrones tienen que ver con los modelos mentales, así como con nuestra historia personal. Por ejemplo, un patrón de conducta podría ser relaciones de distancia para manejar la ansiedad. (*véase* **Conducta**).

PENSAMIENTO/SIGNIFICADO SIMBÓLICO: Con la finalidad de explicar estos conceptos, es necesario referirnos al concepto de **símbolo.**

Símbolo. Es cualquier estímulo que llega a convertirse en una representación comúnmente aceptada de algún objeto, hecho, acción o idea. Un símbolo puede tomar cualquier forma o cualquier significado, mientras existe acuerdo general de que el símbolo representa alguna cosa particular. El símbolo tiene un contenido consciente manifiesto, representado por lo que objetivamente estamos viendo, escuchando, etc., pero a su vez tiene un contenido inconsciente, que se establece por las analogías o similitudes que podamos encontrar. Por ejemplo, las rosas rojas simbólicamente pueden representar pasión.

De aquí podemos entonces deducir que significado simbólico o pensamiento simbólico se refieren a aquellas atribuciones o asociaciones mentales que se le asignan a pensamientos o acciones, generando o construyendo una realidad más allá de la estricta representación física.

PERCEPCIÓN: La percepción es el proceso por el cual una persona interpreta estímulos sensoriales. Los procesos sensoriales simplemente informan acerca de los estímulos ambientales; la percepción traduce estos mensajes sensoriales en forma comprensible. Estos estímulos sensoriales pueden ser desde un simple color, que percibimos directamente con el sentido de la vista, hasta la voz de una persona, que percibimos con el sentido del oído, pero que de acuerdo con nuestras características personales, históricas, familiares, etc., algunos pueden percibirla como regaño, otros no, otros, en cambio, consideran que la persona que habla es muy asertiva, etc. De acuerdo con la situación anterior podemos decir que dos clases de factores influyen en la percepción: señales externas (estímulos) y señales internas (factores personales).Tanto las señales externas como las internas afectan la manera como una persona atiende a los estímulos. Es necesario poner un mínimo de atención a un estímulo para que se dé la percepción.

Cuando nos referimos a señales internas podemos considerar que entre ellas se encuentran los modelos mentales, los que van a influir en nuestras percepciones. Si familiarmente recibimos mensajes, por ejemplo, donde la posición de la mujer no se privilegiaba en el campo de trabajo, seguramente mi modelo mental de la mujer será que su lugar debe ser en la casa cuidando de sus hijos. Este modelo mental nos puede llevar a percibir las mujeres como disminuidas en sus habilidades para realizar actividades administrativas, gerenciales, etc. De alguna forma los modelos mentales son especies de filtros que van a influenciar nuestras percepciones en la vida.

PERSONALIDAD: (*véase* Carácter).

PROCESO: Acción de ir hacia delante, transcurso del tiempo. Conjunto de las fases sucesivas de un fenómeno, proyecto, programa de vida, cambio, aprendizaje, crecimiento personal, duelo.

Conlleva paciencia, compromiso, posponer gratificación, manejo de frustración, obtención de metas parciales alineadas al propósito final (*véase* Duelo, Paciencia, Compromiso).

RED: (*véase* Redes informales, Sistema/Estructura).

REDES INFORMALES: Es una forma de relacionarse con otros, basada en la búsqueda de obtención de sinergia mediante el aprovechamiento de las capacidades individuales. Consiste en una metodología que utiliza las fortalezas y habilidades de los individuos que no necesariamente están ocupando posiciones de autoridad formal.

Es conocer dónde están los focos de influencia (autoridad informal) en una organización o grupo. Es un concepto reciente que tiene que ver con: cooperación, comunicación y habilidades de inteligencia emocional (*véase* **Cooperar, Sistema/ Estructura**).

REFLEXIONAR: Se refiere a la capacidad de concientizar nuestros modelos mentales. Para ello tenemos que ser capaces de mirar hacia dentro de nosotros mismos ("voltear los ojos hacia dentro") y con humildad cuestionar y reconocer, a veces con dolor, que estamos en presencia de un modelo mental profundamente arraigado que nos conduce a cierta acción. La reflexión a su vez implica la capacidad de poder desligarse de determinada circunstancia para poder verla desde afuera como observador imparcial, separado de la emoción que ésta nos pueda desencadenar; es decir, la reflexión es un acto en el desapego. La reflexión puede ser muy dura, ya que en el proceso nos lleva a confrontar nuestras emociones. Si queremos accionar de manera diferente y cambiar nuestra óptica sobre determinado asunto será a través de la reflexión y concientización el camino para alcanzar resultados diferentes (*véase* **Conciencia**).

RELACIÓN SIGNIFICATIVA: Se refiere a aquellas relaciones interpersonales importantes para nosotros en las cuales se desea intimidad, profundidad. Implica relacionarse basándose en valores (lealtad, compromiso, respeto). Entre las relaciones significativas pueden citarse: paterno-filiales, fraternales, pareja, amigos íntimos, profesionales. Las habilidades de la inteligencia emocional (asertividad, congruencia, empatía) son de mucha utilidad en este tipo de relaciones.

Para mantener relaciones significativas a largo plazo, algunos aspectos importantes son:

Crear un espacio que consideremos nuestro (relacionado con interdependencia), basado en lealtad.

Crear un espacio donde podamos cumplir nuestras expectativas en relación con romance, compañía, logros, sexo, diversión, proyectos de vida.

Crear un espacio amplio y seguro donde podamos presentar nuestras ideas, divergencias, y aun así sentirnos amados (*véase* **Dependencia**).

REPRESIÓN: (*véase* **Mecanismos de defensa**).

RESENTIMIENTO: Tener sentimientos basados en las emociones de rabia, tristeza o miedo, no expresados (pasividad) y prolongados en el tiempo (*véase* **Conducta**).

RESPUESTA INCONSCIENTE: Se refiere a aquellos pensamientos, acciones, etc., que no son controlados por nuestra consciencia o por nuestra racionalización de los hechos; y donde se mantiene un intrincado sistema de valores, ideales y prohibiciones. Es decir, suceden espontáneamente, sin nosotros programarlos o pensarlos previamente, y no atienden a valoraciones preexistentes a nivel consciente.

RETROALIMENTACIÓN: (*véase* **Crítica**).

SARCASMO: El sarcasmo corresponde a una forma de expresión asociada típicamente con la conducta agresiva, bajo la cual se ignoran e infringen los derechos del otro. El sarcasmo es típicamente una mezcla de agresión con aprobación. Es decir, nos dirigimos al otro con un mensaje aparentemente positivo, pero con un trasfondo irónico y agresivo. Pertenece a las denominadas emociones mixtas, es decir, combinación de emociones básicas, típica de los adultos con fondo neurótico.

SENTIMIENTO: Acción y efecto de sentir. Aptitud para recibir las impresiones exteriores. Conciencia íntima de algo. Pasión, movimiento del alma. Da a la vida su sabor y sus urgencias e influye en la forma positiva o negativa en que se procesa la información. Detrás de los sentimientos se encuentran las emociones básicas (amor, rabia, tristeza, miedo) y es muy importante, mediante la toma de conciencia, reconocerlas (*véase* **Conciencia**).

SIGNIFICADO SIMBÓLICO: (*véase* **Pensamiento/Significado simbólico**).

SISTEMA/ESTRUCTURA: Combinación de partes reunidas para obtener un resultado o formar un conjunto. La estructura se refiere tanto a agrupaciones familiares, empresariales, como sociales y lo importante en ellas son las interrelaciones entre sus integrantes. Pueden ser:

Estructura de tela de araña. Las relaciones entre los componentes del sistema son de igualdad, cooperación, vinculación y donde ninguna posición está por encima de otra. Ejemplo: la familia.

Estructura jerárquica o piramidal. Es aquella en que las relaciones se establecen por niveles y que son de competencia, independencia y manejo de información. Ejemplo: las organizaciones militares, eclesiásticas, etc.

SISTEMA INMUNE: Es el sistema que el organismo tiene para defenderse de infecciones, agentes extraños, y en general, procesos dañinos al cuerpo. Las células del sistema inmunológico se desplazan en el torrente sanguíneo por todo el organismo; cuando encuentran células que reconocen las dejan en paz; sin embargo, cuando encuentran células a las que no reconocen, atacan. El ataque nos defiende contra los virus, las bacterias y el cáncer. Si las células del sistema inmune no logran reconocer algunas de las células del propio organismo crean una enfermedad autoinmune como puede ser la alergia. El sistema inmunológico se relaciona estrechamente con las terminaciones nerviosas del sistema autónomo, así como con las hormonas que se liberan con el estrés. Mientras las hormonas que se liberan con el estrés (catecolaminas) aumentan, la función de las células inmunológicas se ve obstaculizada, ya que en los casos de estrés la prioridad es resolver la emergencia más inmediata, como puede ser, correr ante un peligro; sin embargo, si el estrés es constante las funciones del sistema inmunológico pueden inhibirse por todo ese tiempo, con las consiguientes consecuencias para el organismo.

SOLEDAD: Habitualmente tiene connotación negativa; sin embargo, es un estado necesario para tomar conciencia de uno mismo, crecer personalmente. Es muy importante porque estar en soledad nos da espacio para la reflexión, y nos ayuda a pasar del estado de dependencia a independencia e interdependencia (tú, yo, nosotros). Podemos considerar que la soledad es positiva cuando es resultado de una elección personal, y no de una imposición, como puede ser la soledad de un preso, la soledad de los ancianos. La soledad puede experimentarse aun estando rodeado de personas, y es la que tiene origen en la "separación" (*véase* **Reflexionar**).

SUGERENCIA: Se refiere a la proposición de una idea, desligada de juicio con la finalidad de conducir a la acción. "Se toma o se deja." La sugerencia es una herramienta muy importante en la metodología de grupos autorregulados, basados en la reunión voluntaria de seis a ocho personas, en la cual un presentador expone su problema. Una vez que el problema es presentado y aclaradas las dudas que puedan existir, los otros integrantes le harán sugerencias en la forma de "mensajes YO" para ayudarlo en la resolución. Por ejemplo: "Yo te sugiero que revises la comunicación con tus padres". También es muy importante en estos grupos, prestar atención y analizar los "trasfondos" (*véase* **Redes informales, Trasfondo**).

TÁCTICAS BLOQUEADORAS: Se refieren a aquellos mecanismos que tienen como finalidad sabotear la comunicación con el otro. Entre estas tácticas podemos mencionar: las personas que no aceptan un NO como respuesta; las personas que ante un determinado planteamiento responden agresivamente. Sin embargo, para poder manejar las tácticas bloqueadoras existen de igual modo tácticas que permiten afrontarlas.

TEMPERAMENTO: Constitución particular de un individuo resultado del predominio de un sistema manifestado por una manera de actuar. En su formación intervienen factores constitucionales congénitos, neurovegetativos, neuropsíquicos y endocrinos.

TOLERANCIA: La tolerancia tiene que ver con identificar similitudes y diferencias con los otros. Es el camino hacia la aceptación. Para esto es importante que primero nos reconozcamos a nosotros mismos con nuestras características, historia, modelos mentales y nos estimemos y aceptemos. Con este primer paso podremos pasar a relacionarnos con los otros reconociendo las diferencias y similitudes, y por lo tanto a aceptar al otro tal cual es, con sus ideas, historia, etc.

Para la tolerancia son muy importantes los modelos mentales, ya que muchas veces tendremos que transigir y aceptar que las diferencias tienen que ver con ellos, y no con caprichos, actitudes contrarias o cuestiones personales. Aceptar a los otros como son no nos pone en peligro; la interdependencia se preserva. Ser tolerante significa reducir la naturaleza destructiva de la competencia, ser capaz de aceptar si uno pierde. Tener empatía y preocuparse por los demás es un signo de tolerancia.

Es importante diferenciar entre tolerancia y complacencia, ya que esta última, a diferencia de la primera, tiene que ver con aceptar pasivamente a personas, acciones, etc., porque no nos atrevemos a discrepar, porque posiblemente no nos estimamos, porque no podemos practicar la asertividad, y "bailamos al son de los otros" (*véase* **Conducta, Dependencia**).

TRASFONDO: Las reales razones de por qué hacemos lo que hacemos, "lo que no se dice y no se ve obviamente". Son las motivaciones, pensamientos o aspectos a veces presentes aunque no explícitos. Los trasfondos son poderosos y no poseen connotación positiva o negativa (*véase* **Sugerencia**).

TURBULENCIA: Es un proceso que surge en situaciones de conflicto entre dos o más personas. Es ocasionado por desacuerdos no resueltos, y al mismo tiempo resulta un factor de movilización para aclarar ideas y llegar a soluciones. Si nos referimos específicamente al desarrollo de grupos, podemos decir que éstos pasan por diferentes etapas, siendo éstas: formación, normación y constitución. La etapa de formación es la inicial donde el grupo se constituye como tal con las personas que decidan formarlo; en esta etapa hay excitación y energía generada por el simple hecho de conocer nueva gente y trabajar por un objetivo común. En la etapa de normación se establecen de común acuerdo las responsabilidades de cada uno de los miembros, cómo se va a operar. La etapa de constitución sucede cuando finalmente el grupo es mayor que la suma de sus partes. En esta etapa los integrantes del grupo están listos para cumplir los acuerdos compartidos (compromiso). Mientras las etapas anteriores se suceden, siempre está el proceso de turbulencia presente, resultado del surgimiento de conflictos que moviliza el pasar por las diferentes etapas desde la formación (*véase* **Conflicto**).

TUTOR: En general se refiere a la persona que guía, facilita o acompaña a otra (adolescente, pareja, compañero de trabajo) o un grupo (familia, equipo, vecinos) en un proceso o conflicto, orientado al mejoramiento. El tutor puede ser un amigo, un guía espiritual, un familiar, un profesional. La selección del tutor se fundamenta en la confianza, el compromiso, los conocimientos, la integridad (*véase* **Credibilidad, Compromiso, Confianza**).

VALORACIÓN: (*véase* **Juicio**).

VALORES: Todo aquello que es digno de mérito o respeto; se asocian con valentía. Lealtad, confianza, cooperación, sinceridad, excelencia, flexibilidad, persistencia, espiritualidad y seguridad son algunos de los valores más comunes.

Los valores describen el modo en que nos proponemos operar día a día y se expresan a través de las conductas; así mismo alínean a la gente y la comprometen para trabajar en metas comunes. Las ideas básicas acerca de los valores se adquieren en el hogar y nos acompañan para el resto de la vida, siendo la base tanto en el entorno escolar como en el laboral y social. Actualmente las empresas afortunadas son las poseedoras de un conjunto de valores rectores (*Administración por valores*, de Ken Blanchard). El sistema de valores de sus integrantes debe de estar contenido en el sistema de la organización. Un valor se caracteriza porque es intrínseco, no necesita justificación externa, es importante para la organización y sus integrantes, es ASÍ en cualquier condición, pasa la prueba del tiempo y es independiente de penalizaciones o recompensas (*véase* **Ejercicio de liderazgo**).

VÍCTIMA: Se refiere a aquella persona que se considera a merced de agentes externos, ante los cuales se siente atada de manos, y no es capaz de manejarlos. También una persona puede ser víctima de sus propias emociones, por no tener la capacidad o las herramientas para ponerlas a su servicio. Por ejemplo, personas que se quedan rumiando ciertas ideas, pensamientos o emociones, que les impiden salirse de determinado problema y ver la situación con otra óptica. La víctima tiene que ver con la conducta pasiva. La persona víctima se relaciona con una forma pesimista de ver la vida, donde los eventos negativos que le ocurren tienen una connotación de permanencia (*véase* **Resentimiento, Conducta**).

VULNERABILIDAD: Es una sensación de disminución, flaqueza, desnudez, exposición, temor a ser herido. La vulnerabilidad puede ser personal o grupal. Tiene que ver con baja autoestima y con la relación con la autoridad (*véase* **Autoridad**).

Bibliografía

Argyris, C. (1990) *Overcoming Organizational Defenses.* Allyn and Bacon.

(1991) Teaching Smart People How to Learn. *Harvard Business Review,* may-june.

Bachi, B. K. y Wengor, M. A. (1959), Electrophysiological Correlates of Some Yogi Exercises in Electroencephalogramy, Clinical Neurophysiology and Epilepsy, Vol. 3 of the First International Congress of Neurological Sciences ed. L. Van Bagaert and J. Radermecler, London: Pergamon.

Beck, A. T. (1976) *Cognitive Therapy and the Emotional Disorder.* New York: New American Library.

Belar, C. D. y Cohen, J. L. (1979) The use of EMG Feedback and Progressive Relaxation in the Treatment of a Woman with Chronic Bach Pain. Biofeedback and Self Regulation 4, 345-353.

Benson, H. (1975) *The Relaxation Response,* New York: Avon Books

Berstein, D. A. y Given, B. (1986) *Progressive Relaxation: Abbreviated Methods in Principles and Practices of Stress Management,* ed. R. Woolfolk & P. Leherer New.

Berkowistz, L. A. (1962) *Aggression: A Social Psychological Analysis.* McGraw Hill.

Binstock, W. A. (1973) Purgation Through Pity and Terror. *International Journal of Psychoanalytic Association,* 54, 499-504

Bohart, A. C. (1980) Toward a Cognitive Theory of Catharsis. *Psychotherapy, Theory, Research and Practice.* 17, 192-201.

Bowen, M. (1974) Toward the Differentiation of Self in One's Family of Origin. In F. Andres & J.L. Lorio (Eds.) Georgetown Family Simposium, Vol. I, Washington, Department of Psychiatry, Georgetown University Medical Center.

Bross, T. (1946) A Psychophysiological Study of Yoga, Main Currents. *Modern Thought* 4, 77-84 .

Brown, B. B. (1977) *Stress and the Art of Biofeedback,* New York: Harper Row

Cheek, D. B. y Le Cron, L. (1968) *Clinical Hypnotherapy.* New York: Grune and Stratton.

Chein, I. (1972) *The Science of Behavior and The Image of Man.* Basic Books.

De Long, A. *et al* (1982) Relationship of Daily Hassles, Uplifts and Major life Events to Health Status, *Health Psychology* 1, 119-136.

Derogatis, L. M. Abeloff y Melisaratos, M. (1979) Psicological Coping Mechanisms and Survival Time in Metastatic Breast Cancer. *Journal of the American Medical Association* 242, 1.504-1.508.

Efran, J. y Sprangler, T. (1979) Why Grown-ups Cry: A Two Factor Theory and Evidence from The Miracle Worker. *Motivation and Emotion* 3: 63-72.

Ellis, A. (1979) *Reason and Emotion in Psychotherapy.* New York: Stuart.

Flavel, J. (1963) *The Developmental Psychology of Jean Piaget.* Van Nostrand.

Fogarty, T. F. (1976) Systems Concepts and The Dimensions of Self. In P. J. Guerin (Ed.) *Family Therapy: Theory and Practice.* New York: Gardner Press.

Friedman, M. y Rosenman, R. H. (1974), *Type A. Behavior and Your Heart.* Greenwich, Conn: Fawcett.

Gardner, H. (1975) *The Shattered Mind.* New York: Knopf.

Giordano, D. A. y Everly, G. S. (1986) *Controlling Stress and tension: A Holistic Approach.* Englewood Cliffs. M.J.Prentice Hall.

Goleman D. y Schwartz, G.E. (1976) Meditation as an Intervention in Stress Reactivity. *Journal of Consulting and Clinical Psychology* 44, 456-66.

Greenberg, M. T.; C. A. Kusche y J. P. Quamma (1995) Promoting Emotional Competence in School-Age Children: The Effects of The PATHS Curriculum. Development and Psychopathology.

Greer, S. y P. J. M. Mc Ewan (eds.) (1985) *Cancer and the Mind.* Society Sci. Mud, 20, 771-853.

Grozsarth-Maticek, R.; J. Bastiaan y Kanazir, D. (1985) Psychosocial Factory as strong Predictions of Mortality from Cancer, ischemic Heart Disease and Strolce: Yugoslav Prospective Study. *Journal of Psychosomatic Research,* vol. 29, 167-176.

Guerin, P. J. (1976) *Family Therapy: Theory and Practice.* New York: Gardner Press.

Hart, J., Corriere, R. y Binder, J. (1975) *Going Sane.* Jason Aronson.

Hawkins, D. J. (1992) *Drug and Alcohol Prevention Curricula. Communities That Care.* San Francisco: Jossey-Bass.

Haynes, S. M. (1975) Electromyographic Biofeedback and Relaxation Instructions in the Treatment of Muscle Contraction Headaches. *Behavior Therapy* 6, 672-678.

Hjelle, L. A. (1974) Transcendental Meditation and psychological Health. *Perceptual and Motor Skills* 39, 623-628.

Holmes T. H. y Rahe R. H. (1967) The Sociale Adjustment rating scale. *Journal of Psychosomatic Research* 11, 213-218.

Holmes, D. S. (1984) Meditation and Somatic Arousal Reduction: A Review of the Experimental Evidence. *American Psychologist* 39, 1-10.

Jacobson, E. (1938) *Progressive Relaxation.* Chicago. University of Chicago Press.

(1938) *Progressive Relaxation.* 2d ed. Chicago: Chicago Press.

Kahn, M. (1966) The Physiology of Catharsis. *Journal of Personality and Social Psychology* 3, 278-286.

Kenneth, R. P. (1977) *Maind as Healer, Maind as Slayer.* New York: Dell Publishing Co.

Lazarus, F. (1966) R. *Psychological Stress and the Coping Process.* New York.

(1984a) *Stress Appraisal and Coping.* New York: Springer Publishing Co.

(1984b) R. S. Puzzles in the Study of Daily Hassles. *Journal of Behavioral Medicine* 7, 375-389

Le Cron, L. (1970) *Self-Hypnosis.* New York: New American Library.

Leshan, L. (1966) An Emotional Life History Pattern Associated with Neoplastic Disease. *Annals of the New York Academy of Science.*

(1989) *Cancer as a Turning Point.* New York: Dutton.

Linden, W. (1973) Practicing of Meditation by School Children & Their Levels of Field Independence- Dependence, Test Anxiety and Reading. *Journal of Consulting and Clinical Psychology* 41, 139-143.

Luthe, W. (1965) *Autogenic Training.* New York: Grune y Stratton.

Makara, G., Palkorito, M. y Szentagothal, J. (1980) The Endocrine Hypothalamos and hormonal Response to Stress, in *Selye´s Guide to Stress Research* (ed.) Hans Selye. New York: Van Nostrand Rine Hold, 280-337

McQuade, W. y Aikman, A. (1974) *Stress.* New York: Bautman Books.

Orme-Johnson, D. W. (1973) Autonomic Stability and Transcendental Meditation. *Psychosomatic Medicine* 35, 341-349

Ormish, D. (1990) Can Lifestyle Changes Reverse Coronary Heart Disease? *Lancet,* jul. 21, 336, 129-133.

Ornsteim, R. y D. Sobel (1987) *The Healing Brain: A New Perspective on the Brain and Health.* New York: Simon and Schuster.

(1987) *The Healing Brain.* New York: Simon & Schuster.

Pelletier, K. (1977) *Mind or Healer, Mind or Slayer.* New York: Dell Publishing Co.

Rosen, G. , Kleinman, A. y Katon, W. (1982) Somatization in Family Practice: A Biopsychosocial Approach. *Journal of Family Practice* 14:3, 493-502.

Schultz, J. (1953) *Das Autogene Training.* Stuttgar, Germany: Geerg Thieme Verlag.

Scogin, F. (1989) Journal of Consulting and Clinical Psychology.

Seligman, M. E. P. (1990) *Learned Optimism.* New York: Simon & Schuster.

Selye, H. (1956) *The Stress of Life.* N. Y.: Mac Graw-Hill.

(1974) *Stress Without Distress.* N. Y.: Dutton.

Shapiro, D.W. y D. Giber (1978) Meditation and Psychotherapeutic Effects. *Archives of General Psychiatry* 35, 294-302.

Simeons, A. T. W. (1961) *Man's Presumptuous Brain: An Evolutionary Interpretation of Psychosomatic Disease.* New York: E. P. Dutton.

Simonton, C. O. (1975) Matthews Simonton S. Belief Systems and Management of the Emotional Aspects of Malignancy. *Journal of Transpersonal Psychology* 7, 29-48.

Smith J. (1986) *Meditation: A Senseless Guide to a Timeless Discipline.* Champaign, III: Research Press.

Spiegel, D. H. C., Kraemer, Bloom y Gottheil (1989) The Effects of Psychosocial treatment on Survival of Patients with Metastatic Breast Cancer. *Lancet,* oct. 14 Vol. II, 8668, 888-891.

Thomas, C. B. y D. R. Duszynikic (1973) Closeness to Parents and Family Constellation in a Prospective Study of Five Diseases Status: Suicide, Mental Illnesses, Malingnant Tumor, Hypertension and Coronary Heart Disease. *The John Hopkins Medical Journal* 134, 251-270

Toffler, A. (1970) *Future Shock.* New York: Random House.

Wallace, R. K. (1970) Physiological Effects of Transcendental Meditation. *Science* 167, 1751-54.

Wallace, T. K. y Benson, H. (1972) The Physiology of Meditation. *Scientific American* 226, 84-90.

Wolf, S. (1965) *The Stomach.* Oxford: Oxford University Press.

Wolh, H. G. (1953) *Stress and Disease.* Springfield, ILL: Charles C. Thomas. New York: Mac Graw-Hill.

Índice analítico